王韬个人城市史话

上海爷叔

张晓栋 著

上海大学出版社
SHANGHAI UNIVERSITY PRESS

· 上海 ·

图书在版编目(CIP)数据

上海爷叔：王韬个人城市史话／张晓栋著.
上海：上海大学出版社，2024.7. -- ISBN 978-7-5671-
4992-2

Ⅰ. K827=52

中国国家版本馆 CIP 数据核字第 2024FK7331 号

责任编辑　傅玉芳
封面设计　倪天辰
技术编辑　金　鑫　钱宇坤

上 海 爷 叔
王韬个人城市史话
张晓栋　著
上海大学出版社出版发行
（上海市上大路 99 号　邮政编码 200444）
（https://www.shupress.cn　发行热线 021－66135112）
出版人　戴骏豪
＊
南京展望文化发展有限公司排版
上海华业装潢印刷厂有限公司印刷　各地新华书店经销
开本 710mm×1000mm　1/16　印张 17.25　字数 224 千
2024 年 7 月第 1 版　2024 年 7 月第 1 次印刷
ISBN 978－7－5671－4992－2/K·287　定价　78.00 元

版权所有　侵权必究
如发现本书有印装质量问题请与印刷厂质量科联系
联系电话：021－56475919

目录

引子 / 1

一、羁留 / 6
二、菡萏 / 16
三、秦淮 / 23
四、结缡 / 30
五、初缘 / 36
六、舛变 / 44
七、上海 / 53
八、鸾胶 / 60
九、名士 / 68
十、烧春 / 79
十一、城变 / 88
十二、红蕤 / 98
十三、租界 / 106
十四、城靖 / 112
十五、马路 / 119
十六、新友 / 126

十七、洋人 / 139

十八、衰宗 / 150

十九、迷茫 / 155

二十、抉择 / 162

二十一、临难 / 176

二十二、辞庙 / 184

二十三、英伦 / 193

二十四、香港 / 201

二十五、东瀛 / 208

二十六、欲归 / 215

二十七、旧缘 / 223

二十八、苏杭 / 231

二十九、洋务 / 237

三十、冶游 / 248

三十一、归宿 / 258

余音 / 265

主要参考文献 / 269

引子

在申城,要寻访一百多年前的旧迹,现在是越来越困难了。

而要寻找上海开埠那段时间的遗存,更是难上加难。

城市急切地成长扩大,建筑更新迭代,并不会因为某些人的某种眷恋或嗜好而放慢一丁点儿的脚步。

因而回顾近代上海城市开始的那段历史,也变得越来越具挑战,除了智力和体力,更多的是在与时间赛跑,而且几乎是一场不可能赢的比赛。

我们不得不转换视角。

本书的主角是晚清江苏甫里(今苏州角直①)人王韬,其21岁时因为家境所迫切断了科举之路,懵懵懂懂地来到上海这座刚刚糊里糊涂地被开放的城市,那时,英租界刚刚设立,法租界即将形成。王韬几乎和这座城市共同进入所谓近代化的历程。

以上海近代史为坐标,借以王韬的个人生活细节,我们试着还原一个生动的近代上海城市发展的早期社会、文化、生活的真实场域,其中涉及租界的兴起、历史的再现、城区的拓展、文化的嬗变、风俗的流转、制度的变迁、洋务的酝酿以及重要人物的聚合星散,至位最后

---

① 角直,旧称甫里,属苏州府长洲县,后又属新析元和县,昆山、新阳置县后,分防专辖于三县。

者,更是曾将上海变成自己的舞台,在演绎自己人生的过程中,在人与人的偶然或必然碰触中,迸发出绚丽的光彩,留下了足以令后人追慕的岁月片段,为当时的远东第一大城市,谱写了一段段令人难忘的史章。

王韬在上海生活了两段时间,1849—1862年和1884—1897年,正好是两个十三年。而夹在其中的1862—1884年间,虽然其亡命香港,中间还游历西洋和东瀛,但也与上海有着千丝万缕的关系。他的大半生与上海密不可分。他偶然来到上海,目睹或参与了中国融入世界的整个过程,他的行为准则意外地合上了时代的节奏,演绎出一段令人啼笑皆非的人生。

"十三"这个数字至少对于上海人来说不太受欢迎,有点可笑。对于这个拥有在上海双"十三"年份的王韬,他的个人经历更有些夸张。上海人对于前辈男性有个很游戏的称谓——爷叔,更有趣的是这一称谓的褒贬指向是随沪语语调或语音的轻重而变化的。但不论褒贬,这个称呼对于王韬而言,名实相副。他拥有这一称谓的全部特征:善良、幽默、天南地北夸夸其谈,入世心强;聪明、狡黠、自以为是四平八稳,被聪明误;花心、冶游、惯于风月左拥右抱,才子佳人;知旧、求新、穷索天地事无不晓,学贯中西。他是一个对官场、洋场、欢场、江湖场无不烂熟的人。更让人看跌眼镜的是,他本人身上还存有无数谜团。他在上海混迹于传教士堆,侧身布道,安享圣餐,他是否入了基督教?他否认,但有铁的证据推翻他的否认;他与当时反叛清朝的太平天国也有一层至今说不清道不明的关系,据说他还写了投名状,他否认,但有保存至今的历史原件。清廷大怒而通缉,他竟在洋人的庇护下避祸香港,游行于西洋而登上牛津讲台,被外人膜拜成中国顶尖学者,转而又以学识折服东洋而成座上客,高屋建瓴,花天酒地,最后又使清廷废弃通缉招安回国终老于沪。他去世的时间也一度成为学者们探究的课题。

他是一个上海通。

王韬前期在上海的那段时间,城市的范围从今天来讲实在不大,除了上海城厢的那一块,租界形成仅四五年,西不过现在的西藏中路、北不跨苏州河——今天绝对的城市中心地区,或延至虹口一带。而除了上海城厢,租界的地方被他无情地通称作淞北、城北等非常乡下的名称,其中多少带有轻蔑、自嘲的意思。

上海城厢东门外的羊毛街,曾经是王韬在上海的落脚点,小刀会期间被清军毁掉,更曾建有炮台,现在早已无踪无影。早年王韬与同时从苏州来的朋友合住在此,后来因为对方要去香港,他只能住到城内跨肇浜的虹桥一带。后又迁入城外租界即今天的山东中路,住在他工作的墨海书馆边上两层楼的平房里。平房外面还带着一个花园,他曾经在那里种了菊花,另有两株梧桐,一株芭蕉。住所附近还有一所著名的医院,当时被称作颉医院(今仁济医院),用的是开创者雒颉的名字——他的中文名字更多地被写成雒魏林。依傍在他住处后来还有一所教堂老天安堂,一度成为学校,现在早已没了踪影。这个地方,光从时间看,王韬待了有十年光景,是他在上海待的时间比较长的居所,在上海近代史上,它有个更著名的名字叫麦家圈,因为当时主持墨海书馆英国人麦都思在租界上具有非凡的影响力——由麦家圈而望平街而四马路文化街,记录着上海一段抹不去的文化或香艳的历史。

1849年,王韬在墨海书馆顶替父亲做着翻译工作,虽然有高额的薪金收入,但一方面有家庭负担,更重要的是他挥霍无度,以至于基本生活也捉襟见肘,靠着如长辈般的闽人公墅(在今延安东路河南南路的西南一带,早已不见踪迹)朋友林益扶等人资助生活。

1884年,王韬重返沪上后,借住在石路,也就是今天的福建中路近福州路的东南角处,离他原来居住的墨海书馆咫尺之间,他居住处,离他担任山长的六马路(今北海路)格致书院也很近,出行十分便捷。而这一带,是当时城市繁华的顶尖中心。

这种便捷对于王韬而言是双重的。

王韬后期在对上海的地名称呼中,喜用旧名,且一直以上海城厢为自我中心,实是早期在上海生活对他烙印所记,令他心心念念,须臾不曾忘怀。他生命的最后时光,狐死首丘,虽然回不了自己出生的地方,但至少在他出入最频繁的老城一带走完了生命最后历程,也算是一种最后慰藉。

这个地方,当时有一座跨浜的红栏杆桥。

现在去寻找红栏杆桥,就像附近的西仓桥的名称一样,浜早被填埋,更枉论其桥。幸运的是,此处还保存着一条名叫红栏杆的街,非常神奇。红栏杆街不长,与松雪街呈丁字形,但它非直线街,在东向西后有一个九十度的北转,而向西的道路则称为孔家弄,王韬去世几年后,一个叫陆小曼的女子就出生在这里。整个地区就在今天的复兴东路附近,而复兴东路就是昔日的肇浜,如今早已变成通衢大道。

王韬活动过的地方相对比他的居所留存稍多。如他前期经常去的绿波廊,有一段时间被废弃,后宋小坡重建更名依绿轩,现在尚存在豫园商业圈,门面很大,应该不是彼时旧址。乔家路上的九间楼是徐光启的故居,也是王韬经常游玩的地方,现尚存,成了保护建筑。后期的格致书院等旧址尚存一角,但已非旧物。而据说由他命名的兰馨大戏院(不太可信),在圆明园路上的建筑也是浴火后又重建的。

王韬常去并且待过刻骨铭心的一百三十五天的英国驻沪领事馆,旧建筑在王韬离沪不久被火烧毁。后来的英国领事馆也建在原地。王韬在回沪后的某一时间一定到过那里。

王韬前期和后期常去的豫园,当时被他称为西园,尚保留原来的样子;后期常去的味莼园张园已面目全非,远非当年的景象。

王韬在上海的年代,洋务方盛,由洋务而改良进而革命,那些与王韬有关的历史人物在他生命的过往中先后登场——传教士麦都思、雒魏林、慕维廉、理雅各,太平天国的洪仁玕,好友孙正斋、李善兰、蒋敦复、管小异、黄春甫,最早留美的学生容闳、黄胜,官员曾国藩、李鸿章、徐有壬、丁日昌、盛宣怀、马建忠、黄遵宪,译员龚橙、应雨耕,诗人或艺术家姚梅伯、胡公寿、胡铁梅、吴昌硕,科学家徐寿、华蘅芳,师友顾涤庵、郁泰峰、江翼云、林益扶,日本友人栗本鲍庵、安野重绎,新闻界蔡尔康、钱昕伯,名妓廖宝儿、陆月舫,买办徐润、张叔和,以及历史舞台前沿的风云人物伍廷芳、郑观应、马相伯、康有为、孙中山。而这些人物无不与中国近代史上的大事件相关:小刀会事件,太平天国运动,英法进攻大沽,英法联军火烧圆明园,中法战争,琉球问题,乃至洋务运动;也与微小的事情有着密切的勾连:印刷术,牛痘术,照相术……

王韬的妻兄杨醒逋,是其终身的文友。杨醒逋在苏州发现的《浮生六记》残本,他和王韬曾两次作序跋。但令人奇怪的是,对于醒逋的去世,竟没有找到王韬像样的悼念文字。

本书有别于其他关于王韬的诸种书籍,在作为政论人物的标签下,王韬的私人空间一直是为主流研究所批判的,而本书却将被人们所鄙视或忽略的点点滴滴聚拢为线索,以此来还原上海开埠后被人们早已遗忘的历史细节,形象生动,亦歌亦泣。

王韬,一个苏州籍与上海交集近五十年的过客,本书通过他记录了上海这座城市的那段历史。有幸成为上海历史拼图中的一个小块,是为其所。

一、羁留

1862年5月18日。

当清廷的通缉令传到上海多日后,王韬竟拖家带口从家乡甫里经水路回到了上海。

他神色慌张地从洋泾浜码头上岸,踏上了英租界,看到老同事、教士慕维廉到码头来迎接,多少产生了一丝安全感。他那动荡了几十天的心得以稍息。

没关系了。

他暗暗地松了一口气。

习惯性地回头张望了一下熟悉的老北门一带青褐色的城垛,他不露声色地一笑。一切又重新开始了,吃茶,喝酒,猜拳,看戏,或者绮游秦楼楚馆。

约谁呢?

他长长地舒了一口气,甚至在作明天的打算。他太熟悉那样的生活了,按部就班,穿巷走里,呼朋唤友,高谈阔论。

而实际上,他过去沉溺其间,却对这样的生活常有不满。但此刻,一切重又开始,意味着近几个月担惊受怕的日子已经结束,不用再担心什么了,他对拥有这种生活又感到异常的满足且珍惜。

还是挺好的。

王韬是喜欢折腾的人。曾经,他对如此熟悉的生活甚至到了有些厌恶的程度,连带现在将要回到的墨海书馆和那些个洋同事,还包括他自己。他眼前闪过了已亡故的朋友管小异对洋馆的鄙视目光。

如果有一笔养家糊口的钱,谁还愿意回来呢?真是丢脸!

虽然,王韬这样想着,但脚步还是跟着妻子走。小女檞仙上前来攥住了他的手指。他感觉她在用力,眼睛朝下一瞄,她的双眼正迎着他的目光。

她天生就聋,但冰雪聪明,在父亲徘徊不定的时刻,她已经懂得用她的方法来给他前进的勇气。她的眼光清透,仿佛能将他完全融化,她希望得到父亲常用的做逗眼或斜眼的方式来回应。非常意外,这次,父亲竟然回避了她的眼神。

王韬很喜欢他的两个女儿。但这次为什么只能带着小女儿到上海,他自己也不太清楚,一切都是妻子泠泠安排的,王韬根本就没了主意。大女儿苕仙此刻只能无奈地留在家乡陪伴着她的祖母。

如果芷卿弟还活着的话就好了。

他感到了孤单。对于母亲,王韬总有些担心和无奈。他深深地叹了一口气。

王韬对自己的家庭不甚满意,多半是对传宗接代的失望。王氏衰宗,他前几个兄长夭亡,唯一的弟弟芷卿也在两年前去世,没有留下一子半女。他自己的亡妻梦蘅和现在的继妻泠泠分别为他生了个女儿,使他一度绝望地想另找能够传代的佳偶,仿佛一切都在情在理。朋友孙正斋家里的那个红蕤姑娘曾经与他私下交换过定情物,并且答应做他的小妾,他们托情青鸟,诗文互唱,那段日子真是难以释怀。在青楼中,王韬也不乏相好,有过几个心动的人。但泠泠总像有一根不紧不弛的线牵着他,使他孟浪不成。

苏州人讲的一块糕搭一块团,他现在完全被泠泠搭煞了。

实际上,芷卿活着的时候,王韬对他甚是费心,有诸多不满。但不管怎样,他如果活着,至少王氏还存一缕再兴的香火。

沪苏两地来回,对王韬来说一年总有几次。但这次,与以往情况全然不同。

甫里到处在传清军攻破七宝太平军刘肇钧营垒时,缴获了一份通敌信,上面附有指导太平军怎样攻破上海的内容,具名黄畹兰卿①。清军将信件上交江苏巡抚薛焕,薛焕一见事大,不敢怠慢,立刻转呈朝廷,朝廷即刻下旨抓拿。黄畹、兰卿字面上就与王韬关系密切,王韬本名为瀚,曾名畹,号兰卿更是一字不改,此地方言又王黄不分,目标指向太明确了。

好在甫里是个小地方,官军一时难以摸到。

王韬一点都不喜欢这个玩笑。但现在他讲不清了,讲啥人家都不相信,只能在乡里静观其变。听说上海的墨海书馆洋教士老同事慕维廉在清廷上海最高官员道台前为自己担保,王韬自然是对天作揖感激万分,道台也让人转告上海的英国领事馆代领事麦华陀,有不加害于王韬的承诺。

麦华陀是传教士麦都思的儿子,和王韬相识十二年了,形同兄弟。虽然平时里靠着这些西方人,王韬衣食无忧,并且还偶然会发现西方文明的进步所在,但王韬从小接受的是孔孟之道,他的精神世界和现实生活完全处于分裂状态。这也是王韬最痛苦之处。

此刻,对于朝廷的命令王韬无力改变,只能完全将希望寄托于他的西方朋友能把自己的事搞定。他也晓得洋人们能够搞定这件事。根据王韬对中外关系的理解,英国人只要用点功夫,朝廷就会听从。从骨子里来说,王韬最是反对朝廷对洋人一味迁就的,但此刻洋人却成了自己唯一的救命稻草。

光这一点,他的头就大起来了。

洋泾浜两岸的冷弄小巷王韬太熟了。泠泠的父亲林益扶的家就在三茅阁桥边上,他在世时王韬经常去那里揩油吃个午饭,现在想

---

① 王韬一生拥有的名、字、号很多,其中多有"兰""畹",为了便于读者阅读,本书只用其后世通用名。

想,日子过得虽然平淡,但还是有滋有味的。唯一后果是,吃人家的就得听人家的,人家好言好语地将十六岁的女儿嫁给你做填房,你还能拒绝吗?

从三茅阁桥向北,经过一些围着篱笆的小型建筑,穿过颌医院那里一片不高的建筑群,王韬和慕教士道了别。但今天太晚了,医院的门已闭上,他只得带着老婆孩子转一个圈来到医院后面的小道,从那里拐进自己的家。

"爷叔,爷叔。"

在家门口,他听到有一个熟悉的声音在轻轻地叫唤自己。这个声音王韬并不陌生,那是黄春甫,供职于墨海书馆隔壁医院的年轻助理医生。

春甫瘦个子,为人谦和忠诚,做事十分认真,是随王韬一起白相的小跟班,王韬平时对他也十分照顾,唯一对他不适意的是他对西洋的那一套沉湎太深,连他的结婚仪式全部西化,王韬对此特别不习惯。

这些个洋玩意,带偏了一群人。

黄春甫见到王韬后,在边上与他耳语几句,便带着王韬一行匆匆离开了这里。过几个门面,黄春甫让王韬与妻女住到了在医院里的自己的房里。而黄春甫则住进了王韬原来的家。

泠泠跟着一脸茫然。王韬悄悄地与她耳语了几句,估计是重复了刚才黄春甫的话。泠泠听了以后眼角皱纹聚深,脸色愈加深沉。这个二十四岁的女人跟着王韬已多年,丈夫的性格她太了解了,像今天这样心情凝重的对话几乎从来没有过。从十六岁时父亲将自己许配给王韬做填房起,她就对眼前的丈夫不甚满意,好像没有事情令自己称心过;特别对他无度恋酒、胡乱交友和随性青楼狎妓,深恶痛绝,女儿天生失聪难保不是他饮酒过度的后果。眼前发生的事情,也是他不务正业、不求功名、整天胡思乱想闯的祸。

夜已深了,泠泠想,到明天一定要问个究竟,自己有家不能回,跟着他担心害怕总归不是事体。

这一夜,王韬失眠了。

自己怎么就成了清王朝的通缉犯?自己到底写过那封信吗?

王韬自己也糊涂了。那天是喝酒了,那天是写了洋洋洒洒一大篇,记得放在桌边的,难道……王韬不敢往下想了,他晓得再想下去自己会坐实自己的行为,这是他这几天来极力想摆脱的。

我没有写,绝没有写过。

密纵反间。

王韬突然想起了好友蒋剑人在小刀会期间脱险后的一句话,仿佛捡到了一根救命稻草。对,在官方那里一定要一口咬定。

但几位牧师那里明天怎么解释呢?王韬平时将洋人不太当作一回事,而现在洋人成了他命运的唯一退路,他倒要费一番心思。

自己没有写过,哪是啥人写的呢?洋人向来不喜欢撒谎的人,不喜欢敢做不敢当的人,看得出洋人对太平军还有几分同情心,就算认下了又哪能……整个晚上王韬不断地自问自答,迷迷糊糊,始终处在半梦半醒之间。

王韬对洋人的理解还真的是入木三分。至少英国人一直在对太平军进行研究性的接触,以真正了解这个宗教信仰据说与自己相同的组织,如同先前小刀会时美国人的态度一样的暧昧。洋人虽然没有将颠覆清政府作为自己的目标,但他们始终在找合适的代理人。

对于太平军,王韬倒是认识一个人。当年洪仁玕从香港到上海,曾在墨海书馆小住过一阵子,王韬就是在那时和他结识的,也对太平军有了有限的了解。洪仁玕现在可是太平军的重要人物了。

那是1854年,这可是个值得记住的年份。

那一年,小女㰐仙出生。

那一年,小女还没有出生之前,应好友孙正斋之邀,王韬去其家乡养病,在那里,遇到了孙正斋的妙龄女儿、琴棋书画无有不通的聪慧的红蕤。

王韬的父亲过世后,王韬上要赡养老母、下要照顾弱弟,整个一大家子都要靠他来过日子,这也是他在父亲过世后的当年就答应麦都思教士的邀请,放弃教书工作即刻就来墨海书馆顶替父亲工作的原因,因为每年洋馆的收入和他在乡下那可怜的薪金实在有天壤之别。照理讲现在一切应该满意,但王韬还有一个心病,那就是每个男人都有的不孝有三、无后为大的压力。

　　想着想着,他倒是迷迷糊糊了好一会儿。

　　浑浑噩噩。

　　王韬一家躲在春甫家一步没出。

　　第五天清晨,门外有了动静。

　　嘭嘭嘭!

　　一阵掌击木门的沉闷声响。

　　"爷叔,爷叔。"

　　熟悉的声音又一次响起。王韬非常不满。这几天实在太累,主要是精神方面,七想八想的王韬还是想清静一些,把聚友的心思抛到了九霄云外,即便是黄春甫,他也懒得交谈。

　　王韬打起精神去开门,因为他暂时忘了自己是住在黄春甫的家里,一下子摸不到门栓,磨蹭了一些时间,外面敲门声又响起。

　　王韬有些想发作,得教训一下这个黄春甫。等他好不容易开了门,伸手向外抡去却扑了一空,黄春甫健手健脚将他整个人抱在怀里。

　　"爷叔,快走。"黄春甫还是很有礼貌地叫他,夹着他的双臂不容他回答就向外拖。他和王韬的实际年龄也就差六七岁,两人的关系在师友之间,而实际上更像是朋友,黄春甫当初称呼时就犹豫不决,不知怎么就滑出了"爷叔",那么一叫也成了习惯。上海人称爷叔包含几层意思:一层是亲叔叔,一层是对比自己年长几岁者的尊称,再一层是对做事不牢靠、行为乖张者的戏称。黄春甫当然是尊称王韬。

王韬被黄春甫夹着动弹不得,这个年轻人真是力气大得来吓人。王韬因为尚在半眠的状态,基本无力反抗。昏昏沉沉中,他依稀记得在起床开门之际,小女樨仙眼睛是睁开着的。

　　她是看着我离开的。

　　王韬确定。

　　小女樨仙长相属于乖巧型的,她是用眼睛来明白这个世界的,用眼睛来认定自己的父母、认识玩伴的。对于小女,王韬感到有一种说不出的亏欠,为什么会有这种下意识的心理状态,他讲不上来。王韬面对小女时常怯于用眼神交流,他回避小女的唯一交流手段,就是用一个可笑的斜眼。

　　王韬几乎被黄春甫裹挟着到了黄浦江滨。向东走,一排排洋行在他们身边掠过。王韬曾经是看着这些有外廊式建筑的洋行如雨后春笋般快速地耸立起来的,他来上海的十多年,几乎亲历了它们辉煌的开始。

　　这条沿江路王韬走过不晓得多少次,每次都是茶酒后呼朋唤友,兴之所至,极目江天,但像今天这样匆匆忙忙糊里糊涂被人拖着一阵风地路过,绝无仅有。虽然如此,王韬几乎还是估计到春甫将他带去什么地方。他有一种绝望的感觉,在走到李家场时,他瘫坐在地上,无论怎样双脚都不听使唤了。

　　李家场在苏州河入黄浦江的左岸,英租界设立时,是首任领事巴富尔设定的租界东至。那里有个渡口,可从黄浦滩通向虹口。小刀会举事期间,王韬经常走这条路线,去与华人官员胡枚、胡少文会面。此时他还不曾知道,虹口那边的美租界就在两个月前与英租界合并了。

　　少文的遗体还是我出钱让城内辅元堂收殓的。

　　王韬闭着眼,但清楚记得小刀会败退后亲入老城厢目睹的一切。

　　他感到自己的身子有些摇晃,有点腾云驾雾,他的双手禁不住的要抓点啥,跟随着走进某个地方。

　　王韬又看到樨仙睁开的眼睛,他感觉自己陷入了她深邃的眼眸。

他知道那个地方,他曾来过无数次,熟的不得了:英署。

英国驻上海领事馆就在靠苏州河畔的李家场。为了在此设馆,首任领事巴富尔还丢掉了领事官职。今天等在那里门口的非但有慕维廉教士,竟然还有麦华陀。事态有些超过了预想。

王韬精神稍有振作。他发现腿部麻木,可是人不动而行,原来是被黄春甫几乎拖着行走,春甫的双臂将他紧紧夹着。

麦华陀严肃地看着王韬,王韬的腿原本就有老毛病他是晓得的,但没有想到竟连行走也发生了困难,一定是受到了很大的惊吓。

黄春甫在放下王韬后,轻轻地将手按在王韬的背部,另一只手牵着他,半带着王韬缓缓地走进领事馆。

王韬的脚步从不适进而变得能够舒展些。

麦华陀和王韬的谈话是开诚布公的。王韬如实地回答了一切。

"兄弟,我信任你。"麦华陀结束谈话的一句口头禅跳出来。

王韬知道,自己得到了洋人的信任和保护,只是将来的无数天将在这里度过。对他来说实在是不知喜忧。王韬赶紧向一旁眨一眨眼睛,春甫凑到他跟前听得,王韬要求带一些书来。

"爷叔,自己保重。"春甫离开时,留下了这句话。他知道,这一次爷叔麻烦了,要在英署过一段日子了,但得到洋人的庇护,问题应该不大。

麦华陀长王韬五岁,他是随父亲麦都思来华的。1848年王韬来上海探亲时,两人初次相识,及至次年王韬正式来沪工作后,相互又有了非常密切的接触,虽然麦华陀也随着自己译员、领事官员的身份变化经常离开上海,但父亲麦都思一直工作、生活在上海,回上海对于麦华陀来讲等于是回自己的家,他和王韬的关系始终没有中断。即便五年前麦都思回国去世后,麦华陀依然视上海为家,关心着父亲的中国朋友。1861年4月20日,他替换密迪乐出任英国驻上海的代理领事,身负上海租界建设的重任。对于自己任上能将英美租界合并,他是相当满意的,合并后租界的道路名称要正规化,他已想好了一律用中国的地名来名命。但在这最忙的时候又出了王韬的事,他只能分心,对王韬的遭遇他自然不可能漠不关心。

清廷上海的最高官员道台吴煦那里,麦华陀也打过招呼,并严正地告诉道台,王韬不可能会故意私通太平军的。道台没有直接回答这个问题,却一个劲地要求王韬露露面,这是一个非常不好的兆头。道台的这一表态说明他完全没有放手的权限,背后一定有高层的指令。

他在和我装孙子!

麦华陀知道清廷官员这种态度的后果,他不想因低估这种态度而发生自己不愿意看到事情,所以他通过黄春甫用强硬的手段将王韬带到领事馆来,暂时保护起来。

清廷派了一个叫李鸿章的新官员带着他训练的淮军,上个月开始陆续乘着洋轮来上海驻扎,军情紧急非同小可。麦华陀知道,在战争状态下上海什么事情都会发生。

麦华陀清楚自己的权限范围,王韬的事他事先已经获得公使阁下的支持。他唯一不能确定的是清廷对此事的坚持程度。看来圣旨下达,反转的可能性就非常小了。麦华陀完全了解清廷官僚机构行事原则,在做出将王韬安置在领事馆的决定前,他已想好了后路。

香港。

对于殖民统治没有多久的香港这个后备去处,麦华陀感到非常满意。他当然也想到过新加坡,他对那里的熟悉度更高。但是传教士们在香港已经更习惯,特别是麦华陀与在港的理雅各牧师的关系相当密切。

麦华陀并没有将自己的打算告诉王韬,历年与王韬的交道使得他知道这位自负先生完全不会听从自己的安排。

这是要杀头的。

麦华陀没有时间和王韬理论,他要做的是保护王韬,当然,不排除各种手段。

所以,王韬仅被告知,官府要抓拿他,让他在领馆里待一些时间。

王韬无可奈何,只能等着。好在春甫每天都来,并能通告家里情况,他的心才慢慢平复下来。黄春甫带来的那些书,使他有了慢慢地打发着时间的耐心。

每天春甫要离开的时候,他的心都随之远去。

春甫——

在春甫转身的刹那,他不由自主地轻唤。春甫一回头,他竟一时语塞。

要不——

他停顿了一下。

下一次帮我带一碗馄饨来。

王韬不知道,这段时间春甫为了他的事,透支了大量的体力。春甫既要照顾好朋友,又要管理好医院。主持医院的韩雅各回英国结婚,他大胆地将整个医院的管理权交在春甫手上,这也是中国人第一次管理一所西式医院,春甫肩上扛着千斤担子啊!但他硬是不对王韬讲明。

一百三十五天后,麦华陀通知王韬,必须离开上海。怡和洋行的鲁纳轮船票位已经安排妥当。

二、菡萏

甫里，又名甪直，是苏州府下的大镇，距苏州二十五里，离上海也在百十里间。和大部分江南水乡一样，镇的中间流过一条通向外界水路的青溪，水上石板小桥多到三步二桥。岸上人家依河而居，聚集成市，历史有年；生活淡淡长长，鸡鸣狗睡，恬静空灵，了无所虑。传说这里因唐代诗人陆龟蒙曾来居住而得名。陆龟蒙别号甫里先生，是个江湖散淡的人，也是中国历史上著名的治茶高手。

1828年阴历十月初四，王韬就出生在这个青山绿水的好地方。

有明一代，王家是昆山巨族大户，明末混战，族群仅逸遗一支迁至甫里。守着一份小心，六代传到了王韬父亲王昌桂一代。王韬裔家传，幼攻经学，竟能背诵十三经，及长，至锦溪衣钵父业以教书为生，王韬母亲娘家就在锦溪，那也是知书达理的好人家。

锦溪历史比肩甫里。南宋绍兴元年（1131）高宗南渡经此时，随行的陈妃突然病殁，皇家以水冢葬于此地，故锦溪曾御名陈墓。中国以"墓"入名的地方不多，都有一段可以演义、引申出的故事。一般人很容易记住此名。这一段历史，让这里也朦胧着一层看不见、摸不着但却永远缥缈着的一股子贵胄气息。

唐宋故事将两地的地位置于同等历史高度，中国的婚姻何止讲求门当户对，地域的匹配，也是相当重要的考量内容。

和一般家庭一样，王韬幼时受母亲影响颇大。母亲不仅能给他生活上的养育,还能讲许多好听的故事让他沉湎思想。他的断文识字也都是由母亲启蒙的,这和当时女子不识字的一般境遇天差地别。王韬和母亲的关系非常密切深厚,母亲对他也是格外宝贝,虽然上面还有个姐姐,这个固然与王韬上面曾有过三个哥哥相继夭亡有关。父母以后又为他添了一个弟弟芷卿,既使他不陷于孤独,后来也给他带来过极大的烦恼。

甫里地处江南,物华天宝,传统文化历史悠久。王韬小时候迷着牵丝傀儡,这些木偶在表演时,配有昆戏唱腔,虽然他不能十分听懂,但小孩们最痴迷于做唱结合。王韬的围棋爱好是在幼年养成的,有空没空就与伙伴手谈,是高档的娱乐,也是中国文化中对士的基本要求。每年及腊月,尼庵中腊八施粥也给他留下了深刻印象。

陆龟蒙的故事及历史地位是为甫里最深的文化厚度。

陆先生极喜养鸭和斗鸭,后来形成了当地的文化传统。他当年的一个养殖斗鸭池沼,已被人们供奉为圣境,红白双色的荷花盛开在池塘内,碧水、小桥、榆柳、桃李,多种色彩簇拥、围绕着池边的"清风亭",亭中有陆龟蒙的塑像,离此百步处,则有陆龟蒙的衣冠冢,这是甫里人最以为骄傲的神圣之地,也是出门在外的甫里人最自豪的信仰。

甫里的人们对先贤的热爱是那么由衷。"清风亭"周围的石栏杆上,雕塑了许多只圣鸭,即便是那些安置在陆龟蒙塑像正面的鸭们,也被定格在回首望着主人样,仿佛重新回到千年前唐朝的那一时意境,栩栩如生。

在荷花池里,人们也真的一直蓄养着数羽白鸭;阳光下,红亭绿树白鸭,让人迷失在色彩斑斓的水光倒影中。明代著名诗人青邱子高启隐居在江南时,也曾慕名到过甫里,有《甫里即事》六言诗传世,描写这处景色的诗句脍炙人口:

"长桥短桥杨柳,前浦后浦荷花。人看旗出酒市,鸥送船归钓家。"

"哝哝绿头鸭斗,翻翻红尾鱼跳。沙宽水狭江稳,柳短莎长路遥。"

看得出,诗人对甫里是偏爱有加的。

清风亭中楹联极多,都是甫里历代最有学问最有声望的人撰写的,能够落墨亭间,都是享有极大名望的乡贤大儒。如果说祠堂中留名是归宗,在这里留下姓和名可谓是耀祖。王韬的老师顾惺(字涤庵)的佳句也能够跻身其间,令王韬莫名崇拜,顾涤庵师的楹联提到了陶渊明和张志和两位古代隐居诗人,隐喻家乡的文化底蕴之深厚,令人浮想联翩。王韬做梦,梦中的最高境界就是也想自己拥有这个资格。

此情此景,在江南一带比比皆是,形成独特的乡村文化内涵,每个地方都显耀、供奉着自己家乡的名人先贤,有足以让人敬慕的伟人和历史。这也养成了独特的思乡、恋乡情结;游走于他地,是人们壮年时奋斗的需要,家乡才是无穷的挂牵和荣光。

这种攀比无疑是促人向上的。

而营造这种氛围的荷花,是文人雅士最喜爱的圣灵之物,在他们的笔下多文笔写作菡萏,表示出一种别样的雅爱,也传递出某种高尚美好。塘内种植着的荷花,也是文人雅士自喻高洁的象征物。荷花虽然不列入四君子行,但是出淤泥而不染的圣洁,为历代高士诵咏。在江南,荷花绽放的时节人们会搞许多祭祀雅集纪念,或借机行酒会、茶会之事,这也是乡人联络情感的设置:此席一开,乡绅达士云集,歌咏纷至。

每年阴历六月二十四盛夏,鸭塘里的荷花盛开之际,甫里诗人们集社于此,为荷花庆祝生日。前辈云集,王韬显得格外兴奋,小小年纪的他,早就跟着父亲参与其间;当其成人,能够正式参与如此盛会,也是对他的人生褒奖。第一次正式参加时,他一个人早早地就到此地,忙碌地做一些前期准备工作,显示出一种与年龄不同的老练。而实际上,他已为参加这个盛会兴奋了不知几天几夜。

这是王韬人生中第一次正式参加的大型社交活动。

酒是血液,茶是灵魂。这种场合自然少不了茶酒。露一手的想法王韬已经酝酿了好几天。他想起了第一次看父亲制酒的奇特方法:采选一支粗壮新鲜的荷枝,密密地扎上针眼,让酒反复地在荷枝间过滤透析,酒经此循环带有清洌的荷香。这样的过程,需要人的情感与之细心相随,而酒清香散漫时,浓暑天晏,人们才能真正体会到夏日的好处。

王韬在盛会上展现的才艺,博得了乡耆长辈们的一致赞赏,这个极其繁琐的工艺虽然知道的人很多,愿意尝试的人已很少。王韬恭恭敬敬地将酒献于长辈们面前,夏季能有如此甘饴爽口的琼浆乃人生之福,人们敞怀而尽。看着大家尽情享受的欢乐场面,极大地满足了王韬的虚荣心,在一旁父亲目光的鼓励下,他还将从母亲那里学会的用荷莲调炙成的莲膏让大家品尝,那带着异常清香味的美物,立刻就成了人们失态追逐的目标。

从父母那里传承的荷酒莲膏,为他这个晚辈后生在乡里秀才们的心目中赢得了大好名声,大家一致认为,孺子可教,前途无量。王韬的父亲脸上,露出了难得的笑容;而涤庵师则毫不掩饰地大口喝着酒,沉醉在学生的成就中。

荷祭活动的参与者,往昔都是乡中秀才、贡生等才高八斗有名望的硕彦,一般排斥女性,即便是诗文才情并茂的女性,也不能参加荷祭,但在晚清,她们已经可以参加诗社,而荷祭又往往和诗社二合为一。她们的加入,如暮气中吹入了一股新的空气,令男人女人共同兴奋。

首先是王韬恩师顾涤庵的女儿顾慧英,诗社中的她意气风发,令王韬惊喜不已。王韬拜涤庵先生门下时,慧英就和他相识,两人可没少斗气,也经常斗诗,青梅竹马,天然匹配。他一直视她如兄弟。但他不曾想到成为诗人的她竟是这般美丽犹如女神,看着她像花蝴蝶一样忙乱地翻飞在人群中,穿梭着,出现,隐没,隐没,出现,他的心潮随之起伏。他有一种想跟随她奔跑的冲动,向人们证明他们的某种关系。

我们是什么关系？不就是她爹是我老师吗？

一想到这一点，王韬有些泄气。随他一起来的许同学不管这些，眼睛直勾勾地盯着如蝴蝶般没有固定飞行线路的女孩。

"阿兰，慧英今天真好看。"

王韬的手在许同学的脸前晃动，许同学竟然眼睛直勾勾地不动，直到王韬的手完全遮住了他的双眼，两个人才哈哈乱笑地滚作一团。

女孩的加入，无疑夺走了王韬的大量目光，令他兴奋无比。直到父亲用身子堵在自己面前，王韬才知道自己有多么失态。

在王韬父亲的眼里，一个女孩子就让儿子失魂而前功尽弃，是非常沮丧的；但是有女人缘，从王氏家族来说还是幸事。

才女曹素雯加入。她的容貌和她的诗词作品同样让人眼前一亮。真美啊！王韬呆住了。她的作品简直可以和汉代徐淑的《答秦嘉诗》比肩。

为什么平平常常的女孩，一入诗社就光彩照人？是才艺增色，还是色本添彩？王韬百思不得其解。但他在心里悄悄地树立起了一杆标尺，他要用它来测量自己未来伴侣的才情。

让王韬特别惊喜的是，曹素雯落落大方的态度比顾慧英胆大得多。其实荷祭前在荷枝上扎针的活是她和王韬一起完成的，并且在他调制荷膏汗流满面时，她还拿来了小手绢为他拭汗。王韬全然没有料到小姑娘在大庭广众下会有如此亲昵的举动，有点被幸福吓坏了。他闻到了一丝幽幽的香味，他分不清那是手绢的香还是女孩身体的香味。

沉入幻想之中的他目不转睛，眼光呆滞。十五六的大少年跌入了自己网织的梦境。连许同学在一旁使劲地推也没有让他还过魂来，待周围笑声一片时，他才如梦初醒。

真美。

王韬用舌尖舔了舔有点干涩的嘴唇。

曹素雯可不管周围人，等王韬定下神来，还给了他一个正面的微笑。他在眼角中瞄见顾慧英嗔怒。

在轮流敬了前辈后,为了掩饰窘迫,王韬也举起一满碗酒,在众人鼓励的围观下大口灌着自己,希望以此能压住自己不自在的心情。谁知喝着喝着竟不胜酒力,腿脚发软。

"玉山颓也。"在众人的哄笑中,他醉倒了,少不了由许同学搀扶。曹素雯在他眼里变得朦朦胧胧,一会儿成了三个影子,他伸出右手去抓,扑了一个空,再抓,还是扑了一个空,突然影子又转变成顾慧英。

王韬非常吃惊。

许同学使劲攥着他的左手,而顾慧英真真切切地搀着他的右臂。

人们都笑称他是"吞花卧酒"使者。

酒会醉人,比酒让人更沉醉的是女人。王韬开始明白了。

王韬一生善饮也是从这里这时开始。美酒,美女,成了他终身至爱,他放任地让自己云醉于两者之间。

发奋读书,博取功名,和每一个经历了家乡文化熏陶的少年一样,王韬下定了决心要混出个人样子来。为什么呢？或许,每个人的答案都含混不清,对王韬而言,可能就是为了博得少年时美人的那一笑。

人生就是偶然。

甪里不仅鸭沼有荷池,还有大名鼎鼎的海藏禅院。旧寺虽早已荒废,但院前有明代梅花别墅,暗香浮动,疏影摇曳；院中有池,池中长满莲荷,特别到了开花的季节,更是只手可摘,芬芳沁人,红白烂漫,远望有香云拥白莲的意境。保圣寺更是甪里的大景,据说为杜牧"南朝四百八十寺"之一,内中罗汉塑像,更是唐代的遗物。

在这里,与莲荷互动的传统乡间习俗也非常雅致。荷花有日放夜含的习性,当荷花开放的傍晚,人们用纱布将茶叶裹好,放置在花心内,第二天早上将茶叶取出,浸淫了一夜荷香的青茶,用清泉泡冲之,轻啜细品,满齿留香,即便陆羽或卢仝再生,也会赞美不已,记于茶典。而此种方法,在江南一带流行有年。

江南水乡的种种美好，如纸泅水，漫化在少年王韬的心里。王韬最美好的愿望就是在家乡有一个大大的院子，有三五间房屋，过上惬意的读书生活。

之后的日子里，即便在梦里，他也能梦到这一片乡土，闻到泥土的芳香，听到起起伏伏的蛙声，惦记着家乡的这份美、这份好。

三、秦淮

王韬热爱家乡是显而易见的,但随着年龄的增长,与其他男孩一样,忠诚度有待考验。譬如,为了功名,读书应试的男孩会不止一次离开故乡,而且还越走越远。对于身处乡间的一般读书人来说,功名和乡情永远是一个两难的选择。

王韬第一次离开家乡是短暂的,为到附近昆山应县试。

昆山是王家的祖籍地,旧称鹿城。从第一次应试后在同试伙伴的引领下登当地的马鞍山开始,王韬就非常迅速地染爱上了,一发而不可收,似乎为他一生的沉浮定下了基调。

中国人的登山是一种隐喻性的运动,古代有登高山而小天下的境界,更有登高及第的寓意。王韬的脚从小落有毛病,但对于登山他却情有独钟,这是一种奇怪的反抗。以后每次参加科考他都会登山,那种登绝顶迎大风的感觉,给了他多种精神满足感。果然,在此后昆山科考时,他以一等第三录取了县学,更是让他对这种感觉有所依赖或精神寄托。

越走越远的他,三年之后跟随塾师顾涤庵等人赴金陵作师生共同应试。前三国后六朝,人文荟萃的故都,是王韬梦中常游之地,能够身临其中,他异常兴奋。

金陵古来帝都,前朝旧迹斑斓,高门宫邸林立,秦淮繁华锦绣。王韬一行先登古城台;当觅得有晋元年号的城砖,同伴一阵兴奋,王韬顿时思古怀想;赴鸡鸣寺访随园,在袁枚先生故地,他恨人生太晚,与先哲失之交臂,又叹昭华易逝,空留文翰。

王韬竟也学着前人留诗:

我到随园日已昏,从前坛坫渺无存。风流云散难追忆,月挂烟萝微有痕。

望大江南北,登金焦二山,英豪之气扑面而来,他的心胸顿然开阔,心潮澎湃,充满着强烈的入世豪情。帝都容易合拍年轻人的梦想,青春从来伴随功名伟业,而在舒适的小地方,眼界永远被阻挡在目力所及的范围内。

王韬一行在顾师的带领下入住钓鱼巷龚家,此处正是出入秦淮的必经之路,人来人往,熙熙攘攘。王韬那时年尚青少,粉黛柔脂,香衣鬓影,尽在眼前转动,他目不暇接,硬是百毒不侵。

此时,他已有一个私盟的初恋①。

初恋在他赴金陵赶考时,情意绵绵地私笺招待了他。这一次远游,让他尝到了有生以来第一次相思的甜蜜和痛苦。初恋为他饯行的那一幕幕温情和低低的离怨之声,对他此次应试远行影响还是相当大的。红袖相牵,翠眉紧锁,尚未成行已急切地问归期的她,萦绕在王韬的脑海,晃动在他眼前,挥也挥不去。

王韬的这段恋情瞒过了家人和朋友。为此,他曾萌生退出考试的一念,但怕被家人追问或被朋友取笑而放弃,所以这次来应试前,人一直是死气怏怏的。

照一般家长的思维,随老师出行应当是最放心的,而作为老师的顾涤庵延续着旧式名士的做派,要做学问先学做人,他要教会王韬整套做人的方法。钓鱼巷左邻右舍都是枇杷巷底、柳门娼家,顾老师熟门熟路,带着王韬指东走西,一家一家兜过来。

---

① 王韬初恋对象不明确,他在自己的行文中称"某女士",按其《漫游随录》所记,很早便亡故。

王韬是一百个不愿意。

他尚记得此次赴考前他曾留给初恋的绵绵情书有"放眼长江风景,惜不能同领壮观"的感叹,还记得临行时初恋设席饯行的情义,怎可造次!更何况……

直到有一次,王韬的眼睛亮了,魂灵丢失了。

那天,顾老师带他来到住址西边的文漪楼,和往常一样,王韬还沉浸在自己的相思梦境,百无聊赖。但入得屋内,见窗明几净,暖茗香氛,先是有了几分喜欢,感觉和一般家庭的陈设一模一样;案上也有纸墨等文房宝物,柜橱里竟还放着几册书。

难道她们还真是传说中念书的佳人?

王韬怀着十二分的疑虑时,顾师却一反常态,兴致极高地在这里叫局开宴。王韬懵懵懂懂地坐上,边上却坐着一个胭红锦绣的女子,媚眼大胆地看着这个青春愁容的年轻人。王韬从来没有见过如此放肆又好看的女子,有点曹素雯的大胆,王韬极度紧张慌乱,手心底里全是汗。

看到他窘迫的样子,顾师老练地对女子介绍道:"这是阿兰,我们当地的秀才。"顾师只介绍了王韬的小名,不显山不露水,王韬却默默地低下了头,一副青涩的样子。

原来这就是顾师一直念叨在嘴边的校书①。王韬想到了一路上顾师盛赞金陵,最得意的就是秦淮河边的人。

"是秀才,难不成才气冲天对我们爱理不理。"那女子张口就开玩笑,没有一丝违和陌生感,令王韬心生好奇又意怯。

"素琴姑娘,阿兰是啥地方都不愿去,就愿意到这里来坐坐。"顾师在场面上答对如流,顺着嘴打着圆场。顾师说的也是实情,王韬看到顾师带他们一行赴娼家,心里就有一种自然的反感。但对于这个素琴如此自来熟的样子,倒使他放松了不少,好像来到了邻家大院。

---

① 校书:称有才学能诗文的妓女。

"爱香,这个小哥,交给你了。"素琴对面原来还有一个年龄相仿的女孩。

八仙桌上的一席酒宴上,爱香就坐在了王韬的左手边上,他的右侧则坐着爱闹的素琴。王韬不敢正眼看爱香,趁着她凑近劝酒的空闲间,瞄了一下,这一看,令他内心巨震:闭月羞花,玉面朱唇,暗暗地还飘来一阵香气。王韬不能说饱读万卷,但能来应试,千卷应当不在话下,此刻能涌出的最好的形容词就是美。只知道顾师他们一辈那么爱吃花酒,原来是摊上这等的美事。

他想不通,人间如此尤物竟落此地。但转而一想,不落此间,自己哪里能碰得上。

王韬其实有所不知,顾师多次来金陵,已经老马识途,比较了好几家才定情。即便是娼家,也有情投意合两相不厌的感情因素,不然客主不对板,双方尴尬,也是极无情趣的。素琴张艳帜有数年,秦淮一带素有口碑,像顾师那样懂经的人,自然是熟门熟路来捧场。带着王韬七转八转,实是看看是否还有新近的佳人。

爱香是酒席上的惯手,别看她表面上文文静静,实际上是猜拳闹酒的主角,再加上彼此都是年轻人,一来二去就闹到胜似多年的老友,娼家没这点本事就只能喝西北风了。王韬也逐渐褪去了腼腆,和爱香对上了拳,但上来王韬便吃了败仗,一杯酒落了肚。酒对于王韬来说,已经不算一回事。

这一杯暖胃酒,调动了王韬全身的细胞。酒可是人的胆,这一杯酒打开了王韬的话匣,虽然王韬的话题范围很狭窄,还是只在自己读书圈里打转,但毕竟有了一个好的开端。他问柜橱里是什么书。素琴心里好笑,来了个书袋,便取来让他看。原来是《石头记》。王韬知道女孩都愿意读,但他对眼前的两位实存不信,连连发问,素琴对答如流,他吃惊不已,娼门竟有这番人物!令他从此不敢低视。

素琴是何等机灵的人。投客人所好是她天然的本事,编故事更是行家里手,猜透了他低眼看人的心理,便将自己的身世虚虚实实说道一遍,无非是出身于好人家,误入风尘,非心所愿等套话,末了更是差点落下了惯常的眼泪。

王韬的眼睛也迷茫了,他分明看到了才女曹素雯。

顾师是过来之人,知道王韬入了套中,用手在王韬脸前挥一挥,连声道"有幸有幸、开心开心",便举起酒杯,将话语又转到吃酒上面。

素琴只用了一秒钟就收住了泪,眉梢扬了一扬。

爱香又成了桌上的主角。她成了主角,最菜的只能是这个初登欢场的王韬,他哪里是久惯花场媚娘的对手,连连被罚杯饮酒,渐渐地,用顾师后来形容给人听的文话就是"玉山颓",这句话,王韬仿佛在荷祭时听见过。

王韬醉了。

他第一次醉倒在娼门。在其他女人的怀里,他那颗为相思而结愁的心被温柔地抚平了。

王韬按着顾师的安排开始做人。

金陵应试的余下时间过得飞快。王韬感到极度愉快,跟着顾师确实不只是读书,至少懂得许多交际场上的应酬。

王韬开始尝试着邀两位校书出游。在秦淮河上,他请她们一同荡桨,一船两美,极大地满足了他的虚荣。他曾经看到过无数男女荡漾在河上,也曾幻想自己和初恋一同游水的场面。但是,梦想永远抵不过现实。那一刻,他真正忘记了自己的初恋。

邻船上有一群同参加应试相识的,无不羡慕,纷纷吹着口哨,高呼着"阿兰阿兰",使王韬又喜又怕,有一种酒醉式的旋晕或不由自主的得意。这事传回去总是有所顾忌的。

当王韬独自一人时,顾忌的情绪被无限地弥漫开来。所以,当两位校书再来邀约时,他借口回掉了,这使几天前还玩得很嗨的她们感到莫名。

说不清道不明。王韬有一种炫耀后的害怕,害怕什么连他自己也不清楚。

他开始有意去人多的地方避开她们。但所谓冤家路窄,她们竟能如影相随。在妙相庵,独自游览的王韬也能遇上两位可人,她们举止优雅地静坐在那里细细品茗,见到王韬也有几分惊奇,转而对他嫣然一笑,他却腼腆地朝她们微微一点头而去,生怕有旁人看见。两位也是见怪不怪,眉目相对,淡然处之。王韬走到很远处,才敢偷偷地回头,张望到她们根本就没有什么异样,反倒心里若有所失。他不知道她们的职业感觉有多么敏锐。

金陵之行的结局其实不言已明,王韬一行全部名落孙山。

时令中秋才过,两位校书倒还是一贯有情有义做派,设筵为他们钱行,这也是她们揽回头客几个拿手的招法。茫茫人海,相见更难,在即将离开之际,王韬在顾师的吩咐下放弃了矜持,将早已备好的湖绸分送给两位。两位校书满心喜悦,含情脉脉地接受了礼物。这种场面上心照不宣的礼仪,对王韬来说甚是新鲜。

在回家的舟船上,王韬翻来覆去睡不着,眼前晃动着两位校书娇媚的脸庞,一会亲昵,一会疏远;但一会儿又闪动过父母严厉的眼神。每次参与考试对于成绩他一直抱着无谓的态度,但这一次,他倒是对结果有所追求,可能也是对应考期间的荒唐作一种平衡。但是生活永远是一种再积累,从来没有抵消。

他坐起身子,探头张望着江水,心潮难以平静。

何以面对父母?何以面对自己的初恋?

他一下子陷入了茫然的境地。

花了许多年耕读,到头来什么都落空,功名不成,今后的路在哪里?对于自己的自责和面对家人的内疚,使王韬无助地沉思在自己编织的困境中,竟夜无眠。

夜色尚好,月光转间泻进,船舱一角仿佛涂上一层荧光。船舱内响起了一阵鼾声。和顾师一同出来过好几次,顾师的鼾声王韬已经非常熟悉,还是那样厚重而有转音。仿佛对应试的结果,伙伴们都若无其事,坦然接受现实。

竟然只有我一人心有怯怯?

求功名这条道路上,历代倒下成批的读书人。王韬第一次感到想不通的是,面对这次重大的挫败,顾师竟没有丝毫愧意,心安理得地酣睡了。

难道不是我们贪玩有余而勤奋不够吗?

王韬检讨着自己。

游山玩水,还去了青楼,我开始堕落了吗?

在回家的一路上,王韬回归了自我,回归了父母慈爱目光下的孝子,回归了初恋所期望的那个青年。

他见世面了,虽然精神疲惫不堪。

四、结缡

从金陵回乡后，家人就没有多问他乡试的细节，这使王韬略感不安。因为每次外考回来后大家都会关心地刨根问底，尤其是母亲。

了无声音，是有大事。王韬习惯了家里的气氛，他嗅到了一丝异味。芷卿也对着他伸舌头。王韬用了从金陵带回私藏着的一张花洋纸，轻易地从芷卿那里骗得消息，原来家里商量着要给他相亲。这张花洋纸原本是要送初恋的。

王韬手足无措。

他几次欲去顾师那里，但最后都作罢。他不明白自己想从顾师那里得到点什么。

果然，没有过多时，父亲便对他说："你已经成年了，应当独立成家了。"

王韬不知道，在离家的这段日子里，双亲是否听到了些什么，或者原来就安排好的。对于王韬来说，双亲没有追问金陵的荒唐事情，已经算是躲过了一场大的风暴。

父亲严肃认真地和他谈了话。在王韬的记忆中，这种男人与男人之间的严肃谈话好像是第一次。父亲在无非是先成家后立业等任何家庭对孩子成家前千篇一律的训辞后，用不容商量的口吻通知他，他们已经为他安排好了亲事。

王韬在父亲庭训时思想就放飞了。眼下，他首先想到的是那位私下定盟的初恋。

是否告诉她？怎样告诉她？

在父亲谈话后，他与初恋有限的几次约会时，曾想将这一情况告诉对方，但欲说还休，话到嘴边又吞了回去。他实在没有勇气将真情道明。他甚至有些害怕约会了。这种苦痛，旁人真的无法感受。

在晚秋的溪流边，他发着呆，默默地望着悠悠的流水倒映着同样悠悠的白云，一片片淌去，冷不丁，一张枯叶飘入水中，打破了原来的画面。王韬在堤岸边用脚踩着一颗小石子，来回磨动着，碾磨着，碾磨着，突然他飞起一脚，石子飞落水中，掀起更大的涟漪。

王家男丁不旺，衰族弱支，除了伯父家一支尚留几个堂兄弟，王韬一支只有个弟弟芷卿，整个家族后继乏人。从王韬父亲的角度出发，在夭折了许多儿子后，他的心愿是儿子们成年了，早早的成家，衍繁子孙，延承血脉。宗族、家族压力，是中国人最难以承受的，所谓愧对祖宗。王韬和他的父亲都深感到自己身上的责任。

王韬也想成家，他和初恋的感情已深，梦想着早日和她结成秦晋之好，但他知道别的事与父亲还有商量余地，唯独在这件事上绝没有讨价还价的可能，父亲有绝对的权力，也是历代中国家庭对婚姻的态度。

素琴、爱香也都是很有趣的。

王韬的思路一下滑到了金陵两位佳人，他现在常常会想起她们。他暗暗地笑了，这个玩笑开大了。转而一想，从青楼赎回做妻妾的，也大有人在呀。

门当户对。

王韬的思绪又拉了回来。父亲对他说出了这句千古名言，让王韬反复思量，他感觉父亲没有错。但他感觉自己的选择好像也没过失，初恋也是诗书人家呀。

父亲并没有留余给王韬许多时间。他们给他定亲的对象实际上王韬本人也认识，是同村悬壶郎中杨野舲家的那个平时不声不响姿色平平不引人注意的女儿。野舲的兄长举人出身,过去曾在四川为官,他的两个男孩也随之在川待过,唯独女儿留在家乡。其兄早亡,野舲以叔代父,将其女儿养大。那个女孩的持家本领也远近有名,家庭大小事情她都能帮上。杨家世代诗书传家,王韬父母对这门亲事十分满意。王韬曾经梦想中头彩,会不会父母为他选中的正好是初恋那一家呢。这个愿望算是彻底落空了。

大丈夫无非是成家立业。

当王韬认定这个理时,他差不多已经是无可奈何了,他不曾有过任何反抗的念头,更不会有什么过激的行动。最要紧的是怎样告知初恋,这是他目前的头等大事。他手足无措,几乎成了他的心病。

王韬和初恋早就相识,但他俩之间的定情,最早还通过初恋的贴身丫鬟金娇传递信物。这种基于传统的男女联系方式很古典,虽然双方本来就熟,却还是走了古典的路线。金娇对他俩的事守口如瓶,称得上是最忠心的丫鬟。金娇善吹箫,是一个乖巧精灵的女孩,至少在王韬心目中是如此。王韬与初恋的约会都是金娇以箫为信,这种恋爱的方式真使人心醉。从此,他衣食无心,用大量的时间来等待着箫声响起。有时和伙伴正玩得起劲,那个箫声一响,他便丧魂落魄,落荒而去,弄得一众朋友莫名其妙:阿兰这是怎么了?王韬心中已经容纳了那个箫声,在他年少轻狂人生最得意的时候,它自然而然地响起,悠然在年轻的心胸荡漾。但是,自从家里帮他订下了亲后,箫声成了他最大的痛苦,原来最美好的,变成最难面对的了。

万古皆此忧啊!

王韬内心感叹。他感觉到他无法对抗他的父母,无法对抗全世界,他甚至恨自己不可能做出任何极端的行动。

传说中的私奔永远停留在传说中,至少与王韬无缘。那颗在水中掀起涟漪的石子,并没有在他内心引起反抗的波澜。他奔回家,十分冷静地磨砚,静慢下心来,写下了平生第一封绝别信。写完后他将信折小,夹在衣袖里。

他变得从容了,静等待着箫声又起的时候。

这是一个漫长的等待。

这样的等待,曾经给予王韬人生巨大的喜悦,无论箫声或早或晚,对于他来说,都是一种虽焦虑但享受的过程。而今天,他竟无所希望,箫声响起或不再响起,于他而言,再无所念。

箫声已经被王韬埋在心里最隐秘的角落。

从金陵回来之后,王韬对初恋的约会邀请变得有些迟滞。本来,他对初恋是万般不舍万般痴迷的,初恋的一举一动都直达他的心间、触动他的心灵。而现在眼前时常晃动着金陵的两个校书。王韬对这种变化也深感担忧,他不知道自己投入恋爱的欲念为什么消退,而这种消退最大的连锁反应是对生活的了然无趣。

结婚了会怎样呢?

王韬似乎感觉到生活会有变化吧。成了家,繁衍子孙,壮大王家,也对得起列祖列宗了。对婚姻,王韬没有更大的期盼,而对于传宗接代,他倒有点急迫。

也没有留给他多少时间,待他掀开新娘的红头盖时,他近距离看到了自己的妻子,姿色中等的她竟比平时要端庄美丽。

在新婚的日子里,他为妻子起了一个自己愿意的称呼:梦蘅,实际上是对自己的初恋的怀念。梦蘅是个实在人,虽然也听说过王韬情况,但嫁得为人妇,只能悉听尊便,忘记曾经,生死相随。王韬也只是有时想想罢了,与初恋再无瓜葛。他甚至再也想不起自己最后一次怎样将初恋的信物还回给对方的。

王杨成连理,应当说双方大家庭还是各自满意的。王韬的意外收获是由此而得到了一个终身的朋友,那就是他的大舅子杨引传醒逋。

醒逋高高的个子,长王韬四岁,因为早年入川生活和王韬倒是不熟,但他们有个共同的朋友许同学,这个因素使两人一见如故,加之成为亲戚后,从此诗书来往,互相欣赏,情深义重。总的说来,王韬在杨醒逋处得到的帮助比较大,主要呈现在精神方面,他不仅是王韬倾吐的对象,更有点像王韬成长的引路人。他经常要规范王韬的行为,虽然这一点又常令王韬不快,但两个人的关系始终是开放与平等的。

醒逋比王韬有更大的读书兴趣。仗着比王韬年长几岁,苏州城里的书摊几乎隔三岔五要走一遍。这不,他刚在苏州沧浪亭的小书摊上觅得一部沈复写的《浮生六记》。当时在书摊上粗粗翻后觉得千般有味,虽是残本,只留存四记,还是决定买下。回家后忙研读,读后感叹万千,转而让王韬品读。王韬在交还书时,还学前人留下了题记,写下了自己读书心得。

王韬非但在读书上觅得一个知己,在生活上也常常有求于这个舅爷。这样个相依的关系,竟伴随他们一辈子。

梦蘅嫁到王家不久,王韬还是要返回锦溪去完成教书工作,虽然薪微钱少,但无论如何这是他第一份工作,王韬心里满是不愿,新婚日头真的有点难舍难分,但梦蘅还是识大体,百般劝说王韬。王韬恋恋不舍地离开新婚妻子赴锦溪。

在锦溪,舅家的亲朋好友对王韬也非常关照,使得他生活无忧。平时也就管几个小孩读书,闲暇时间很多,他得以读许多许多书。

日子一天天过得很慢,苍狗白云,王韬已经记不清给梦蘅写过多少信,他自己也不明白,他们实际待在一起的时间很短,但他竟有那么多话要对她说。关键是,梦蘅让他一点点淡忘了曾经的初恋。

很不一样。

王韬回想起每次回到家里,看到梦蘅把一切都安排妥了的那种温馨。梦蘅没有出嫁前特别豪饮,结婚后非常节制,只是王韬回家时才在晚间置杯两人小酌,时有微风拂来,暗淡灯光映着梦蘅绯红的脸。

但美好总是短暂的,王韬还是要外出教学。

他在梦蘅的信中知道家里的情况有了变化,有西洋人请他父亲到上海去干事。梦蘅打理着家中的一切,上要侍奉婆婆,还要管理小叔子的一日三餐,好在她从前在叔叔家里就帮婶婶做惯了事,现在娘家有些事也还要让她去帮忙,日子安排得满满当当,很是辛苦。

家中大人去上海这件事对王韬来说是脸上无光的,他想不通。如果父亲是去苏州城他肯定举双手赞同,但上海是什么地方,哪里能和苏州比?为洋人干活,王韬简直不敢再非议老子了,祖宗十八代的脸往哪里搁?

王韬是不知柴米油盐贵,对家庭的经济还没有感到压力,他父亲去上海工作的收入,是他收入的数倍。人有时很难拒绝某种诱惑,况且事关生存。

家乡传来的一则消息令他一扫阴霾,一下子冲淡了他对父亲的些许不满。

梦蘅托人带来了消息,告诉王韬,准备做父亲吧。

这个巨大的惊喜冲击着王韬的全部世界。王韬知道自己离家后,梦蘅一直病病歪歪的,当时他就有这方面的考虑,现在坐实了自己的猜想,王韬兴奋不已。

锦溪为著名水乡,水道如蛛网密布。王韬沿着小河无序奔走,从这一条拐向下一条,仿佛无穷无尽。

王家有新一代了!

王韬更希望这次来的是个男孩,他想象得出父母高兴的样子。

舅家也为王韬高兴。舅舅唤朋呼友来此一醉,鱼米之乡食物丰盛,就着酒,王韬将心中的欢欣和苦闷,完完全全地交给了醉乡。

五、初缘

1848年正月,王韬别了母亲、妻子和新生的女儿赴上海探望父亲。

王韬父亲佣书①洋人,对于全家来说,并不是件很光彩的事。上海是什么情况?王韬和他母亲急切地想知道。

上海,旧称沪渎,意思非常奇怪,是一个捕鱼的村子。在王韬初次来沪的十几年前,一帮英国人驾着船在附近偷偷观察发现这里进出的船只极多,繁荣之极,才意识到老名字的欺骗性。趁着潮涨潮落时节,他们将这些信息记在自己的日记里,以便有朝一日可以在这片土地上显显身手。

俗话说不怕贼来偷,只怕贼惦记。这一天终于到了。1842年8月在签订《南京条约》时,英国全权代表璞鼎查就根据彼时获得的情报提出了将上海作为五个开放的通商口之一。清朝的官员真的搞不懂,洋人为什么将这么个小地方与其他有名气的几处等眼相看?隔年的11月份,英国人就来上海,三弄两弄就把上海道台弄得团团转,一年多后松口在原来的城北外,苏州河与洋泾浜之间,让英国人单独划定了东临黄浦江的租借地。

上海原来与王韬没有什么缘分,没有想到的是因为生活所迫,王

---

① 佣书:指抄书书籍之类的差使。

韬的父亲不得不受聘于西洋人,1847年辞乡来上海工作,居住在上海城厢外的北郊,地址在今天的山东中路近福州路一带,也就是洋人的租地西。阴差阳错,王韬这才知道了上海,知道了无论从名气到现实都远远比不上苏州的上海。虽然王韬到过比苏州还要大的城市金陵,但是吴地人那时的世界之巅无疑就是苏州。父亲不能去苏州而落入上海,对王韬而言,是失面子的事。

从内心来讲,王韬的父亲对此事也很上心。中国人过分地在意他人的看法和意见,而且,是为洋人打工,无论从什么方面来说,都不能正脸对人。好在是所谓的佣书。书在中国的历史地位一直是高尚的,也是上得来台面的事,他只能以此来安慰自己:我服务于书。

但那本书却是异邦的全部精神世界源头——《圣经》。

对于父亲的选择,作为后辈王韬不能说三道四,只是对洋人他有几分好奇。近年他也到过几个地方,比如苏州城内,他就见过洋人。但父亲极少与他谈论此事。这种故意淡化的意味,至少王韬是意识到的。

和外国人怎样交流的呢?讲话彼此能听懂吗?

王韬对中外双方沟通一些细节很有些兴趣,他几次向父亲打听都没有得到正面回答。所以,他迫不及待非常好奇地想去上海看看,主要是对洋人的兴趣。

正月是放假的日子,王韬偷得几分闲情,随船到上海去。母亲让他带了一些吃的给父亲,吴地人吃过好东西,口味比较刁,她的担心不无道理。梦蘅则牵着他的衣角恋恋不舍,女儿阿苕刚生下没几个月,丈夫要远行,她担心着呢,但又不能让婆婆看出来。

船入上海时,走的是黄浦江航道,王韬看到了一个与内地城市全然不同的城市景观,沿江一带楼宇嵯峨,云蒸霞蔚,远远望去,只见人进人出,仿佛海市蜃楼如入仙境,一片异域的景色。上海开埠只有四年多,这样的气场,全然颠覆了王韬先前的想法,令他错愕。

这就是上海!

多么神奇的地方,和苏州完全不一样。王韬暗暗有点喜欢。

王韬首先到了父亲生活和办公的地方,这两处基本上都在一起。两层的楼房,楼与楼间有廊连接,竹篱围成的院落,还有一条通向外界的砖石小径,一切看上去井井有条。

在办公的地方他见到了父亲的外国同事麦都思牧师。麦都思一见王韬,便将手头张罗着的事暂时搁下,连忙来接待王韬,和他握了中国式的手。王韬是第一次直面洋人,猜想,他应该是这里的老板。

一边传来了笑声。一个年龄比他大几岁的外国青年向他走来,一边朝他作揖。

不用鞠躬了。不用鞠躬了。

他的中文流利程度令王韬吃惊,王韬也阻止他行礼。

"麦华陀,他的儿子。"父亲面无表情地向王韬介绍。原来是老板的儿子,有点络腮胡,他年龄看上去要比自己大得多,王韬暗暗打量着对方。

麦华陀外表看上去非常斯文,眼光敏锐,显得精干。他像一个自来熟,还是拥抱着矮个的对象王韬。

王韬不知他要做什么,等稍明白了,麦华陀已经松开了他。这是王韬有生以来所接受的第一个西式礼仪——和除了父亲外的一个同性拥抱。他闻到了一丝从来没有闻到过的味道,说不出是喜欢还是讨厌,也从此熟悉了这个味道。

麦都思还向他介绍了自己的妻子及女儿。她们也和他来了一番西式礼节。

王韬对金发女子的贴面礼感到一阵窘迫。男女授受不亲啊,在光天化日之下男女搂搂抱抱,体统尽失。王韬腼腆地缩了一缩。

还是麦都思了解年轻人的想法,他让儿子带着王韬到处转转。

麦华陀首先带着王韬参观了印刷处,机器暂时在整修,麦华陀随手拿起一个字模,王韬细细看了后发现字模上的字和印章一样,字是反刻的。王韬根据读书的知识知道这和我们古代活字印刷的原理一样,按页面的尺寸来排布大小的字模,唯一不同的是质材。看见如此多的一大片字模,他暗暗称绝。

从印刷处出来,王韬深深地吸了一口气。麦华陀了解他闻到了什么,微微地一笑:"今天你太不巧了,主人不在。"

王韬望着他,不懂他说此话的意思。这个老外的中文还是有些问题。

"你不喜欢这个味道?我们来看看这里。"麦华陀带着王韬来到了一旁一个低矮的小屋,里面竟然养着一头牛!

王韬对这个气味不陌生,但在这里猛然见到它,还是非常吃惊:难怪刚才在屋里就闻到了它的气味。

麦华陀告诉王韬,这个印刷机械的动力来自牛,就像牛能耕地一样。今天它不在状态,所以让它休息。

在充满着牛粪气的房门口,王韬屏气驻足,他呆呆地看着牛,宛若梦中。英国人竟将农村的东西用到城里,与他想象中的截然不同。

麦华陀哈哈大笑,揶揄他:"我知道你非常欣赏它,如果你到这里来工作,你每天都能见到它。"

王韬望着这个自我开心的洋人,满脸落寞。

一样与牛打交道,我为什么还要来这里?

原来这上海也是锦绣其表败絮其里,好像还没有苏州有趣。王韬对上海的那点好感,被麦华陀的玩笑一扫而尽。

从牛棚出来,王韬的脸一直挂着。他的心情确实没有了刚到时的兴奋,并且很容易地下了定论。

"我们进城去吧。"麦华陀根本不管他是怎样想的,手搭在他的肩上,向南与他并行。

进城?原来这里不是城市?

王韬又有点莫名其妙。

一路上,麦华陀卖力地向王韬介绍了租界的几条通向黄浦江的路,像什么打绳道、纤道、布道街等名称,倒也引起了王韬的兴趣。但王韬反感他如数家珍的主人腔,还有就是他身上始终散发的那一股子香气。

踏上与他们所在的麦家圈仅隔一条路的界路,越过三茅阁桥,远远的城墙城门赫然在目,他们毫无阻碍地进入了城前的一个地块,到处是一汪汪小池,时不时地出现小突土堆。王韬对此太熟悉了,那不是乡下常见的坟墩头吗?

桥西,一座比较像样的建筑引起王韬的兴趣。

"那是福建人的地盘。"王韬听了麦华陀的介绍,一头雾水。是不是听错了?但王韬也不想多问。

身后传来了几声口哨,两人回头看到几个不怀好意的人在向他们挑衅,麦华陀坚定地向前走,仿佛一切都没有发生。王韬也忙着紧跟几步,随着麦华陀很快地穿过这片地块,前往城北门。

迎面,他们遇到了一个褐发西人,手牵着一个十岁出头的女孩,王韬以为一定是麦华陀同乡,会和他打招呼,但意外的是那人以锐利的目光上下扫着麦华陀,神态极不友好。麦华陀告诉王韬,那是法国人领事敏体尼,他一直担心我们英国人会抛弃他们,我们弄了一块租界,他想帮法国也弄一块,他在这里转来转去,就是看中了这块地。可能他刚从道台那里出来,知道了我们反对建立法租界的态度。

敏体尼是1848年1月25日乘英国"加勒比"号抵达上海的。麦华陀当然知道。

王韬这才明白,虽然他们俩看上去很像,原来也是两个国家的人。

上海和苏州一样是有城墙的。城墙脚下列着一口一口齐肩高的大水缸。王韬不知道盛满水的大缸置此何用。

进了上海城厢,王韬发现这里才是上海城里,父亲工作的地方只是乡下。这里的路是石子铺成的,路口当头横贯着路牌,两旁小店小铺林立,繁华似苏州城里。老城厢的店铺多种多样,纷乱繁杂:难得药铺最洁净,有草药的清香;铜铁匠铺叮叮当当一刻不休;馒头铺蒸汽缭绕围着一群食客;瓷器店也会偶然传出一阵当当的击缸声响;茶寮和书肆也充塞间现。

在王韬的心目中,这才是城市,有烟火气。王韬看看这家店铺,闻闻那家食品摊散发出的香味,在一个书摊前半天不愿移步。

麦华陀虽然有点不耐烦,但总不能丢下他,他很有风度地站在小巷旁等待。

渐渐地王韬发现摊主们的目光总有些不自然,他有意无意地掸了掸长衫,怕是衣衫上粘了点什么。

但是不久,他发现了,人们诧异目光的指向——麦华陀,这个和黄种人截然不同的西方人,才是人们既惊又恐的根源。

虽然说,从上海开埠以后,北门进出的外国人日见其多,但中国人见到外国人总有些说不出的味道,连带对与外国人并肩而行的中国人,也有种鄙视感。

英国领事馆和法国领事馆都曾在城内租屋设立,当初愿意租给他们房子的中国人少之又少,清廷的官员从中没少下功夫设绊,而洋人们心知肚明。领事馆的设址一向须听从于外交部,英最早的驻沪领事也是狠角色,从城厢出,强设了租界,领事馆也就设在了租界内。私自置业,领事为此还被外交部撤了职。

从街中心一直行,会时时不知不觉中走过小桥,经过了方浜,迎面就是一座红栏杆桥,麦华陀发现王韬在桥上来来回回了几次,不知他有何意。

"前面还有许多桥,附近就有西仓桥。"麦华陀还是一副老上海的样子。

王韬只是感觉有缘。这个名字很亮,好像在哪里见过。王韬之前没有来过上海,却说见过,麦华陀一下子搭不上他的话头。中国的玄学外国人最是头疼的,所谓神秘的东方,也是西人欲探其究竟的因缘。

王韬与麦华陀对话时,感觉周围人已驻足。

"右边是西门。朝东有牌楼,我们去那边瞧瞧。"麦华陀领着王韬东去,经过虹桥,在四牌楼转北,又回到方浜。隔着方浜,王韬看见一片飞檐重重的建筑。这个建筑群有一个入口,门楣上从右至左刻着四个大字"保障海隅"。

"这个就是城隍庙。"被麦华陀一点拨,王韬才意识到刚刚接近时闻到空气中的那一阵烟味就是从这里飘出的。中国人的崇拜对象有许多,一般来说都是偶像崇拜,这种崇拜从自身求助要求出发,所以对于信仰反倒有点无谓的态度——儒释道皆可。王韬按着母亲一向的教诲,不想得罪任何圣台,也和一众香客一样,逢面上了香。

王韬和麦华陀没有意识到,从入城开始,他们身后就跟随了很大一群人,先前是离得较远,后来越来越近,到了城隍庙时,他俩竟被团团围住。

王韬有些害怕,不知道他们要干什么。麦华陀则笑了一笑,拉着发懵的王韬冲出重围。

"他们不是看你,是看我。"麦华陀还有点小得意,他早就习惯了被人围观。

王韬当然知道大家不是稀罕他,并且在他看来也没有感到麦华陀有什么异样。趁着麦华陀急于摆脱人群的那一会儿,他仔细斜瞄了一下那个洋人:白皙的皮肤,高又尖的鼻子。

突然,王韬的屁股被人踢了一脚。他不敢做声,加紧步伐跟着麦华陀跑。麦华陀看到他急吼吼的样子,不知内情地笑了起来。

还笑。

王韬内心有点愤怒,他体会到了和洋人在一起的风险极大,转而为自己父亲的境况担心起来。

回来的一路上,王韬对于城内城外的区别有了新的想法:毫无疑问城内才是上海,它的各种生活要素比城外齐全得多,但如果这就是上海,与苏州有何差别?王韬完全没有了在黄浦江船上初见江滩新楼时的那一阵新鲜劲,他的眼光死盯着道的两边,看着流淌着的污水似隐似现地全部流到了像网格分布的上海叫浜的小河中,心中作呕。王韬竟一心一意地抠着这个叫上海城厢的毛病,不能释怀。

单从卫生的角度,王韬有点点开始倾向租界。但那里真的一点也不好玩,什么都没有,就连说说话的人也没有。王韬这时想起了他的内兄杨醒逋,如果他能来就好了,能够一起读书,一起聊天。

王韬的初次上海之行并没有很大收获,唯一让他对洋人有了非常贴近的了解。

他们的鼻子真的和我们不一样。

王韬捏着自己的鼻子在想。他不明白的是官员为什么见到洋人都有点怕,甚至中国人见到洋人也一样。

洋人身上有一种香香的味道,而且男的和女的都不一样。

王韬不喜欢男人身上的味道。但是王韬会轻轻地摸摸被女子贴过的脸庞,感觉一下那是否真实。

六、舛变

王韬从上海返回家乡,向老母亲请了安,看了看妻小,便辞别回锦溪继续自己的教书生涯。在锦溪,日子悠悠地,过得不紧不慢,王韬一边教书,一边为来年的应试作准备。

上海之行虽然时间短暂,但和其他次外出比较,除了金陵那一次,给他留下了无限的挥之不去的念想。

王韬感动于舟船进入黄浦江瞥见上海的那一瞬间,仿佛天工开物,他的内心从来没有被如此震动过,那从心源传出的强烈的律动,是他的心胸对这个世界的完全开放之后,被完完全全充塞、填满的奇特的冲动。这片充满异域情调的神奇地方,如海市蜃楼横空出世,令他震撼、幻想和渴望,他眼花缭乱,无以言说。

此刻,他人在锦溪,心留在了上海。

在锦溪悠闲的日子里,回过头来再想想那几个洋人,当时横看竖看都不顺眼,身上还有说不清的异香味,被人围观并且还讨人厌的不良印象,慢慢地淡化,慢慢地飘远,慢慢地消失。

他们身材比中国人高,鼻子高隆,最特别的是眼窝,非常深凹。

王韬的头脑里闪动过麦华陀的锐利目光,身体感觉在打颤。他受不了麦华陀鹰一样的极具穿透力的眼光,就如黑暗中突遇一束强光,令人眩晕。他想到了秦娘,那个丰满又健硕的年轻女子能够在乐器上拉出华美乐章,如此柔和的旋律,至今在其耳旁回响,连绵不绝。

这一次上海之行，让王韬知道了外国人并不是一个国家的。敏体尼是法国人，秦娘是美国人，麦都思他们则是英国人，他们都聚到上海来了，家大人也到上海去了。

上海能托付此生吗？

王韬对家大人选择上海的怨恨，此刻已经变得犹疑不定。一种侧身代入的情怀愈来愈浓，他不知道自己为什么会有这样的变化。

锦溪鄙陋的乡下，春日草木强力地生长，浓郁的绿茵布满了天地，返映在他的双眼；正是人们踏春的季节，王韬不为之而动，陷入了自己的春秋大梦。

人东游西转，实际上是在寻找自己安身立命的地方。家乡和锦溪对王韬来说充满了爱的情愫，但他自感回旋的舞台太小，王韬希望有一个更大的舞台可以让自己充分发挥，而这个舞台可能在上海吗？他曾经到苏州去探访，人文气息也弥漫得化不开，但是，王韬总感到缺了什么。

缺什么呢？

王韬自己回答不上。这次上海之行他仿佛能回答上了。

气局。

但气局是什么，王韬还是摸不清。

转眼夏季已至，对上海的念想不如现实面临的明年秋闱更急迫。王韬还是教书迎考两不误，日子过得充充实实。一旦心无旁骛，王韬总能发掘出自己最大的能量。当他回家乡时，老母妻女迎来了他的久违身影。

周岁未满的女儿看到了这个陌生的父亲扭头一个劲地往母亲怀里钻，妻子连忙哄着抱着她去弄菜煮饭。当初，王韬知道是生了女儿时，内心别提多失望了。但他自认为还年轻，能和梦蘅生养一大群孩子。

母亲慈祥地看着儿子，一时不知该怎样爱惜已经长大的孩子。

王韬看着母亲，一阵心酸。母亲老了，发间已见白丝，自己和父亲都不在她身边,女做男工,啥事都得干。幼弟芷卿还不懂事,整天不知混迹何方。幸好自己娶来了梦蘅,还能帮着母亲打理这个家。

王韬正打量着久别的家,"嘭"一记像是用脚踹的门,一个少年跳入屋来,一看到王韬,吃了一惊,姿势动作马上停顿。

芷卿。

王韬轻轻地唤了一声,充满着爱意。王家的血脉。

"四哥。"芷卿喁喁而答,像是见到威严的父亲一样,身架顿时定格,但抑制不住脸上神采飞扬,汗水不住地往下挂,一脸奥灶猫咪样。

对于芷卿的这一脚,母亲并没有什么特别的反应,她好像熟悉了这一套,走上前去整了整小儿子的衣襟,笑着朝他微微点着头,仿佛在说:别顽皮了,收拾你的人来了。她用自己的手,去牵过他的手,朝向王韬,然后轻轻地按了按小儿子的头,示意他向哥哥鞠躬。

王家向来辈分长幼不逾规矩。王韬感到母亲太宠爱身边的小儿子了,用脚开门,父亲在场不知会有何种反应。

原本芷卿一直在锦溪王韬书馆内跟着王韬学习,王韬是应考前先将芷卿送回家的。所以芷卿对王韬像往常一样,恭恭敬敬地鞠了一躬,行礼。王韬掏出一册书,塞给他,芷卿偷瞄了一眼,带着书,欢欢喜喜地到屋角去翻看。

王韬回家,最高兴的应当是梦蘅,平时只她一人要孝敬婆婆带好女儿,有时还要管小叔,时不时还回娘家看看是否要帮帮忙,这使她的身体长时间超负荷劳累,小毛小病常有,求医问诊也无大的效果。王韬回来了,虽然在劳务上不会帮她一丁点忙,但是家里多了个主心骨,梦蘅干起活来也带劲,至少,王韬和婆婆谈话时,已经可以将女儿交给王韬抱。小孩也很奇怪,陌生人如果冲她来,就天翻地覆地闹,而现在冷落了她,她反而对你有些兴趣。王韬把她拢在自己的怀里,还能逗逗她,一来二去,很快就熟了。

梦蘅今天可以一个人独自在灶前忙碌,婆婆时来搭把手,添个柴递个菜的,今天全家可以很快围着桌子吃饭,平时要千呼万唤才回来的芷卿也安定在桌边,她只要将菜饭安排停当即可。难得一家人团团圆圆,就缺了一个在上海的公公了。

在家里的这段日子,惬意,悠长。拜见师长和朋友,是王韬日程上的事,也形成了每次回乡习惯。在王韬的眼里,老师是无事不通无事不晓的。人生无非茶酒间。日子倒也痛痛快快地来到了冬季。

过年了,家大人如期从上海回家,整个家庭其乐融融。家大人将随身带来的洋糖给孙女舔了舔,孙女的眼睛亮了起来;芷卿也喜欢,梦蘅含着被女儿舔食过的那半粒也有滋有味;王韬心里也喜欢,只是不能与幼女弱弟争,还要摆出一副成人见过世面的样子。

家大人回乡过个年拜亲访友后,初五就匆匆舟船去了上海。王韬则在家乡滞留一段时间后,又回锦溪。其间,他时不时与父亲有书信来往,从信中了解到了上海的变化。

王韬虽然取得了秋考的资格,但经过这些天回乡与家人,特别与父亲的见面和书信往来,回到锦溪后内心渐渐地起了一些变化,甚至他不想再去赴考。这个想法当时令他自己也吃惊,放弃考试实际上就是放弃仕途,放弃仕途等于放弃进入中国主流官宦社会的机会,那还能做什么呢?大家都不理解王韬。王韬与素有文谊来往书信的妻兄杨醒逋谈了自己的想法,醒逋迅速回信劝王韬静下心来:仕途之道虽然艰难,但唯此乃正道。

王韬飞笺醒逋则相当不客气,除了明确表示不去金陵不参加考试外,还顺便提到了金山、焦山的美景。他知道杨醒逋是一定会去的,所以开玩笑地说:美景让于足下。他已放弃了非分之想,从而与今年的科举考试再见了。

王韬这次决然而然的行动是否受上海之行影响,不得而知。不过上海之行确实对他的生活理念产生了天翻地覆的变化。江南一带的读书人到过上海后,都有脱离科举正道的倾向,有的人沉湎于洋学,有的人学习做生意以充当买办。

上海,真是一座魔城。

王韬在锦溪授课，收入菲薄，除了自己吃用根本养不了妻女，而这次回家时母亲告诉他父亲在上海的收入是他的二十多倍，王韬深感惊奇，难怪王韬回家发现全家人的气色都不一样，脸上好比过了一层油，光亮光亮的。但是，家大人通过他的母亲给他传言，坚决阻止他再赴上海，这使王韬有些沮丧。他变得两头不着落。他硬着头皮回到家乡，想当着母亲的面看看家大人信里是怎么表示的。

今年江南水势很大，超过了往年，到处都下着雨，一片泽国水乡。没有想到这样的天气竟为他带来了一个客人——本欲外出的杨醒逋被困在雨季里外出不得，知道王韬回乡了，急急忙忙来到王韬处。

终于找到了一个能够聊得来的朋友。

王韬见到他也满心喜欢。妻兄瘦高个，穿着水青色长衫，一眼望去就是一个读书人。

读书人在一起，谈的当然是书的事。王韬知道自己的妻兄十分健谈，自己有时尚能插几句，有时根本插不上话。真是一个良伴！

醒逋读的书广，见识也多，光四川一地就够他说上几天几夜。他还结识了那里的许多朋友，妻兄叶桐君、妻弟心友、岳丈叶云滕门客李宗望①，可谓来往皆鸿儒。

王韬虽然心里十分佩服，但还是要抢他的话头，岂肯甘心让他独美。他想谈一些冷门的话题，但杨醒逋几乎都接得上嘴，而且能讲出更多的道理，这多少使王韬感到无趣。王韬只能寻出他的杀手锏——和他谈上海。这一下杨醒逋安静了，沉下心来细听王韬讲话。

王韬有点满足：洋人的东西，他都不了解。

文人相谈，谈着谈着，谈到各自自身，谈话的味儿就会有点变酸，一个抱怨仕途不公，前程无望；另一个则述人生不平，天道无定。

杨醒逋回故里已四年，最初是生在四川的，幼时回家乡，中间又随母亲入川与叶府订了一门娃娃亲后，随其父离蜀而归吴门，十九岁

---

① 李宗望：巴金的曾祖父。

时入川合卺,二十一岁回来时已是拖家带口,妻子是四川成都太守云塍公之女,唯此时他的父母双亲都不曾见到这一幕,也因此,云塍公曾劝醒通留在四川,但醒通当时义无反顾地返乡。

王韬虽然娶了杨家女,实际上对杨家知之甚少,梦蘅很少和他聊家事。王韬开始对父亲选择的这门亲事不以为然,抱着将就听命的态度;随着与梦蘅生活长伴,他对自己父亲有了些敬意,对当初父亲为自己选定的人家有了另一层了解。

门当户对。

王韬深深地感受到了这四个字的含义。对于妻子,他实际上有些满意的,在他离乡教书期间她尊老携幼护院持家,这也使他渐渐地放释了当初对初恋的浓烈情感。最使他满意的是通过这门亲事他交到了妻兄这样一个有才华的朋友,王韬嘴上不说,实际上也承认醒通的学识不比自己低。

杨醒通因好读书,常去苏州,留恋过许多书摊,有许多读书选书心得,使王韬有所教益。而通过他们的交流,王杨两亲家关系也越来越密切。这一切,梦蘅最高兴了。他们在交谈时,她准备了一些零食,温好酒,让他们尽心。

王韬发现醒通为人外谦而内傲,貌愚而心慧,倾心佛经,表面上比自己更淡泊名利,而实际上并不然。

两人在一起,除了谈书论文,茶酒不离口,猜谜也是共同爱好。

王韬给出"拾"字,醒通半天没有猜出,又加了一个"阳"字,即被他引《左传》中"拾沈"得出沈阳。醒通得意地抿了一口酒,再往嘴里丢了一颗小豆。王韬感觉加字露了谜底,猜到了也不算本事吧!

慵懒的日子实在好过,但是生活并没有这样轻松。没有过多久,杨醒通举家有杭州之行。醒通还是有想法的,王韬有些羡慕。

醒通终于和王韬作别赴杭州了。王韬一下子有种失落的感觉,他误认为醒通是为稻粱谋。而实际上,醒通岳丈云塍公在四川去世,醒通得到消息,先行杭州安排入葬之地,只是没有对王韬明说。

杭州也应该去看看的。

不是妻兄去杭州,王韬根本没有这个心思。杭州也和苏州一样,有人间天堂之美誉。醒逦的人生魅力可得见。

好的时光总不会太长。王家的生活日趋平静小康时,一件大事将他们一家的生活一下子抛到了低谷,王韬的父亲突然在上海病故身亡。消息传到甫里,已经是三天之后。王家上下震惊,一片哀嚎。

天塌下来了。

正月初五去时还是好好的,怎么就……哀伤的人习惯于回顾,王家的顶梁柱塌了,他们根本没有预先意识也不曾防备,他们能做的只有不断地懊悔,反复地懊悔、回忆。

幸得在沪有同乡会助力,苏沪之间水路也方便,父亲的灵柩在上海停留了没有多少时间经水路至乡,全家玄衣迎至河边,一时哀声震天。他们都深知这意味着什么,但现在的头等大事是将他葬之祖坟,入土为安。

在这样大的突然打击面前,王韬万念俱灰。迷茫的眼泪遮住了人生前程,看不清尽头,心里空荡荡的。现在他是王家的顶门人。他对于这样的角色转换非常迷茫。

全家的衣食,原先都仰仗父亲在沪的那笔收入,王韬在锦溪再怎么努力也支撑不了这个家,现在断了这笔收入,父亲的丧事又费了许多钱财,王家一下子陷入了困顿。

王韬徘徊在鸭沼边。

和过去一样,一旦有什么不顺的事,他就会到这里了,走走停停,在曾经的清荷香气氤氲间,减消哀伤、惆怅和忧虑。

秋季的鸭沼更比夏季的喧闹,秋虫变成了擅长的歌者,一声高一声低。王韬常年在家乡这个季节的这个地方,独自一人放空自己的思想,任其漫游,任其飞翔。

荷花的盛景不再。荷叶经一夏虫豸的噬咬,只剩下筋脉,空撑着一张张看似完整的荷叶架子。

秋天的枯凉正合王韬内心的感伤。

王韬拔了一支枯叶,转动着,转动着,枯叶支离破碎。

王家在这里经久历年,宗氏迭代,到如今,也像极了那一张荷叶,支脉尚存,败相已露。更严重的问题是,王家何以再存?过去王韬曾多次闪动过轻视父亲的思想,甚至恨他与洋人为伍的行为,父亲知道儿子的心事,但总是不和他解释,以一种极其平淡的态度来消解这种怨情。

他为什么不解释一下呢?王韬现在才明白,整个家庭的千斤重担压在父亲身上,使他视其他而不顾。

麦都思也曾对王韬有兴趣。王韬记得麦都思当时漫不经心地问他读过什么书,现在在读何书,甚至半开玩笑地对父亲说,让他也来上海工作吧。

父亲脸上的肌肉抽搐了一下,忙着回答:还是要让他参加乡试。

父亲的话当然不错,但可以看出他不喜欢谈论这个问题。离开上海后,他还收到了父亲多次信函,敦促他好好准备应试。

父亲不想让自己与洋人发生更多的接触。

王韬将自己到上海后的情况,与去上海前父亲推三阻四地不要让他到上海来的行为联系在一起,得出了这样的结论。

王韬对于新事物充满了好奇。在父亲去上海工作后他曾几次向母亲提出去看看的愿望,母亲拗不过儿子就答应了。但到了上海,除了最初见到儿子的喜悦,王韬看到的是一个闷闷不乐的父亲。他话很少,除了日常的寒暄,其他时间几乎都处于工作状态。王韬待在上海,也仅仅三天的时间。

王韬想到父亲,鼻子一酸。

他躺在鸭沼边亭子间的用竹料搭建的长椅上,尽管有些微凉,他还是不管不顾。仰头望见秋云涌动,在蓝天间作出千奇百怪的姿态,他心中莫名惆怅。

高深的蓝天,莫测的白云,人生何以为依?

一阵急促的碎步声响起,有一样什么东西猛然坠入他的怀中,一声稚嫩的笑声是王韬最醉心最熟悉的。梦蘅带着女儿找到了这里,她知道在甫里王韬能躲在哪几个地方。

她急急忙忙地从怀里掏出一封信。

王韬熟悉那种类型的信函,他曾在墨海书馆看见过。

七、上海

麦都思的又一次邀请，给了王韬很大的一个回旋的机会，他几乎在深刻懊悔辜负前缘时，突然又获得了诚挚的邀请。麦都思尊称他为"秉笔华士"。他和麦牧师只一面之缘，是什么因缘，王韬想不明白。

1849年10月24日，离开上海已经有一年半时间的那天，王韬再次乘船来到了上海，按照西历的算法，他二十一岁了。

上海又有了不小的变化。

黄浦江的西岸又耸立起了许多新的洋楼，江中游弋的船只更加增多。但王韬还沉浸在丧父之痛中，与第一次来上海比，心情迥异，已经没有了多余的感动。

住在先父所住过的那个城市，这是一个伤感的过程，他甚至能够呼吸到父亲曾经的气息，感受到一种遥远而深厚的亲情。

父亲在世时，在上海已交有许多来往的朋友，王韬曾来的三天，热闹非凡。但现在，王韬来了一段时间后，依然还是门前冷落，少有人来问津。王韬很不习惯。在家乡，他可以一呼百应。前后比较，王韬深感世间冷暖。他也极力想摆脱这样无休止的缅怀。不能长时间地沉陷于哀伤，对他来说，这至少不是一种好的状态。

幸得出嫁的姐姐月瑛落户在吴淞，常常来信安慰王韬。

麦都思善解人意，经常和他说说话，给他讲讲圣经故事，另外一些洋人也会在宗教教义上对他进行解释,使他分散思想,进而也对他未来的工作有所帮助。

但王韬比较反感,他认为这是在向自己传教。他不但对外教低视,对传承于本土多年的宗教也不愿意刻意迎合,仅认作是父母之道。

我要支撑一个家,我就是来混饭的。

王韬清楚自己为什么到上海来。他不愿意将自己的命运定格在别人的手中。

但是清苦的生活对于以前生活相对优越的他来说,打击甚大。除了养家的重任,毫无计划的生活习惯使得他总是在经济上处于捉襟见肘的状态。

于是,"圣餐"的诱惑日复一日。

作为墨海书馆的成员,大家都要聆听牧师布道,而后进食"圣餐"。王韬开始不愿意,弄点冷食将就着。但经济上的压力使他不得不另想办法。他是绝对聪明的人,看着别人吃着大餐,当然也馋。他给自己定下了戒条,闭眼想自己的事,不管前面讲什么,时候到了混着吃。

麦都思在布道时,几次余光中看到王韬在闭目沉思,那种虔诚的态度真是令人感动。他思考着选个什么适当的时间应该说动王韬入教。让身边的中国人一起皈依耶稣教,也是自己的神圣职责所在。

时光荏苒。王韬在枯燥的翻译工作中慢慢地寻找别样的乐趣。在麦都思及其洋同事外出布道时,王韬约着一些认识不久的小兄弟一起入城去饮酒吃茶,这才恢复了他人生中最逍遥的时光:放下了清苦的校译工作,避开了洋人的目光,在浓茶烈酒中放浪形骸。王韬开始享受到生活的自在滋味。

他在上海交友中花费了青春、时光、金钱。特别是金钱,除了寄往家里的,自己身边的全部花光不算,还向朋友等人赊用。时间一长,拖欠的数目越来越大。

所幸老朋友们非但不嫌弃他,且常常接济他一点,把他惯得越来越不懂得管理自己,越发沉迷于杯中之物,完全是茶酒二水浸泡中的人生。

酗酒成了王韬的家常便饭,不但中午、晚上饮,甚至连早上都饮,酒天酒地,不到灯火熄灭,他不愿意回到自己的住所,有时候干脆喝到断片倒在朋友家里。

麦都思代表传教士们来表达他们的关切。这种关切的分量一般人难以承受。王韬则用他三寸不烂之舌作了成功的辩解。他的理由是自己目前不是圣教徒,或将来成为圣教徒前,会有一个不断磨合的过程,一般意义上中国的文人都是酒徒,离开了酒他们将文思枯竭,所以酒是文章的润滑剂,有了酒他才可以继续从事翻译工作。

这一番高谈阔论使麦都思坠入云里雾里,他隐约地知道中国历史上诗仙李白的饮酒史,他同时也自以为是记住了王韬将来可以正式入教的暗示,他以此反过来说服他的同事和教友,对王韬还需要宽容,使王韬感到来自同事的压力有所减轻。

王韬天不管地不管,继续他的浪子生活。

渐渐地,麦家圈一带又有些个新房建起,三五间一组,用竹篱栏成院子,中间畦田,种着瓜果蔬菜,也有些种着符合士绅口味的竹菊,高洁雅趣,有些乡村的城市味道。而事实上,麦家圈一带也刚刚划入租界。

这些房子是一些有钱人打通了租界的关系才能陆陆续续地建造在通向城厢的道旁。当时租界一般是不允许华人居住的,所谓的华洋分居。但是任何年代总是有例外,况且有钱人也不是举家居住,绝大多数是他们外室的天地。而像王韬那样受雇或服务于洋人机构的华人则可以在租界生活居住,但王韬却不愿意居住在租界。

王韬是一个喜爱新鲜热闹的人,如果从城中回到墨海书馆,他总喜欢走向这些新建筑,在新建筑前绕来绕去,目的无非一个,就是有些年轻人的好奇,想要看看这些屋子里到底住着些什么人。

王韬故意在这些院子外面打转的喜好朋友们都知道,大家也怀着好奇心,问他打探到了什么。但接连几天出城回家时都没有发现这些房子中的人迹,王韬十分沮丧,有时他甚至想推开院子的竹扉进屋去看个究竟。

一天,他终于等到了他想要看的,一个十六七岁佳人出现在院子里,华服丽衣,移步簪摇,弄得王韬心头乱跳。他知道屋子里会有女人,但如此佳丽却是他万万没有想到的。她身边还跟着一个看上去比她年龄更大的丫鬟,一看见王韬,忙护着女主人进屋。

王韬一声叹息。他跟着朋友也经常出入欢场,没有看到过这般精致的人物。

他控制不住自己的行为,孜孜以求地绕着这些小道,贼心不死地制造其实很在意又装作是偶然的邂逅。他差点就成功了。有一次见了单独在院子里背对着他的她,王韬以扇子遮着半边脸,在与她擦身而过时,故意掉下手绢以期留有搭讪的无限可能。他做这个动作竟然熟练到连自己都吃惊。

落花有意流水无情。王韬发现自己没有得到期望的结果,他也不敢回头张望。

可惜了那块价格不菲的手绢。

渐渐地,王韬在上海已经有了自己的朋友圈:孙正斋、林扶益等,成了他茶酒之友,王韬吃喝无忧,全赖这些朋友们相助,也养成了他挥霍无度的生活恶习。酒量越来越大,茶味越来越浓酽。

在上海的日子见长,生活也越来越习惯,有时在深夜独自一人的时候,王韬才渐渐想起了故乡的老母、妻子和女儿,还有幼弟芷卿。他们不知怎样了?

王韬曾托乡人带一笔赡养费回家,后来接到妻子梦蘅的回信,信中除了说母亲身体尚佳外,通篇没有提到弟弟,大篇幅只关心王韬起居。

这个女人太懂得隐藏自己的苦衷,从嫁到王家以后,就是平平稳稳的,将家中里里外外安排得服服帖帖;生活不易,劳作艰辛,她就是半句也不说。

不知是挂记太深还是思乡心急,等到过年,王韬便梦幻般地急切轻舟回乡。

中国人以年为大的旧习深深地扎在每个人的心里,无论你走多远,过年时游子一定得回家里。王韬当然也难能例外。他回到乡里,与家人们热闹了一阵子,便又寻找到他的老师顾涤庵,开始讲述他的上海之行。顾师除了问他学业上的问题,还前倾着头饶有兴趣于上海城中人们的生活习惯,听着王韬的讲述,十分用心,并表示如果方便的话也想去看看。

江南一带的才子无不天性聪颖,才气横溢,但面对千年巨变却姿态低沉,不以自身之有限来对抗,他们唯一要求是了解,随后判断。

王韬对顾师倒是没有顾忌,把在洋人这里的见闻一五一十地和盘托出,也不卖关子。顾师仿佛是秀才不出门已知天下事,他指点着王韬:中国和洋人的接触现在越来越频繁,将来不定是一门学问;中国人根本不了解外国人的情况,了解外国人成了当务之急,说不定将来是翻越龙门的第一块垫脚砖。

老辣如顾师啊!

一番话醍醐灌顶,令王韬猛然警醒。自己正占着一个别人难以企及的黄金坑,却还在顾及他人的评判眼光,真是愚蠢之极。

王韬连连点头称是。

在家乡的时候,王韬听说当初和他一起参加诗社的女孩都嫁人了。

王韬若有所失。

他匆匆告别了老母和幼弟,这次带着梦蘅和女儿再赴上海。

麦都思异常惊喜地发现王韬并不按一般中国人的习惯过了正月十五才来,他和他父亲一样,提前回来了,而且是带老婆和孩子一起来了,一副落户的样子。王韬的旧学底子深厚,麦都思在许多地方仰仗他,但他并没有对王韬直说并催他快回,对于西方人来说,私人生活空间在任何时候都应当得到保护。

王韬能带老婆、孩子回上海一起生活,与原来合住同伴吴老将赴香港工作有关。原来住在城边羊毛弄,入城也比较方便,但携家眷和同伴合住十分不便,现在正好有这个契机,在城中虹桥一带借得一处,出脚比较方便。王韬早就有全家一同来住的意愿,和母亲商量着先带妻女来沪试住,如果一切顺利,再接母亲、幼弟同住。

初到上海几天,王韬生活得有滋有味,梦蘅安排好家中的一切,王韬也能请几位知心友到家里聚一聚,顺便还回昔日在别家骗吃骗喝的旧债。梦蘅也喜欢这样的家庭生活,结婚以来王韬也难得在身边,开始是锦溪甫里两头跑;王韬来上海后,更加天高皇帝远,她心里比他在锦溪还没有底。现在好了,一家人都在一起,王韬偶尔叫朋友上门也只是累一阵子,比在乡下天天伺候婆婆小叔要轻松许多。梦蘅对王韬的感情比新婚时更深了。叔叔为她选了这门亲,从她来说是无法抗拒的,婚前她也曾听到风言风语,但是她发现婚后王韬对她还是很在意的,她能做的是忘记他的过去。她冰雪聪明,知道自己可以把握什么东西。令她最惊喜的是二哥醒逋竟与王韬结为很好的书友,这一点,是最令梦蘅舒心的。

到了夏季,王韬怕母亲在乡里寂寞,便送妻女回乡伴一阵子,自己顺便会了会自己的小兄弟,又只身返沪。直到秋末,萧瑟风起时,才又接梦蘅来沪。

这次梦蘅看上去脸色不太好。但王韬心里却是喜滋滋的,从母亲那里得到的消息,梦蘅的情况完全像是妊娠反应。王家祖上功德自在,延脉旺丁,全系于此。王韬禁不住地向家乡的方向磕头。三岁的女儿在一旁不知父亲搞什么花样,也有样学样地做着动作,弄得王韬好一阵暖心。

王韬将这个喜讯告诉了朋友,大家都一致为他高兴,于是乎酒宴摆开是免不了的,作为主角的王韬当然要多喝几杯。但是,几天时间过去了,梦蘅的状况不见有变,甚至越来越糟,他弄不清是怎么一回事,连忙去延医。王韬的朋友圈中不乏郎中,几位过来一瞧,都说不妙。王韬问不出是怎么回事。

只有一个贴心的朋友郎中告诉他,梦蘅已经病入膏肓,让王韬准备后事。

王韬感觉天打雷轰,五内俱焚,万万没有想到竟是这样结果。他眼睁着梦蘅一点点衰弱,神志游离,却没有任何办法。

当时的上海广泛流行伤寒病,路上满是戴孝者。

从甫里到上海,二十四岁的梦蘅跟着王韬仅过了短短的十天,就撇下了可怜的幼女苕仙和醉生梦死的王韬,天人永别。生活有时真的和人开玩笑,王韬原以为家添新丁,却没有料到等来的是家庭散失亲人离去。上天入地,让王韬痛彻心扉,无法承受。

无论如何,王韬在上海幸得有一帮朋友,在他们无私的帮助下,将梦蘅的后事料理完成。王韬才安心下来。

日子一天天过去,人们发现王韬有些变了,他每天带着苕仙到黄浦江边,无言地看江水起伏。

"爹爹,娘去哪里了?"未满三岁的苕仙弄不懂父亲为什么天天带她来这里。

王韬看着江水,脸上毫无表情。他不知如何回答怀中懵懵懂懂的孩子。他感觉,天是塌下来了。

八、鸾胶

王韬丧偶,只得将幼女托交到甫里母亲处,自己在上海的生活又处于无人照顾安排的混乱境况,有一顿没一顿,吃一顿混一顿,馒头铺、馄饨摊、茶楼、酒馆都能见到他的身影,家中有限的财物很难供他无计划地使用。幸好那时他的两位年龄比他大许多的朋友林益扶和孙正斋再次鼎力相助,帮他暂渡难关。

孙正斋和王韬是大同乡,实力雄厚,能为朋友仗义疏财,看到王韬落魄潦倒的样子很是同情。正斋和王韬一样妻子早亡,但他还有四房妾,虽然不同时住在上海,但都很得力,轮流将他的生活安排得井井有条,让王韬羡慕无比。也是同病相怜,正斋对王韬这个小兄弟照顾有加,经常让他来蹭饭。王韬也因生活所迫老实不客气,到了饭点就来,直把他家当自家,和孙家上上下下打得火热。

除了吃点喝点,正斋还经常供他零花的银洋,王韬安之若素,特别是当下秋天到了,他的夹衣夹裤在初夏时被典当在外,现在应该是赎回时节了。

正斋对王韬十分关心,在与王韬一同游乐喝酒时,总是付账的主。但他和王韬内兄醒逋一样,认为喝酒寻乐应当控制在自己力所能及的范围。对于正斋他们的规劝,王韬也知道轻重。可正年轻头上,贪酒哪里有度。

知道了,知道了。

他敷衍地回答正斋,心里一半是感激,他知道正斋是为自己好,另一半则嫌他啰唆。

王韬绝对是知道内外的人,对于杨醒逋写来的规劝信,他则老实不客气地用一大堆理由反驳回去。这倒并不是亡妻之后王韬绝情,与之相反,王韬和醒逋太熟了,他们之间根本不用客套。

林益扶属闽帮人,在上海,当时闽帮势力和粤帮并驾齐驱。林家三茅阁桥南堍的闽人公墅那时也是王韬的饭馆之一,时不时地来打点。林家的女主人王韬不曾见过,当家的是贤惠的尚未出阁的大女儿凤玲。和孙家不同,林家更像是孟尝君的窝点,食客不断。在这里,王韬建立起了自己在上海江湖的社会关系。林益扶的年龄足够当王韬的父亲,他喜欢王韬这种有学问样子的年轻人,带着王韬去会朋友,看着其高谈阔论也是自己的脸面。徐光启近虹桥的故居九间楼,也是林益扶带王韬去熟悉的,与居住附近的前辈郁泰峰也就是这样认识的,从此那里可以时时看到王韬晃动的身影。

益扶近来也有担心的事,他发现王韬来后,经常和大女儿像熟友一样搭讪,这多少让他缺乏安全感,他早就将大女儿凤玲许给了城西的顾家,自来熟的王韬让他在这一方面存有一丝不安。

林益扶和孙正斋只能救王韬一时急,却并不能丝毫改变王韬秉性。

正斋给王韬钱让他赎回了夹衣夹裤,但有点钱后他却千方百计地寻机会重回欢场。三牌楼附近的广东妹子廖宝儿是他的老相好。梦蘅去世后,王韬就与这个十八岁的青楼女子密切来往,以慰藉自己空虚的心灵。王韬因为身无分文当然也没有脸面常去,虽然娼家的钱并不需要每次当场付清,但所谓兜里无钱心里慌,自己无底气的时候,王韬不敢造次,好久避之躲之。但是巧不巧拿了正斋的钱出门走在街上,正好路遇宝儿家的老佣人,王韬想避也无法避,对方像久别的亲人热情地与他招呼。于是鬼使神差的,王韬与宝儿俩人又接上关系,旧梦得以重温。

九间书谊

九间楼坐落在上海老城厢内,为徐光启旧居,明代建筑。也是后来文人雅士聚集之地。王韬来沪后,在此结识了当时的藏书大家郁松年(泰峰)。泰峰的宜稼堂与九间堂在同一条马路上。

季平、杨建勇绘,《上海爷叔》系列作品1

宝儿对王韬也是一片痴情,她是希望着王韬有一天能量珠而聘帮她脱籍。在痴痴数落了王韬并知其失联的原因后,她明知王韬兜里空空,还坚持让他经常来,这当然也是妓家惯用的本事。对此,王韬心知肚明,但也无不带有愧意,恩爱着根本管不住自己的脚,习惯性地常去寻欢求爱。这一对如漆似胶,根本不顾旁人说道。

一堆老朋友都急在心里,为这位才华横溢的有为青年的生活而担心,但却一筹莫展。大家都希望长辈益扶丈能拿出什么好办法来。

鸾胶再续。

林益扶感到责任重大,他能想出的办法就是为王韬再说一门亲事。大家都称好。林益扶这样做也不无自己担心的成分,因为凤玲早已名花有主。旧时人家对自己家的未出阁的姑娘都看管得极紧。

益扶马上付诸行动,他问王韬要宗牒和生辰八字。

王韬有点小小的吃惊,他完全知道这意味着什么。但面对林益扶,他也说不出啥,心里七上八下,连续几天竟不敢正视林益扶的大女儿凤玲。林家大女儿原来和他有说有笑的非常随便,看他怪怪的样子,也感到一种莫名的诧异,不知自己在何方有所得罪。

"你发现没有,阿兰这几天有点奇怪。"王韬的小名只有几个亲近的人才叫,大女儿凤玲这样称呼王韬,也等于在警告林益扶得赶快行动。

"是吗?我拿了他的生辰八字,托人和泠泠对了对,完全相契合的。"泠泠是林益扶的另一个女儿①,时年十六岁。林益扶这样当面告诉大女儿,也等于转弯抹角地正告她,注意自己的言行。凤玲这才明白,原来父亲这几天在操作这件好事,难怪王韬心神不定呢。她大大咧咧地根本没有将此事套到自己的身上。

明白了此事后,凤玲在遇到王韬时就故意与他打趣。

"有好事了。"

---

① 王韬在日记中指称其为养女(《王韬日记(增订本)》,中华书局2015年版,第48页)。

王韬看着凤玲横搭头,心想:你也太老得出①了伐?

益扶丈真是老糊涂了。

自己给他生辰八字是给足了他面子,希望生辰八字对不上,此事也罢了,难道他真的想把凤玲这个大姑娘塞给自己!林益扶的做法实在有点辱没自己。

你怎么想的?

王韬一下子也没有想出对策,索性顺着杆子往上爬,看看林家大女儿是什么意思。

"蛮好的。"

王韬心里一惊。寄希望于她来否定,但得到了如此肯定的结果倒是始料不及的。他有点恨自己了,平时撩拨撩拨,但实在是友情和一种淡淡的亲情,没有一点别的意思呀。

林益扶拉着王韬离开了家,他本来还想隔几天再和王韬谈这件事,今天看到大女儿又和王韬低语轻声的就气不打一处来。他们到了绿波廊,点了茶,林益扶就摊牌了。

泠泠!

王韬有点吃惊。他记得和梦蘅刚到上海时,林益扶就带着这个小姑娘一起来看望他们过,她瘦小的身材,完全是闽地人的外貌特征,与王韬心中吴越一带的女人水灵丰腴大相径庭。王韬脑中先将她与梦蘅比较,又心怀鬼胎地偷偷与宝儿比较,心里是一百个不满意。但他知道轻重。

他心里稍稍安定了一点,益扶丈还是有点分寸的,没有将大姑娘摊派给自己。

"泠泠虽然很早就没有了娘,但从小就在我身边长大。"见到王韬没有发声,林益扶多少有点担心,他心还挂着大姑娘那一头。

"如果你和泠泠成亲了,你也有了一个完整的家,每天也可以名

---

① 老得出:沪俚,意为豁得出去、放得开。

正言顺地来来去去。"林益扶实际上并不在乎王韬来吃几顿饭,每天来吃白食的一大帮呢,他是话中有话,给王韬指明了与林家长期交往的路径。

王韬初来沪上,来往于闽人公墅,聊作一枝暂借,不料结了根深蒂固之果。

他还是能够认可林益扶安排的。在交给林益扶生辰八字时,就做好了最不愿意的准备,即林益扶一定要把大女儿许配给他的话,那只有绝交一条路了。现在配个泠泠给他,虽然出乎意料,但也是一个不坏的结局。

王韬续弦的消息不胫而走,一众朋友们都为他高兴。也不知为什么,从此王韬再看到益扶大女儿时,心态变得舒坦得多,她对他的笑容在他看来也变得亲切自在。王韬坐在林家吃饭,还真的像林益扶讲的那样名正言顺,心里一点也不别扭。林益扶自然更是得意,他喜欢王韬,又怕王韬的不羁性格,现在他用泠泠这把锁将王韬拴住了。

成了新家后,泠泠忙着与王韬合计,认为城内居住成本太高了,泠泠的主意还是住到墨海书馆,洋人不收房租,这样可以省下许多。但王韬还是想与洋人保持距离,另一方面也放不下城内的那班朋友,两人商量了老半天,泠泠还是依了王韬。这个个子不高年龄才十六岁的女子是懂得收放的,她会循序渐进。再者,这里与自己没有娘的娘家更近,平时还能随意走走。

"线得慢慢收,不要一下子绷断了。"泠泠生活于大家庭,一直小心翼翼地平衡着各种复杂的关系,为人处世比王韬不知胜几筹,现在终于有了自己的家,她更懂得怎样维护。她小鸟依人般地朝王韬笑了一笑。对于婚姻,她也没有固定的看法,所谓嫁鸡随鸡嫁狗随狗,一切听父亲的,做个填房也没有什么不好,况且还是明媒正娶的,比之人家妾媵胜过好几倍呢。

个把月后,泠泠又提出要将婆婆、小叔、继女从甫里接到上海来。

王韬根本不知道泠泠为什么要这样做,这不是自己找难题吗?两个人的世界才这么几天,王韬还想多过过舒坦日子。他们现在的房子很小,如果他们都来就得换房。

泠泠不喜欢住在有梦蘅气息的房子里。

泠泠微笑着和他讲道理:一是要孝敬婆婆,这是自己做晚辈的本分;二是要管好老弟,这是当嫂嫂的责任;三是要带好继女,这更是身为人母的人伦。每一条听上去都是不可辩驳的道理。最后她又甜蜜地加了一条:我们再生个孩子。

王韬乐坏了。

列祖列宗保佑王家,王家该有后了。这一句也是戳到了王韬的软肋,使得他立刻投降,完全听从泠泠的安排。王韬和麦都思打了一个招呼,麦牧师立刻吩咐安排,王韬一家马上搬到墨海书馆大院里有楼上楼下的两层楼房里。

软柴绑硬柴,这个方式还不赖。泠泠心里在笑。

泠泠的乖巧是与生俱来,她比梦蘅更能应付场面上的事,出手麻利,应答自如。但不好的消息是王韬还想着那个去世的前妻,他为泠泠起了一个新名字:怀蘅。

泠泠只能接受:用不着和过去的人计较。

在墨海书馆,王韬一家又团聚在一起,只是女主人换了。不知祖母在甫里时对孙女叮嘱了多少遍,五岁的苕仙第一次看到泠泠时,便开口叫了一声娘,惹得泠泠好一阵喜欢拥抱,而苕仙木然地面对着这个完全陌生的女人,任由摆布。

王韬轻轻地将苕仙揽在怀里。只有此刻,苕仙柔软得仿佛全部融化了,身体紧贴着王韬。

她和梦蘅多么像啊。王韬抚摸着孩子的头。

泠泠对于他们父女的互动并无多少抵触心情,倒是有点羡慕。她安排了婆婆和小叔休息后,又忙着其他家务事。

娶了泠泠之后,王韬仿佛人轻松了许多。整天除了在墨海书馆中工作,就是混在益扶、正斋等几个老朋友处,总有外埠朋友加入进来,朋友圈眼见得一点一点在扩大,王韬有交无类,乐在其中,早就将刚到上海时的闷绪解化,也将自己孤独时入山为僧的念想抛入云霄。

王韬在上海有了一家子,负担不轻。有时候数日茹素,不近肉食,开销不够时只能典衣,而场面上还必须张罗,迎来送往,吃茶喝酒,甚至绮游教坊,无一可缺。王韬深深地感到钱的重要,但他决不将钱看得更重。

时光荏苒,泠泠感觉到自己的身体有了变化。

九、名士

王韬又有了一个安定的家,但他的心从来不是一个家能束缚的。

他在上海的交友世面越来越大,人员奇杂,官衙中的小官,混迹于洋商的买办,领馆的翻译,甚至茶寮的主人、流落上海的寓公,各色人等,无所不包,都混杂在他越来越扩大的朋友圈中,当然,其中也有真才实学者。

1852年初夏,人称神算子的海宁人李善兰,在茶寮中与王韬相识,两人一见如故。李善兰,字壬叔,长王韬十六岁,在浅浅的交谈中王韬得知壬叔的要求也和一般人一样,希望在洋馆中谋一份差事,平庸而实在。

对于算学,王韬实在是汗颜,但在和李善兰的接触中,他发现了独特性和稀缺性,他不知这个人是从哪个哈哈里①蹦出的,他从哪里学会了这一手?推荐给洋馆不是便宜了洋人?王韬油然产生了一种要为国家举荐人才的使命感。但静下心来,他为自己有这样的想法暗自觉得可笑。

他极力想帮一帮这位老兄,但一直没有合适的机会与洋人来谈这件事。直到入秋九月家迁墨海书馆居住后,王韬和自己比较投缘的洋员艾约瑟谈起了有这样一个人,艾约瑟马上来了精神,连忙与精

---

① 哈哈里:吴俚,角落间。

通数学的印工伟烈亚力商讨此事。

鬼使神差,这样一个人才还是便宜了洋人。

"兰君。"当天傍晚吃了晚饭后,正当王韬想躺在床上读《李义山集》时,门口有人在轻轻地唤他。太熟悉的声音让王韬一下就辨出是伟烈亚力。开了门,原来艾约瑟也来了,站在伟烈亚力的身后。洋人就是没有中国人亲切,一般中国人都互称为"兄"。

"打扰你休息了。"伟烈亚力人看上去十分粗犷,满头卷发,满脸络腮胡子,但言行倒与容貌有不小的差异。他急切而又细心地向王韬打探李善兰的情况。王韬将两位让进屋中,详细地介绍了李善兰。王韬是个话匣子,不但详细介绍,还从李善兰引申开去,天马行空,根据自己最近喝酒交友的感觉告诉两位洋人,中国知识界有一大群人正在向上海移居,以求得新的知识。他滔滔不绝地讲了老半天。

王韬的话使两位洋人十分兴奋,他们也熟悉王韬的性格,知道不让王韬放开讲一讲很难提下一步要求,但时间又不允许。当王韬话题又回到李善兰时,他们马上将话头接住转到正题,提出去见李善兰的要求。望着窗外已暗的天色,王韬有些犹豫,从墨海书馆白天走入城的话大概二十分钟,晚上提灯走没有半个钟点别想到达。但两人催着王韬穿衣就走,连王韬提醒他们晚上城门将关也不管不顾。

王韬带着他们不走白天翻三茅阁桥北门大路的熟路,而是在英租界抄着少有人知道的泰勒氏桥越洋泾浜的近道,穿过设立只有三年还空空荡荡的法租界,附近有个黑市存在,王韬经常来,熟悉得很。这一带下雨天比较泥泞,幸好最近转晴了好几天。人高马大的洋人们气喘吁吁地跟着熟门熟路的王韬到了护城河岸,沿河向西而行。黑色中,两个洋人还对视了一眼,庆幸随着王韬走了这样一段惊险的路,他们很享受这种惊险的氛围。

城门真的应该已关了。王韬根据自己的经验告诉两人。

又走了五分多钟,护城河的对岸突起了一个城阁。王韬向对岸打一个忽哨,这个声音把两个洋人吓了一大跳。

王韬呵呵一笑。

大境阁。原来李善兰就暂居在这里。

大境阁在北门和西门之间,原为明代城墙敌楼,后来为老城厢的登楼名胜处,两江总督陈銮游此,在石坊上刻题有"大千胜境"留言,也就成了上海八景之一的"江皋霁雪"所在地。此处近露香园,种有一片矮脚桃,春季景色特别美,夏季树上挂果。但现在初秋夜色下根本看不见。

等了几分钟,对面有个提灯人站在楼上。

壬叔在吗?

王韬大声问对方。

"被几个朋友拉去喝酒了。"

王韬只能向两位洋人摊了摊手,表示爱莫能助。他们约定明天早上再来。

洋人的劲头很足,一旦认准目标很难回头。第二天,三个人走北门路经北门入城,沿城墙脚来到大境阁,不料,还是扑了一个空。李善兰还是去饮酒了。艾约瑟与伟烈亚力面面相觑,难道他们要寻见的人是酒仙?一大早就喝酒,是所谓的卯饮?在中国时间长了,洋人对中国的习俗也有一定的了解。

跟随着王韬,他们在千篇一律的小巷中转来转去,在路过某个小馆时王韬会进去看一看,出来后又继续寻找,连续寻了三四家,终于在一家比较老旧的小酒馆中找到了李善兰——一盅酒,一碟煮花生,正所谓卯饮时分。

壬叔,好心情!

李善兰见是王韬,身后还跟着两位洋人,知道王韬在为自己办事,微微一笑。他让酒保拉来两张长凳,并要为他们上酒。

王韬双手拦住。

两个高大的洋人坐挤在一方,那张凳子歪歪斜斜,仿佛随时要散架,伟烈亚力用手支撑着桌子找平衡。王韬坐在另一方,不等洋人们

大境卯饮

大境阁为上海老城墙之敌楼,也是旧上海八景之一"江皋霁雪"。十九世纪中叶,大数学家李善兰(壬叔)来沪初期就居住在这一带。壬叔好酒,王韬带着伟烈亚力等洋人找来,在小酒馆里碰到了喝早酒的他。在这里,开启了他踏入社会的大门。

季平、杨建勇绘,《上海爷叔》系列作品2

开口,就自说自话地谢绝,给人一种强烈的信号:我能替他们拿主意!

"今天碟里的花生有多少颗?"

这种千年一问,总出现在壬叔心情最好的微醺时刻。王韬第一次和壬叔见面时就玩过这样的把戏,因为对自己的数字逻辑毫无信心,他小心地计算着碟中的花生,迟迟不报数字。王韬知道,壬叔最终要的不会此答案。

"你比较狡猾。"壬叔很难遇到算数上超过自己的人,但这个小爷叔很是灵活,壬叔喜欢善于变通的人。

伟烈先生是西洋来的算法高手,要不你来回答。

王韬知道壬叔计法无穷,巧妙地让伟烈亚力与他斗法。

"我们西洋的算术与判别能力和逻辑能力直接相关。先生要出题,我得先审题,先生要我计算的是花生,还是花生仁?"伟烈亚力的汉语一定是北方人教的,上海人一般都称作"花生米"。

"哈哈!"

壬叔大笑地站起身来,向伟烈亚力作揖:"这个就是最好的答案!"

他们的这个世界搞点什么真不懂,棋逢对手了?王韬搞不清他们之间发生了什么,但一定很有趣。看来壬叔入墨海书馆面试有花头了。

果然,伟烈亚力正式邀请壬叔入馆协助他搞翻译工作,这样他可以有更多的时间将印刷工作做好。

"可是我不懂英文,怎么翻译?"李善兰还假惺惺地客气着推脱。

伟烈亚力则胸有成竹地看了看王韬:"我将中文的意思翻译给你听,和你讨论直到你懂,你再按准确的中文写出,应当没有问题。"

王韬有些心虚。

你说就说,还看着我干什么,你不是明摆着说我不懂你们英语吗?在洋馆工作大家都知道是通事,今天可让你打脸了。

王韬曾经为了保持一点神秘感,没有对壬叔说自己除了日常简单的招呼外,基本不懂英语。好在此刻他并不是主角,伟烈亚力和壬叔继续着他们的话题。

"先生读过《几何原本》吗?"

李善兰兴奋地说:"我十五岁的时候读完了前几卷。可惜此书没有译完。"

"我们合作,将后面九卷译成中文,您觉得如何?"

李善兰顿感天降大任于己。他们一见如故,一下子进入了正题,越聊越投机。王韬则成为多余。

李善兰经过王韬的推荐,做了王韬的同事。两人朝夕相处,情同兄弟,而从年龄上,他们几乎是两代人;他们可以一同吃茶,一起会友,甚至一起喝花酒,从三牌楼、四牌楼回家的路上,你嘲我讽,揭对方的老底,嘲笑对方的窘态。李善兰有长者风度,最后总是让着王韬。但对别人,壬叔可没有这样谦让,特别是酒下肚了以后,与人争论甚至推推攘攘也不少见。

冬天到了,王韬和壬叔逐酒征歌欢热不减。在一场酒会上,他们遇到了一个和他们脾气、性格迥异的蒋敦复。

蒋敦复,字剑人,为宝山地区人士,小时候就有神童美名,过目成诵,九岁就能背全四书五经及老庄诸子。但其性格十分乖张,放诞不羁,不拘小节,思路异于常人。有一次外出应考,将身边的费用全部花尽,连住客栈的盘缠都付不出。主人来讨,他却能用巧辩之言反从主人手里借到一个洋钱。他连续几天在瓷器店观看一个大花瓶,店家看他这副穷样不无揶揄地说:"这只瓶要五十。"剑人叹息:"我以为只要一个洋钱。"店主嘲笑地说:"一个洋钱只能买瓶耳。"哪知蒋剑人一下子将瓶耳敲下,扔一个洋钱于柜上扬长而去。

性格乖张的剑人与王韬和壬叔在一次规格很高的青楼诗酒会上相遇,竟然投机得很。他与王韬抢臂猜拳,与壬叔雄辩论诗,处处不落下风;喝起酒来也是豪爽不羁,来者不拒。但他的酒量似乎不佳,喝到后来舌头打着结似的。

这种场面上最吃不开的事，就是没有自持能力。从兄弟情面上一般无所谓，但在青楼，有其排场和规矩，校书们虽然是奉承者，但恩客们却将她们的看法永远视作第一评判，这是风流场上的惯例。只有兄弟间对饮时才出现的情况，在这样的场面中哪里允许？校书们对此不容，言语间有不屑之意。剑人也是豪气干云的人，第一次登场就遭到如此鄙视，顿感脸面无光。

他醉态朦胧愤然离开酒席，王韬和壬叔欲搀扶他，被他用力推开拒绝了，看得出也是一位性情中人，只能由他去了。

但是，在他们转身回酒会时，突然听见外面有玻璃被撞碎的声音。壬叔腿长脚快，赶到街上看到蒋剑人在轿舆旁撑起身子，踉跄地向远处走去，再走近细看，不知是哪位官人轿舆上的玻璃被剑人打破了。

唉，也不是省油的灯。

壬叔还在磨蹭着，身后已围上了一群人，几个舆夫不由分说将他拉住，嚷着要报官，一下子让壬叔警醒：这是一块价值很贵重的玻璃。

他手舞足蹈，用劲在解释，仿佛有无穷的委屈。他对激动的人群做无力的争辩，但还是抵不过众人的力量，被一路拥到官府去。壬叔看到王韬跟在人群里，真希望王韬能为他证明说点什么。

王韬明白现在欲和情绪在沸点的人们讲任何道理都是白搭。因为帮不上壬叔，他心思有点游离：剑人到底是真醉了还是故意寻事呢？

想着想着，跟随的脚步已经移到了官衙，守卫将壬叔带入，其他人都被拒留在了门口。照这个阵势，壬叔今天是出不来了。

王韬认识官衙的最高官员，他想通过私人关系为壬叔解脱，但很可惜，好不容易找到了私人府邸，被告知长官外出了。这一下王韬彻底为壬叔担心了：他到上海才不久，人生地不熟，也少有关系，怎么办呢？

王韬也曾闪过向洋人求助的念头，但最后还是放弃了。因为王韬自己也是除了工作关系，平时尽量希望与洋人保持距离。把洋人请出来能解决问题，但今后会被众人看扁的。看来只能明天再想办法。

这一夜，王韬入睡在床上却失眠了，心里牵挂着壬叔。

第二天一早，他起床就去官衙，等了很长时间，才等到了姗姗来迟的他想见的官员，千恩万求，得到了模棱两可的答复。无计可施，只能在一群朋友的簇拥下去城南饮酒。

在新朋友中，他又结识了嘉定来的钱莲溪。钱莲溪正在发愁，他欠别人的钱到期没有还，被人告到官府，有案在身。王韬也自叹不已，自己身上除了能喝喝酒的钱，哪里还有多余？新朋友，钱的事还是免谈。

看来钱还是极端重要的，壬叔进了官府，莲溪也将被告入官府，都是钱造的大孽。

午后，王韬了无趣味施施然回到墨海书馆自己家里时，吓了一大跳，原来壬叔就坐在屋中。他大喜过望，忙问缘由。壬叔将前因后果向他倾诉了一遍。原来他将全部责任都一个人揽下，并没有半点涉及蒋剑人，但这样一来他要赔偿这块玻璃的钱，玻璃可是舶来品，金贵物，如此这番，他无力在外居住，只能在王韬这里暂息。

王韬听了肃然起敬，他安慰壬叔一番，外出了一会儿，便回来告诉他，伟烈亚力同意提供他居住的地方。

壬叔紧紧握住王韬的双手，久久地不愿意松开。虽然在被送官府的路上，自己对王韬不为自己辩说一词心存芥蒂，而现在，他认定了王韬是他一辈子的朋友。

王韬和壬叔并没有因为这件事而疏远剑人，他们在剑人的面前也从不提起这件事，照样一起吃茶喝酒，交换各自喜欢的印章：蒋剑人拿出的是一方普通石印，自己镌刻的"远离颠倒梦想"，王韬交换给他的是父亲旧藏"子文"牙印。

他们成天作诗唱和,风流倜傥,放诞不羁,关系十分密切,由此被人们私下戏称为上海滩上三个怪人。剑人也不曾再提起那块玻璃的事,也许在他心里,这根本就不是事。

剑人通过王韬介绍,也入了墨海书馆,帮助慕维廉翻译《大英国志》等重要著作。

王韬交结这些朋友,从中获得了许多从前不懂的知识。年末上海连续发生了较剧烈的地动,整个上海不论是城厢还是租界居民都涌到街上。壬叔解释说那是地震,他能头头是道地把原理分析给王韬听。

王韬交结这些朋友,也需要付出,要花费大量时间和金钱;特别是钱的问题,已经迫在眉睫,许多朋友帮助了王韬,问题是钱到了王韬处,很快地被他花完,或被他转给了更需要的人。王韬在场面上浑浑噩噩,私下里他还是清醒的,但他就是摆脱不了这样的生活。

年关将至,母亲带着芷卿买舟回了家乡。

墨海书馆是一个树大招风的地方,特别是牛牵的印刷机,国人都好奇,愿意来走一走看一看这个"西洋镜"。有些人看一眼就离开了,有些人就此作短暂的留住,而像王韬他们几个,就长期地待下去工作了。

洋人好像并不在意人们的来来去去,但留在墨海书馆的人必须经洋人批准。新朋友钱莲溪就没有像壬叔一样幸运地被洋人纳用,即便他对于洋人的宗教表示出更浓厚的兴趣。有朋友为他解困,让他陪伴出海去琉球,这样莲溪非但能还清债务,还能得到一大笔钱财。王韬过去同宿舍的朋友吴老,也因为钱物短缺铤而走险又要去香港谋生,临走时,还给了钱莲溪一些钱让他暂度困难。那时候,大家都难,但还是能互相接济。愿意冒险去远方的人还是很少的,只要有一个相对稳定生活,一般都不太愿意流动。王韬他们在墨海书馆,工作还算不错,他们没有冒险的冲动。

老的朋友去,新的朋友来,上海当时就是一个巨大的流转的地方,吸引着人;当然也有人获了小利,回乡买个一亩三分地,过安稳小日子去了。

某天在书馆里,王韬看到一个气宇轩昂的访者。麦都思和他谈了几分钟话后,便吩咐人安排住宿。王韬好奇,一般像这样的访客很难得到洋人青睐,而这个人却做到了。

王韬心底容不得事,他到处打听,但很奇怪,大家对此人都不太了解;他也不像常人,不愿意与大家交朋友,很少与大家有互动。

王韬是个天不怕地不怕的自来熟。在过后几天,他终于逮住一个机会,挤进了那人的宿舍。看到王韬来串门,那人也慈眉善目地和他攀谈起来。

看来也是一个健谈的人。天南地北,知道的事十分了得。特别是太平军的事,知道得非常详尽,仿佛身临其境。

太平军的事,已经闹遍了半个中国,最终对上海是否有影响,是王韬最在意的。王韬得到了一个肯定的回答,心里有些紧张。

还得狡兔三窟。王韬想,甫里、锦溪都得常常走一下,万一上海不保,也要准备个退路。

但太平军真的可以不顾洋人的意思直接进军上海吗?王韬还是不敢相信。他看看那个人说话条理清晰,丝毫没有他在上海遇到的许多人那样,一坐下来就是说大话的醉态,又有几分相信。

"你应当相信我。"当王韬将要离开的时候,那人握着王韬的手坚定地摇一摇。不知为什么,王韬确实有点相信他了。

那个人的名字,叫洪仁玕。

洪仁玕在墨海书馆只与洋人接触,异于常人。

王韬是个四海的人,他很想和所有认识的人交朋友,但是,他发现洪仁玕却一直和他保持着距离。他除了与王韬尚有些客气的点头之交,与馆中的其他华人话语不多,甚至对许多人都视而不见。大家都不知道他的路数。

平时王韬去老城厢的时间很多,有一次在茶寮吃茶时,恰好看到洪仁玕和几个粤人在一起,发现王韬看见了自己,他只轻微点点头,就和一帮人急急走出,一副神秘的样子。

王韬心里琢磨着:哪里看到过有一帮人跟着他走来走去的?他总是独来独往的。这事有点蹊跷,他更加注意洪仁玕的行动。

馆中的洋人们对他也不见有大的反应,王韬向一两个平时还算讲得来的同事询问打听,得到的也是不知所以的答案。有人说他这几天老是见他去布道街新修缮的三一教堂。这所教堂也是上海最早修建的基督教教堂,因坍塌而修好了没两年,修缮经费还是英国下议院出的,仿佛有一种神秘的背景。同时期上海的另两座教堂——董家渡和徐家汇的天主教堂也建成,洪仁玕是否也去过?没有人知道。

这个人,有点意思。

十、烧春

已经渐渐习惯了上海生活的王韬,并没有彻底放弃自己在功名上的追求,他也要在自己的心底里留存一点哪怕是最少的念想。这不,在敬业书院学习的同时,又拜入老城厢内辅云堂江翼云门下再进学。

或是他对上海生活的未来略有担心,或是他对传统进阶尚存一丝挂念。妻兄醒逋在故乡苦读追求,还经常来信督促并鼓励王韬要有所为,令王韬不敢懈怠。虽然梦蘅已经去世了几年,但醒逋和王韬的关系并没有因此而中断,他们之间书信往来还是非常密切的。

江翼云倒是对这个学生非常喜欢,自己好金石,王韬也能欣赏;但王韬苦于经济上见绌,他也看在眼里。某次,翼云师突然将自己一柜子章石送给王韬,其中有些还是名家旧物,称自己已无兴趣,实际上是想帮王韬一把,送给他一点东西而又要让其面子上过得去。

王韬没有将这些章石独自留赏,他交结的朋友多。但有些对艺术的欣赏水平还停留在起步阶段,他们共同的选择是将其中自认为不感兴趣的磨平,然后再留下自己的痕迹。江翼云知道后心里硌顿一下,然后食指和拇指捻一捻,脸上竟无所表示。

王韬也想尽快切实地融入上海,平时不断地仔细观察着上海人,千方百计地学着他们的生活方式。但他非常失望,他不知道什么人才能称为上海人,每个人都在上海展现了自己家乡的特色和习俗,王韬满是五花八门的感觉。他发现在上海,大家都在彼此地影响着。

他十分迷茫。

有些上海人整天的生活就是上午去茶寮,中午在酒肆,晚上入茶园听平话、观昆剧,或入青楼、吸食鸦片,不见他们什么时候工作,仿佛也没有工作一说。平时见面,没头没脑地蹦出一句台词,如果你茫茫然,那就是阿乡!他们对茶酒的评品和熟悉程度既深入又细致,如数家珍,絮絮叨叨。难道这就是生活的本源?王韬真的有些摸不清。

但是当王韬自己沉湎其中后,才发现情况并不像表面看到的那样。有些茶客或酒徒原本就是店铺的老板,在茶客对茶客、酒徒对酒徒闲散不经意的聚会中,完成了绝妙的生意。某句唱词,从其的嘴里哼出,或许就表达了其对所谈生意的肯定或否定,大家都能听懂。当然,也有许多无所事事的人,茶酒就是他们全部人生。

上海近代的娱乐场所是简单地为娱乐而娱乐的,并没有其他功利,只是长期在这样的环境氛围里,逐渐形成一个生意场,大家都设法将自己变成熟客,熟客生意就这样一点一点地形成。你要融入这个圈子,必须有熟人带入,将来万一在你与人产生问题、发生摩擦时这个熟人就是天然担保人,他永远推卸不了这个责任。所以一般来说大家对带进来的新人都没有成见,而是乐意看到生意圈的扩大。

茶寮也在这一循环中日益壮大。原来的茶寮两极分化,最简单的功能变成了服务于普通居民的老虎灶,每天柴爿一大堆,烧煮熟水,形成一种暖暖的氛围,老客人对之依依不舍,在门口支张小白木桌,放松地喝着茶,延续着过去老旧的时光;一些变成了茶馆茶楼甚至茶园,像湖心亭、西园一带则是发展成文人雅士每天必须光顾的地方,卢仝七碗,消遣人生半天时光。这些个热热闹闹的地方是交际的最佳场所,只有在这里,你才能眼观六路耳听八方,跟上高层次社会的节奏,也听得见底层社会的脚步声。

王韬也呼朋唤友来此风光。小酒肆发展成酒楼,如靠近城隍庙的四美轩、豫园的探香第一楼,王韬他们心心热热地常来常往。

朋友宋小坡开的依绿轩,王韬是常客。依绿轩是一家老字号的茶寮,原来叫绿波廊,建筑后来不幸倒塌,宋小坡出资重建。王韬对宋小坡新建后的改名万分不满。

什么依绿轩,这个名字起得叫也叫不响。

王韬横搭头,但他还是经常来坐坐。好的场所,并不缺客人。宋小坡对王韬倒是言听计从,不久又恢复了绿波廊的原名。林益扶给王韬与泠泠做媒时,也就是约在此地,王韬忘不了。

茶园当时尚未形成规模,一些草台班子来沪演出都是借地而为,瓦合瓦解也就在分分秒秒间。在四牌楼简陋的场地,王韬听人唱过《化沉香》。也有利用其他场所来演出的,如董家渡的天主教堂就经常上演平剧,王韬在这里观看过《扫秦》《劈棺》,壬叔也有此好,王韬多次作为陪客来看戏。葛仙翁祠、浙绍公所也是他们常去的观剧地方,连城隍庙王韬也去看过一出《跌雪》。

王韬除了发现这些地方,还踏进了比较高级的私人交际场所。那就是分布在城内三牌楼、四牌楼一带的青楼。

王韬对此也不陌生,他喜欢的宝儿校书的香巢就安设在那里。王韬和他的朋友们都来吃过花酒;壬叔最是沉醉于此,每次都要反复地经人催着才依依不舍地离开,吃相也很难看,又完全不懂规矩。他私下对王韬说,每天研究算学后,来这里放松放松是最快乐的了。王韬虽然与壬叔最友善,但对他在外毫无礼节的放肆行为感到脸上挂不住,给人一下子就分辨出是才来上海的样子,这在王韬心里最犯忌的。壬叔长王韬十几岁,多次拂他的性情,王韬心里也老大不愿意。王韬从心里感谢顾涤庵师,要是金陵之行顾师不带着他去开眼界,恐怕现在也要像壬叔一样的出洋相。

想到此时,王韬脸上会露出一丝旁人看不见的微笑。

到这种场所来消费,上海人称白相。当然上海所指称的白相范围更大,如上春到大境阁看桃花,也是白相,当然,算是更高级的白相。

入秋缕姜泼醋,抿着江南一带流行的烧春酒食河蟹,是另一种情趣白相,也是从苏浙一带在上海落地的风情。对此王韬并不陌生,在家乡时,当季当令,人们也都风行抓捕食之。诗人们喜用"郭索"来指称这种人间美物,这个词是模拟河蟹在锅里被蒸煮时发出的声音,却雅雅地入了诗歌有上千年历史。有蟹就有酒,这种天然的搭配始于何时尚需考证。烧春是这一带最普通的烈酒,它入口并不刚烈,有着江南绵婉风尚,但后劲渐强,软功十足。王韬和朋友们都以此为常饮。王韬常忆及他第一次饮酒,就是父亲用竹筷沾着烧春,让他初品微黄的酒体,那种转口让王韬从此倾心。王韬沾酒,思绪乱飞,他常会想到自己第一次醉酒,想到那时身边围着的人。

按季节食肥鳞鲫鱼、缩项鳊鱼、肥美蛤蜊,也是一种时尚,上海人绝不辜负天时。在上海,王韬不会错过任何江南美食,包括每天经过的遍地的馄饨摊、馒头铺,都是形成上海人生活的重要部分。

在白相的过程中,王韬结识了更多新朋友。除了壬叔、剑人,工作上有联系的,生活上关系密切的,平时里气味相投的,甚至是有共同恶习的,都成了他的圈中人。其中有几位对他一生产生重大影响。

墨海书馆的牧师与领事馆的官员互动非常频繁,应雨耕这时期就在上海英国领事馆任翻译,他和王韬得以相识,两人一见如故,过从相密,情如兄弟。与王韬比,雨耕有广泛得多的生活经历,他在香港生活过,并且到过国外,开过洋荤,金钱上也更富有,所以与王韬出入楼馆,基本都是雨耕豪情挥手散账。

应雨耕原来住在英署,洋泾浜边沙逊大楼建成后他马上迁入。外国人建的大楼结构复杂,楼道明暗多变,王韬曾进入转了许久,硬是找不到雨耕的房间。外国人的建筑简直就是迷宫,王韬不敢恭维。

雨耕笑着向王韬赔罪,给了他一只白窑瓷器。

雨耕是浙江人,与王韬比口味偏咸,但他游历的杂食性使两人能吃在一起。一般来说两张嘴能吃同一锅饭,可以成为长久的朋友。在老城厢吃遍了各家酒楼后,应雨耕提议,是否到虹口试一试洋餐。

王韬虽然在墨海书馆边的医院尝过洋餐的味道并不以为然,但为了不拂雨耕的兴,主要是自己对虹口神秘之地的探索欲,答应陪雨耕去虹口找他的一位美国朋友顺便开一次洋荤。

去虹口需要渡苏州河,那是一条英租界初定时的北边界河,原来叫吴淞江,人们发现溯河而上竟然可以到达苏州,所以私下称它为苏州河。苏州河在英国领事馆近黄浦江处,有一个渡口,这也是苏州河最东的一个渡口。

应雨耕打了一个响指,又熟门熟路地向对岸吹了一个口哨,迷雾中一条渡船就停在了面前,他们踏上了船,雨耕给了艄公一些钱,作为摆渡的费用;王韬开了眼界,原来去虹口,还要花钱的。

在船上的这小段时间里,雨耕悄悄地告诉王韬,马上要在此处建一座桥。

桥?

王韬脱口而出,雨耕神秘兮兮地将食指按在嘴边。王韬瞪着眼睛有些纳闷,这是好事,为什么要弄得神秘兮兮?

登上岸去,雨耕才告诉他,原来一旦大桥造好,这些艄公就会失去生计,这对他们来说是灾难性的。

艄公们知道吗?

"他们消息可灵通呢,早就心里有数。但我们不能当面触他们心经。"

触心经。

王韬学到了一句上海话,更佩服雨耕的语言天才,他的嘴里总能冒出一些别人不注意的当地话。触心经,也就是不要在别人的面前触碰他们的痛处,不要再去伤口上撒盐。王韬这才知道一项新的事物的诞生,必然会打破旧的秩序,会天然地影响到许多人的生存空间。

王韬陪应雨耕在美国人裨治文处办完公事,随即进入了一家洋餐厅。餐桌上早已放置好了餐具,应雨耕还是认真解说了各种餐具

虹口探秘

王韬初次随应雨耕来虹口时,外摆渡处尚未建桥,是乘着渡船到达虹口的。在小刀会期间,因为城内战乱,虹口成为王韬经常涉足之地。王韬的朋友仁济医院的助理医师黄春甫,也在虹口新建的教堂举办西式婚礼,美国传教士裨治文为其证婚,王韬等一众朋友都来现场祝贺。

季平、杨建勇绘,《上海爷叔》系列作品3

的摆置方式和使用功能,王韬虽然吃过圣餐,早已知道规矩,但永远记不住。他觉得吃洋餐太麻烦,这些个礼节弄下来,头也晕了。

"裨治文是美国人。"对于应雨耕的介绍王韬认为是多此一举。王韬来墨海书馆也有几年了,他已不是初来时的那个王韬了,他分得清英国人、法国人、美国人,如果你跟他说北欧大黄国等几个国家,他才会服气你呢。

"他是我在香港认识的。"应雨耕的这句话把王韬刚刚的自信完全压没了。"美国人已经完全将虹口看作是自己的租界。"

此话怎么讲?还不待王韬问,应雨耕接着说开了:"朝廷也已经同意了。美国人一讲机会均等,门户开放,朝廷就无话了。所以将虹口设为美租界是板上钉钉的,关键是划分范围,这件事还要具体做。"王韬明白了,美国人的做法就是不管三七二十一先伸一脚再说,泥萝卜洗一段吃一段。问题是……

在两人这段对话时,洋餐已经端上。洋餐果真不太对王韬的胃口,有其形而无其味,王韬面前的食物没吃几口,便被侍者收走,但又端上了独独的下一份,永远没有满仓满谷,永远是流水不尽。王韬的思路也时常被一股奇怪的味道打断了,让他吃完那一份怪味怕是要倒三天胃口,他兴味索然。好在你不吃,永远不会给你留着,王韬暗暗谢天谢地。只是看到应雨耕吸髓逐骨津津有味的样子,王韬只能有一口没一口地应付着,待到应雨耕尽兴后,王韬才赶紧催着离开。

他有点恶心感,但又不能对雨耕说,怕他笑话。

应雨耕因为是领事馆的翻译,身不由己,天南地北,境内境外,王韬根本抓不到他的落帽风。但是只要在上海,他们就尽量见面。王韬从他那里探得许多洋人的秘密,好比讲雨耕的行动方向基本就是洋人的方向,雨耕并不在意王韬是否会将这些消息外传。

虹口之行在食的方面不太尽意,但却让王韬在上海涉足的场地有了扩大,并且认识了那里的一位官员朋友胡枚胡少文。他给王韬详细介绍了虹口的情况。原来清道台已经承认这里是美国人的租界地,只是它的范围还没有最后划定。王韬观察到虹口的发展程度尚不及英租界,但他得到一个消息,美国人正在积极要求英国人和法国人一起讨论租界合并问题,也就是将上海的数个租界合并成一个。王韬认为此事倒是对天朝大大有利。

他们脸都长得差不多,不要再七搞八搞了。

王韬刚到上海时为此出过洋相,根本搞不清外国人的关系。其实不要说王韬这个才来上海几年的人,连大清皇帝指派的专门对外的官员也搞不清。西班牙国王派专人到香港与清政府商讨贸易之事,被他们一句话弹了回去:"你们的国家跟着英国人做算了。"那时候大清国可认不清西班牙是谁,和英国人弄在一起算了。大清国把对外关系简化成一个——外国,这样就方便多了。

来沪初期,王韬还随着几个传教士到上海周围去白相过,如陪麦都思和慕维廉去了太湖一带。外国人善行于野游的特点给王韬留下了深刻的印象。

还有一处白相的地方,王韬也去打过样,那就是花园弄的跑马场。说是跑马场,实际上就是烂泥地,没有看到跑马,只看到场地。原来跑马并不是每天进行的,既要看天气,还要看马是否在状态。王韬去了几次,都没有看成,弄得心灰意冷。倒是附近有一处洋人的抛球场,整天彩旗招展,人山人海,老城厢里的人呼朋唤友到这里等着看洋人比赛,对这新鲜东西,大家都搞不太懂谁输谁赢,只等着看哪个洋人振臂,大家才弄明白是他赢了。

王韬不太明白洋人的白相为什么要费很大的力气,他还是喜欢吃吃茶喝喝酒划划拳,这样的白相自己身体才能吃得消。

俗话说,金窝银窝不如自家的草窝。王韬在上海白相了一圈,现在只认墨海书馆和城厢是自己的地盘自己的窝。周边一圈走下来,他还真认定自家的窝里好白相。这不,又约着壬叔来到常来常往的香粉窝,作逍遥游。只是三牌楼四牌楼周围的木建筑极容易引起火灾,发生过几次,每次会烧掉近百间房,非常可怕。王韬看到接龙式的木桶从城门大缸里递来的水,这才明白了城墙脚下这些平时看着不顺眼的东西,原来能救人命!

每次火灾,都让王韬刻骨铭心,香消玉殒,逝水流年,王韬为此写下了《花国剧谈》等记录之。从这点上来看,墨海书馆的房子就安排得比较疏朗,通道宽敞了很多。

王韬的父亲在上海时间很短,但也有几个故友。墨海书馆的最早华人员工费廷培,后来工作于江海北关,他的去世使王韬联想起父亲,深感生命的脆弱。王韬尽着晚辈的责任,一路执绋扶棺送至城西外的四明公所。公所择船来日,将停柩送回逝者故乡,叶落归根。

王韬抿一口了烧春,想起多时不曾想起的父亲。

十一、城变

王韬在上海混着,巷弄庵庙无不有他的身影,茶馆酒楼莫有不识之人,花国香巢左右逢源,官府洋署两厢进出。他是八方来电,域外境内消息充塞于耳,历史烂熟于心,新闻烟云于目。他对所得的消息详细判断,又将自己的心得广布给大家,赢得了那班眼界于鼻嘴间者的赞许,成了大家争相巴结供奉的对象。赛过他不到场,今朝这日脚大家就没法过了。

他,十分得意。

但得意归得意,近日传来的消息又让人大感不安。传言纷纷扰扰,说是太平军与清军大战于外,而上海附近也有了蛛丝马迹,听说青浦一带有联动响应,大有蠢蠢欲动的味道,一时城厢内外人心浮动。原来远观战争的逍遥,现在突然要血淋淋地直面,令所有上海人,更准确地说是令在上海的人惊恐万状,深感灾难将临。

王韬伸长了耳朵。

他最近有点迷迷糊糊,不知道是清醒还是梦里,耳内老是听到马蹄铁踏击石板的铿锵声音,仿佛军队越来越近,弄得整天脑中满是号角频吹,心惊肉跳。大家传言得有头有脑,说是城内最大粤闽两帮借对上海道台的不满,欲寻机起事。

粤闽两帮是上海城厢里的最大派系,往年常是两帮互斗,道台调停。前两年,官府已对粤闽游民采取措施,并告租界不得收容。但问题难以解决。道台调换了一举两得的办法,就是把他们组织成护城队,让他们成为自己的左膀右臂。没有想到至今两帮联合坐大,尾大不掉,凶吉真难定了。

因为涉及闽人,王韬首先想到德高望重的岳丈林益扶,希望能从他那里得到一点准确的信息。哪知林益扶对此一脸茫然,他也只知道东门外王韬原先住的羊毛弄一带,确实经常聚集着一伙一伙的人,他们身着的衣裳上都有奇怪的字,这些个字都和虎字部首相关,一副很彪悍的样子,旁人避之不及。

闽帮只是一个大的称呼,闽地多山,各方隔阂严重,其实是一帮多派。更何况林益扶的祖籍是台湾。

"完全是闹事的节奏。"林益扶感到不妙,十分担心。林益扶让王韬赶紧找人来商量对策。于是,正斋、壬叔、剑人等一大帮人都集中在王韬墨海书馆的住处,建言献策。他们也是第一次在无茶酒的场合下用严肃的态度来讨论正事,彼此之间也都感觉有点怪怪的味道。

眼下上海的情况确实让人心焦。一边闹事者路数不清,另一边官府则作为有限。

蒋剑人还是敢说敢当首先发言,说他已向道台提交了自己写的《上兵备书》,根据历来的经验,此时必须要建立一支护卫军,而逢乱立军要多雇佣本地人,异地人一旦握有兵器容易生变,并建言加强巡逻严加盘问。可惜官府一直没有回应,可见建议没被采用。

剑人的话有一定道理,乱世非本地人的忠诚度确实让人担忧。这些有见地的开场白一下子镇住了另几位先前嚷着只知要建军而不知后果的人,粤闽两帮就是前车之鉴啊。

不知是谁轻轻地嘟囔了一句:道台与他们也关系暧昧,有说不清的瓜葛。王韬知道这也是实情。对于上海的粤闽两帮,道台经常用和稀泥的方法安抚,眼见得他们的势力一点点发展坐大,到现在几近可以左右上海大局。

大家还是希望德高望重的林益扶从闽帮入手,弄清情况。益扶双手一摊,解释说,上海有八种帮派,每一种帮下还枝枝节节地挂着许多小型团伙,现在不是一帮的事情,闻听得是与太平军有关。

壬叔听了紧张得有点急了:"如此这番,上海岂不成了危邦?"

这一问,马上造成了压抑的气氛,大家都一声不吭,空气仿佛凝固了。

有人开始低声地叹气,引起了大家心中共同的哀鸣。

王韬近来感到精神空虚。洋人这块事只是想混口好饭吃吃,功名这一块则一直在天上飞,整天不是茶酒就在烟花巷里,人生的趣味也就这些。但今天他才感到这些熟似当然的是么珍贵。朋友在一起聊天说地,雄辩畅谈,即便是思想不一的争辩,也是一种莫大的享受、极大的放松,而这种生活状态,看来真的是越来越远了。

满满一屋,无人说话,没有一点生的气息,大家如丧考妣。面临着天塌地陷,而偏偏想不出人生的出路,真的令人绝望。

过了很长时间,一直没有说话的正斋开了腔:"要不大家到我鹿城乡下去避一避吧,我在笙村刚买了一块地。"鹿城就是近上海的昆山。孙正斋在人们心中一直是有谱的大户人家,关键时刻能稳定人心。

一根救命稻草出现,大家才从刚才死寂的沉闷中苏醒,有些互动。

王韬冷静地告诉大家,太平军在安徽的战事已推进到江苏直指金陵,一旦占领了,江南一带几无安全可言,这一席话一下子又将大家刚刚热起来的心,泼弄得拔凉拔凉。王韬对时局的把握,大家都在平常时领教过,无人能出其右。但是最好的出路在哪里?人们需要的是一个可行的避难之地。

壬叔显然已经绝望了,虽然他早已从大境阁迁居到墨海书馆,但他对租界的安全完全没有信心,他蹲在屋角,思绪已经游离在外;剑人则浓眉向着窗外,他恨不能带兵上阵,仿佛心犹不甘;正斋因为提出的方案刚被冷落而惆怅万千,是脱离大家单独行动还是随大流,心绪不定;唯有林益扶手拂长髯,举止镇定如常,年长者阅历果然非同一般。

"是的,阿兰说得对。"林益扶首先肯定了王韬的意见,"世乱心不能乱,战事一开最怕是心乱。乡下虽是避难的好地方,也是战乱多发地。打红了眼的军队是无军纪可言的,散兵游勇你只要碰上一次,也许就会送命的。而上海,我们住了多少年? 人众地熟,大家都能互相帮衬。再说,除了城内,现在城外还有租界,要打上海,还要看看洋人的态度呢! 一旦洋人发话,对方也要掂掂分量的。"

林益扶的话一下子使大家又围拢在一起,仿佛泄了气的皮球又被支了一点气。但是马上又有人提出不同意见,说是法租界上法国人只有小狗小猫两三只,泥菩萨过河自身难保,要靠他们真是难以靠得住。林益扶也赞同这样的担心,但他告诉大家,战争一旦打响,洋人也会抱团,英国人的海军就在黄浦江上,他们会力保租界的。蒋剑人补充道,听说法国人的舰船也定期会来。

众人开始热烈地交流着各自得到的信息。

大家七嘴八舌地讨论了半天,也得不出最终意见。最后定下初步方案,一旦有危险,都先躲到租界王韬墨海书馆来,看看情况发展,再作下一步动作。

王韬一口答应。但令他心里非常不爽的是,这一群朋友最后的生存希望竟然捆绑在了洋人身上!

谁都不希望战争会成为事实。

但是到了夏秋季,一切真的都变为事实。城厢的旗帜顿时变了颜色,城内的三合会联络了郊外一个叫小刀会的组织占领了城池。上海的两个清廷的地方官,袁姓的被杀送了命,另一个吴姓因为是广东人,暂时没有对他下手,他便利用这点有限的时间,通过自己的管道向洋人求救,在几个美国牧师的帮助下,他换上便服,穿上蓝袜子,戴上阔边黑眼镜,手持雨伞,跟随外国人爬到北城城墙上,搭了一条绳索顺着城墙被吊到城外逃入租界救得性命。这个逃得性命的地方官原来是个南方来的生意人,洋人们都嘲笑地叫他吴爽官。他的家属,则由主持医院的雒魏林与另一个洋人午后进城带领出城脱离险境。

城内居民一时慌乱,搞不清所以,纷纷涌出城来,一部分经过租界外逃,余留的在租界设法躲避。洋人见图利机会到来,便在洋泾浜北岸建了简单的临时房,出租谋利,一时奇货可居。

由于临时房的乱建,加之街上常有头戴红色头巾的小刀会成员出现,租界上也是人心惶惶,洋泾浜一带商业顿时萎靡,大家能躲则躲。

王韬的朋友们因为有了预案,没有费多少周折,都住进了王韬城外的家中。

当初因为群情振奋,王韬也是一激动许下了承诺,现在真的有大批人涌来,王韬发现不是生活经。大家性命一时是保住了,但日常生活也全部被打乱了,个人的空间顿时狭小,矛盾一下子暴露,大家之间的关系反不如往昔那样融洽。

王韬的房子住其一家是绰绰有余的,楼上楼下也有好几间,但是现在一下子进来十多人并且还带有女眷,就显得十分不便。女眷只能安排在楼上一间,王韬一家住楼上另一间,其他人都只能安排在楼下。墨海书馆的洋人倒没有说三道四,但王韬有些后悔,怀疑自己当初是否过于激动了。

别人都乐呵呵地入住,只有林益扶不高兴了。

林益扶身为王韬的岳丈,在这一群人中又是年龄最高的长者,竟然没有得到王韬足够的重视,而是与一般的人混住在一起,这使他感到十分委屈和羞辱。

但他不能发作,还是要保持持重坚定、顾全大局的形象。寄居在王韬这里,混于一群朋友中的他,每天面对着女儿泠泠和女婿王韬,心中即便有多少不满,只能积郁在胸,不能任性发作。

他每天早晨第一个起床,到外面的院子里呼吸最新鲜的空气,练一套形意拳。

该死的战争!

是的,如果没有这场战争,他生活优渥,是救济别人的主,绝对不会落到这个地步,还要看自己女婿的脸面。

他每天早晨都到北门通道和泰勒氏桥附近去看看,战争时起时伏,有几次城内暴动者试着进入法租界。但在洋泾浜石桥还能看到洋人的几个警卫兵守卫着,林益扶就退了回去,把这个情况告诉了大家。

看来租界还是安全的,大家都放了心。

又一天早上,林益扶带来了更令人放心的消息,法国人的军舰停在了黄浦江上,军队正通过小船登上洋泾浜码头。于是大家都起床去观看,果真一小队一小队地在上岸。

大家七嘴八舌议论开了。有人说法军是要和小刀会开战,也有人说是保持中立守卫租界。孙正斋拉着王韬到一边去,他有不祥的预兆,法军开进是有大战的可能,到时候法军胜尚可,如果法军败则不可收拾,租界也难保人性命。正斋这个人的最大优点是头脑清醒,思路连贯,笙村买地本来就是留有在沪生活不利时的退路,他开始提出退回笙村,但听了大家的意见感到也有道理,就不再坚持,而现在情况有变,加之在王韬寓所生活上有很大的不便,他记于心而不表于形,但在恰当的时刻,他就及时表达自己的意见。

孙正斋对王韬无所保留地说出了还是回笙村避难的想法,他坚决要求王韬跟着自己马上就走。王韬犹豫不决,一大家子和客人都在,自己开溜了,今后怎么在江湖上混?但见孙正斋十分坚决的样子,即刻很难回绝。

孙正斋知道王韬很难,也不想难为他。回到住处,正斋索性还是非常大路地把自己的想法告诉了大家,在他想来,笙村总比王韬寓所要大得多,如果大家都去,也不会有苟七苟八的纠纷。

但是,孙正斋还是低估了这帮人对上海的依恋,平时里花好桃好向往田园生活的朋友,真的让他们下决心,说了半天,竟没有一个响应,令他十分气馁。于是,自己给自己落篷,当天他就带着家眷离开了上海回笙村去。

上海真的那样值得留恋,甚至以性命相搏？正斋惘然。

王韬对正斋深感歉意。在送他们一行去码头时,王韬对正斋千万保证,一定会到笙村去看他们,以宽正斋的不平之心。

正斋的一片好心没有得到大家的认可,失意之心溢于言表,王韬也是赔着小心。目送小船离去,王韬心中也落落有失,像这样贴心好朋友真不多啊。

正斋一家离开后腾出了不少地方,王韬赶忙将林益扶安排妥帖,人群中以前弥散的尴尬气氛,也一点一点地消散。王韬自认为自己做得很到位。

但是,一天早上,突然一声炮响,震得大家滚下了床。只见医院的雒魏林急急忙忙奔出,朝英署方向而去。大家都在传说,是小刀会的一发炮弹落在了医院的门口。

这里也不安全了,还是正斋对。

王韬脑中一闪。

人们也是你看看我我看看你,好像一下子泄了气。

大家在一起反倒不如平时热闹。想喝酒搞搞气氛,但租界也确实没有理想的场所。王韬除了练练字,也无所事事,整天在家捂着也太厌气了。一天,他突然想到了虹口,一下豁然:对,到虹口去看看。虽然上次和应雨耕的虹口之行感觉不怎么样,但是困兽之态令他万分烦躁且有些许抑郁,去散散心也好。

还和上次一样,在李家场的英国领事馆附近渡河,传说中的大桥还是没有半点影子。

虹口一带的市况也同样萧条,路人比上次更见少,原来的馆子也纷纷关门歇业。王韬深感战争对上海商业带来的残酷摧残。但是也有新的变化,那里出现了一座新的教堂。

Church,王韬所认识的少数英文中最熟悉的那个,也是他心里最烦恼的。

经过清廷在虹口官所,王韬想起了上次认识的胡少文,心想在这里打个横,眼睛往里一张,正巧,胡少文刚好往外走,也看见了他,两人恭敬地互相作揖。

少文还以为王韬住城里,希望知道一点城里情况,得知王韬的朋友们都挤在他那租界的情况后,哈哈大笑。他拉着王韬到他熟识的小酒馆对酌。王韬是老饕久惯了沙场,这次小刀会的事件让他憋了很久,于是放开了和少文连干数盏,这才解了多日的馋。

在与少文边吃边聊中,少文向他透露,官军准备对老城厢作战。王韬吃了一惊,原来担心的是双方一直拉锯,上海的生活会变得非常艰难,希望尽快解决,但真的刀枪相见,战火弥漫,旁及无辜也是必然的,倒是要赶紧提醒大家。想到此,他已无心再饮酒,称托有事要先走,临了,他对少文也关照了一句:千万保重!

回家路上,王韬特意到洋泾浜石桥处去看看,哪知没有见到护兵,他当即腿脚发软。顺道到北门看看,只见城墙护城河的北面,也即法租界内,垒着一条高大的土栏,有部分凹下的设计,毫无军事常识的王韬也知道,此处可以安装火炮。

回到家他马上向朋友转告了少文带来的消息,并将自己看到的情况一五一十告知。哪知大家告诉他一个不幸的消息:蒋剑人入城观战,陷入城中!

王韬一下子腿脚发软了。

原来剑人是最大胆的人,在租界里闲得心里发慌,见城里热闹得很,便几次溜入城东看看西望望,也不见有什么事。哪知这次恰好清军赶来了,起事者将城门关闭,剑人便陷入城中。

王韬闻此,头脑立刻发懵:战端一开,生死由天。兄弟,险了!

王韬也顾不得了,连忙联系几位洋人准备营救。洋人也一口应诺。但在战争爆发的即刻谁也进出不了城,杀红眼的人们可不管你是谁。

王韬和朋友们无能为力,他们能做的唯一事就是等待。

不好的消息纷至沓来,城内九亩地杀了五人。王韬心里一揪。第二天,城门大开,又冲杀出一队人马,战端又开,数人被抓,九亩地又见血光。听说连城隍庙也有悬首示众的血淋淋场面。王韬和朋友们眼前都晃动着同一个答案:蒋兄弟休矣!

就这样无所作为提心吊胆地过了几天,蒋剑人竟人模人样地又站在大家面前,令大家悲喜交集。

原来蒋剑人是一个性情中人,见城闱战火便热血沸腾仿佛不参与其中枉来上海,却因好奇而害了自己。陷入城中后的蒋剑人被人揭发于小刀会,小刀会也知道他的名声,只有一个要求就是拉他入伙。人困在城中,性命在他人手里,但剑人没有应允,做好了最后准备。他写了遗嘱,令人在其死后觅得他的尸体掩埋,以后方便时上书"清故贞烈士蒋生之墓"。某日半夜正要写与家人告别书时,忽然闯入了十余人,听口音都是广东人,他们好像是来监禁剑人的,他自我感觉最后的时刻马上要到来了。剑人问他们意欲何为,是谁派他们来的?他们要干什么?

意外的是他们将他带到一个李姓头目跟前,李姓头目看到了蒋剑人,十分高兴,竟然与他攀谈起来。蒋剑人本来就是一个能说会道的雄辩者,便古往今来大谈特谈,特别是谈了历史上的造反结局。李姓头目叹息说:早春时如果与君谈这席话,可能结果就不一样了,现在是箭在弦上了。我们军纪严明,自起事以来,城中秋毫无犯,官军哪里能与我们相比?我们粮食储藏充足,米有三千石,陆续还有接济;有生死之交的会友三千余人,近几天又招募了周围一千五六百个兄弟;各类军资都充实不用担心。我们与官军相持当有很长时间。愿君深思密谋,加入我们战队,何如?

原来是一个高级说客。

蒋剑人虽然生性刚烈,但与王韬等人接触了已久,也学会了随机应变,于是表面答应下来,要求先回家告辞才能加入。没料到李姓的头目握住剑人的手说:"天将亮了,看我升帅旗如何?"

剑人笑着说:"你是怕我逃跑吧?哪里会啊,不然你就杀我头!"

李姓的头目见他话接得如此干脆,连忙回答"哪里哪里",便派人将他送回家。

剑人偷得性命回到家后,内心仍平静不下,乃在自家屋中常供奉的地方求一签,竟卜得大吉。于是他穿上了姐姐过去的僧衣并戴上僧帽,等到天亮时,混在一群等着出城的老百姓中间,在两旁起事者的刀枪夹缝中逃出城。

密纵反间。

剑人是这样对王韬解释他的行为的。剑人的遭遇令人恐惧。大家再也不敢造次、擅自入城了。

冬季,在墨海书馆与大家少言寡语的洪仁玕离开了。没有人知道他具体是哪天离开的。墨海书馆人来人往,谁走谁留大家都非常习惯。

只有王韬心里感到有点怪怪的。

大家还在讨论战争的事。问题是大家被这场不死不活的战争弄麻木了。虹口之行加之剑人入险而为之奔波,使王韬的足病也加剧了。想想在此也十分无聊,加之正斋来信力邀,王韬顺水推舟,宣布自己过些日子也即将去笙村休养。蒋剑人本来就不怕事,在此观战求之不得。壬叔自认为这里很安全,东跑西走没有必要。林益扶则认为王韬离开后,住的条件更加舒适,他巴不得呢。大家嘴上还是劝王韬不要离开,雒魏林那天直接入城向小刀会提出抗议,小刀会已经有所承诺,不再攻英租界。

王韬见大家玩不到一块,便收拾自己的东西,和大家一一告别。本是同林鸟,大难临头只能各自东西飞,希望再见时一个都不缺。王韬衷心地希望朋友们都安好。

但是,王韬还不是一个说走就走的自由人。书馆那摊子工作他还是要有所交代的。

十二、红蕤

王韬飞也似地逃离了上海,离开了他的朝夕相处的朋友们。他前行的目标就是与故乡非常接近的笙村。这一路上,山清水秀,江南水乡的温柔抚慰着这颗动荡的心,使得王韬渐渐恢复了正常心态,在接近目的地时,已暂时摆脱了对战争的恐惧。

正斋不愧为长者,如果大家都听从他的,到乡下逍遥逍遥,哪里还会担惊受怕?

此刻王韬对正斋是从上到下佩服到脚趾尖了。

王韬再婚以后,曾有一段时间将母亲、弟弟芷卿、女儿苕仙一起接到上海,住到了墨海书馆。母亲他们到上海后平时由泠泠安排日常生活;王韬姐姐伯芬住在上海吴淞,也经常带着自己的儿子来看看他们;老弟芷卿跟随着哥哥吃茶饮酒,熟悉了上海许多地方,也结交认识了许多人。王韬对于这个唯一的兄弟,从感情上有一种以兄代父的宠溺。

一家人就这样平平淡淡地在上海自在地生活。

但王韬母亲一直放不下甫里的老家,常常趁着空档回过几次老家住上一段时间,有空也到锦溪娘家看看,一如往日的念乡情怀。因为上海战端一开,王韬也让泠泠带着女儿和小弟,回乡陪同老母。

王韬心里也痒痒的,也想偷空回家乡看看,和师友畅谈畅谈,时光虽短,但回味深长。可惜书馆诸事繁忙,没有绝对的理由一般难以脱身。王韬感觉浑身不自在。城里战端一开,人心不安,连入城看戏会友吃茶喝酒都成问题了。心里不顺,喝水也塞牙。虹口那次急行,他足痛的老毛病又犯了,几个医生老朋友也看不好。洋医生也积极要给他医,他就是不让,还非得要回家乡养病不可。麦都思也迁就着他,只是关照他要好好休息了,因为他知道王韬不是一个能够轻易安定下来的人。

王韬终于如愿得到了机会。关键问题是他是否为了这次出行而对麦都思有所许诺,就不得而知了。

孙正斋得知王韬要来陪伴自己,当然十分高兴。这也是王韬预料中的,正斋的待客之道是传统中的那一路。正斋在故乡笙村新建的房子,还顺带着一块很大的地,雇人种着的蔬菜瓜果足够许多人来享用,王韬来了愿意待多长时间都可以。王韬当然是乐得享受。昆山与自己故乡和舅家都贴近,王韬盘算出时间又可乘机走一遭,他是不会放过这样的好机会的。

笙村也是典型的江南村落,河道纵横,水系发达,绿树成荫,鸡鸣起落,一派生机勃勃的景象。王韬在这里与正斋清茶一杯谈天论道,空余时读书写字,饭菜自由正斋小妾打理烹煮,过上了神仙般的日子。往日的不良生活习惯改变了,王韬人又胖了,足疾也慢慢在好转。也正如他来前所料想的,甫里和锦溪都去转了转,顾师、醒逋等师友、亲戚都访个遍,满足了心愿。他还特地打听得顾师女儿慧英的情况,顾师突然坦白,自己原先有让他们青梅竹马结连理的念想,王韬目瞪口呆,顿时脸红。美丽的女孩哪!他实际上是在想,慧英如此优秀而有才华,竟随意嫁给了一个平凡的人,殊感可惜。

由慧英而触动了自己,王韬也总感到身边缺了点什么。缺什么呢?他自己一下子也回答不出。不知为什么,王韬眼前闪动着笙村为他们忙进忙出的正斋小妾。

回到笙村,正斋家中为他接风的酒席已备,两人尽情放量,所谓千杯万盏,直喝到玉山颓倒,天涯歌唱,外衣上都弄得汁迹斑斑。正斋小妾忙着帮着正斋更衣,王韬仗着酒意,眯着眼睛径直地望着她,无限羡慕的神态。

正斋有四个妾,各有所长,所以妻子去世后没有影响到他的生活,一切还被安排得井井有条的。眼前的四妾最小,但烹饪一流,也是正斋最宠爱的。

正斋在只有半分清醒的时刻,体察到老友的那一刻失落,他拉开嗓子叫"红蕤!红蕤!"一个体态窈窕的女孩从一旁出现。

红蕤是孙正斋的女儿,只可怜她母亲早亡,多由父亲妾室来代管她,稍长成后,根本也不需要听她的意见,就许配给了同村的杜家。王韬和她在上海就认识。

这个年龄相仿的人从上海的到来,使她突然有一种熟知感,也只有在笙村这个特殊的氛围,特别是他与父亲茶余酒后的谈话,让她感觉内心被什么触动了一下。王韬送给几个小妈什么她不知道,但王韬送给自己的手绢料子真是光滑细腻,花样也好看得不得了。

女孩子最容易被好东西吸引。

父亲叫她来扶王韬入房休息,红蕤没有半分拒绝的意思。她扶着醉醺醺的王韬,让他先坐定床边,细心帮着他解扣,她感觉自己的手被王韬捏着,一下子脸涨得通红。她轻轻地将他的手掰开,为他宽衣。王韬非常配合地平躺在床上,对他来说,这何止是享受,简直是梦境的一部分。

从那刻起,王韬开始留意这个俏佳人了。

等到下一次和正斋吃茶时,王韬眼睛望着红蕤的房间,话里有话地对正斋说:我好想和你一样,在你的边上买一块地,搭建几间小屋,伴你在这里落户。

王韬为自己的大胆感到吃惊,一般吃茶时,自己不会有醉话的。

正斋对王韬太了解了,对他在上海冶游作局的做派也是一清二楚的,知道这个年轻人有见不得女人的毛病,在正斋看来,年轻人带有年轻人的毛病也正常,哼哼含糊几声通常也就过去了。在上海,王韬丧妻时，他也确实动过这方面的念头，只是杜家那一头挂着，是万万不可行的。幸好益扶先提出了泠泠，解决了王韬的问题。从大的方面来说，他和益扶都想抢着帮一帮这个小兄弟。

王韬有事没事地坐在红蕤门口吃茶，红蕤也经常出来陪他。王韬从上海带来的小玩意极多，一面小镜子就让红蕤欢天喜地，她还喜欢他白白的象牙烟嘴，王韬都大方地送给她。王韬也告诉她，已经和她父亲提出要在这里定居的要求，试探着她的态度。

王韬是在外见过世面的人，说话得体才气十足，二十多岁风华正茂，比那乡下的没见过世面的小伙子可强多了，哪有不招女孩喜欢的？

红蕤含羞地低下了头，一声不吭。

对于嫁到杜家，她是不甘心的。她对家里早早为自己订下的这门亲事不太满意，但又不敢反对。杜家是养鱼的，虽然家业不差，但粗声俗气；一辈子和养鱼的在一起，她感到不仅仅是鱼腥味受不了。眼前的王韬带来了一阵洋风，他读书吟诗，礼仪周到，有情有趣，和这样的人在一起，那才有味道，也合自家的书卷气。

王韬仿佛身在桃花源的仙境，或许已经忘了自己有家室，而且来笙村之前，已经知道泠泠有孕在身，但眼前的小妹，仿佛使自己回到了初恋光景，他做起了青春大梦。红蕤也知道王韬家庭情况，她对于做妻做妾本无概念，加上父亲有四个妾室和和美美的现状，使她对王韬更易接受。

两人眉来眼去你来我往，竟真的认认真真地开始私下谈论此事。王韬没有想到红蕤连做他的妾也愿意，心中无限感动。热恋中的她早就昏了头。他信誓旦旦地向红蕤保证，一定去说通正斋，解除杜家的婚约，将她带回家。红蕤被他鼓舞着也说了许多不着边际的疯话，还发了什么非王韬不可否则就去死的毒誓。王韬脸色发白，立刻用手堵住了她的嘴。这样的话，王韬初恋时也曾山盟海誓过，结局果真不妙。王韬心中有些略略不安。

王韬此时算起来也就二十六七岁,也是男人各方面精力最旺火的时候。一天他仗着多喝了一点酒,便和正斋正式摊牌谈论此事。

正斋平时依着惯着王韬,但在这件事上,他微笑而坚决地婉拒。

"人必须有信。"他握了握王韬的手,加重了自己的语气。"杜家和我们家也是世交,我们如果失信于他家,我在笙村何以立足?"

他又给王韬斟上酒。

"小爷叔啊,你可不能伤泠泠的心呢,她肚子里怀着的可是你的孩子。"王韬心中的软处恰好被正斋点中,心头猛烈地震动。是啊,可不能让她动了胎气,王家传宗接代可是在此一举。可对红蕤他还真放不下。

正斋委婉地告诉王韬,大丈夫顶天立地,世上有许多事等待着我们去做,况且伟业时不我待,女人则遍地都有。

王韬没有料到正斋会拒绝得如此彻底,但又无法找到反驳的理由。他一直将正斋视作长兄,这位长兄也事事依着自己,照顾着自己,王韬甚至有一种错觉,仿佛他只要提出什么,正斋都不会反对。但是,这次正斋竟然婉转又坚定地回绝了。王韬从来没有面对过这种情况下的正斋,他不知怎样来处理他们间未来的关系。这事让他没有落场势了。

连续几天,王韬发现他与正斋的关系怪怪的,茶水也淡而寡味。

笙村再待下去也无趣了。

王韬借了一个理由提出离开,正斋知道他对自己不满,也顺坡下道地不和他客气,没有提出挽留。趁着空闲,王韬向红蕤告别。红蕤没有想到他即刻要走,万箭穿心,悲伤欲绝,闹着要寻短见。王韬没有见过这阵势,一时手足无措,不知如何处理。

正斋的小妾适时出现,微笑地告诉王韬舟时已到。她对王韬说话时,仿佛眼中根本没有红蕤的存在,弄得红蕤也没有方向,不知如何置身处事。

王韬一时千言万语无从说起,只是关照红蕤多多来信,自己将来会回来找她的。虽然王韬千万不舍,但他头脑还是十分清醒,赶紧抓了这个空当走人。

除了无疾而终的暗恋和逢场作戏的欢场,这实际是王韬的第二次自由恋爱,但结局都不妙。他几乎是含着泪离开笙村的,内心无法平静,更何况是红蕤为妻为妾都愿意跟随他,这样的女子,王韬怎能放得下。

正斋并没有来送王韬,他采取了回避的态度,一方面是告诉王韬,此事没有回旋的余地,让王韬死了这条心;另一方面,不和王韬当面撕破脸,朋友归朋友,又给足了王韬的面子。

正斋的手段很得法。

王韬回去一路江水平静,小船摇曳,似乎在安抚王韬这颗破碎的心,到上海后的王韬虽然一直闷闷不乐,却无法向正斋发作,他希望自己冷静下来后,能将这一切慢慢地淡忘。

再灼烈的感情也会被时间抚平。

不久,泠泠为王韬生了一个女儿,名叫檞仙。

又是一个女儿!

王韬非常失望。他能听从正斋的,正是因为泠泠为王家承传血脉。

他感到王氏血脉可能在他这里中断,心急如焚,食不甘味。也由此,对红蕤的相思更深一重了,但山高水长,遥远的爱情可思而不可得。

檞仙生下来不哭也不闹,两只明亮的眼睛扑闪扑闪,令人无限怜爱,王韬和她眼睛对视,她仿佛能从中读出他的心声,使王韬怯于用眼光与其交流。后来全家才知道,这个乖巧的女孩是天聋!

泠泠整天以泪洗面。苕仙只有七岁,还不明白这个小妹妹为什么只能用眼睛与自己交流,她拨弄着小妹妹的小指头,唱着小歌逗弄着;王韬母亲最坚强,不怨天不怨地,包容一切。她还有儿子,她最大的心愿就是帮小儿子完成终身大事,她的心里感觉到踏踏实实的。

嗯,要对得起王家列祖列宗。

  王韬一直埋怨老天对他不公,他哪里知道是不是自己长期喝花酒导致了这一结果。王韬绝不甘心于此,他曾经寄希望于和那些欢场女子有个一男半女,可惜,都没有结果。他还年轻,内心实在有点抗拒这样的结局。他也将盈溢的爱,流淌到了小弟芷卿的身上,芷卿可是王氏血脉传承希望。他满心满意地将传宗接代的全部责任都寄托在小兄弟身上了,对于弱小的兄弟倍加放纵,要什么给什么。

  但人就是这样,一放就很难收回。小兄弟的羽翼长齐了,对什么都感觉新鲜,什么都想试一试,他成天夜不归宿,王韬根本找不到他的身影。今天这个来说,在某个香艳馆中见到了芷卿,明天那个又说和芷卿在某馆香过两筒。王韬感到已经失控了。为了让母亲高兴,他正式和母亲商议为其弟弟张罗了一个姓夏的姑娘为配偶,满心希望能承继王家的一脉香火,同时,也能收收小兄弟的心。母亲当然早就盼着这一天。

  王韬自己那头也不放弃,他忘不了红蕤。他和红蕤一直保持着通信,开始是有一搭没一搭,因为一般信件是托人转送到当地某个固定地方,再由小地方人顺路带回。王韬后来在笙村找到一个信使,专门负责与红蕤的信件来往,两个人的信件有些频繁了。他们的往来信件都不具名,只有他们自己熟知。信使一到,王韬就拉他到酒馆,反复打探红蕤的情况。

  红蕤的信满纸尽是哀怨,从信中得知,红蕤对自己的婚姻十分不满。她的性格还是和原来一样,信中动不动就称要寻死。王韬最怕的就是她这一招,他极力安慰,写了许多自己也不相信的情话。什么只要活着就有再见的希望,将来会到笙村买三间房,终能在一起,如果你现在死了,我活着也不如死去之类的。每次王韬还附带了一些上海市面上流行的洋货给红蕤,有次更有刻着自己姓名的石章,含义似乎深远;红蕤则含情脉脉给了他一方自己绣的手帕,令王韬嗅了又嗅,爱不释手,哪敢轻易使用。

王韬大概一辈子都忘不了人生中的这次艳遇。在自己所藏的石料中,选了一方非常钟意的,请朋友中的善冶者陆仲瞻镌了"但愿生生世世为夫妇"几个字,用在与红蕤的私信上,一片痴情。这句佳语,王韬在读《浮生六记》残本时记住的,醒逋当初给他读这部书时,那些绝美的文字,在他的脑海中变幻成一帧帧画面。王韬多么希望自己婚姻中能遇到这么一个美丽、婉约的女子啊!

十三、租界

　　王韬感情上受到挫折后,像一个受了伤的小孩,需要躲在家里养伤。但真的回到家中,他又要把感情隐藏起来,他怕真情流露会影响泠泠,泠泠在家里说一不二的态度让他真真搪不了。泠泠对王韬纳妾当然是处处提防着,但她自知也有亏对王韬的地方,这是她无能为力的,心里也矛盾得很,所以在小叔子芷卿的婚姻上,她积极主动,出钱又出力,以使婆婆对她没能生下孙子的难堪印象有所改善。王韬对母亲是言听计从,泠泠知道搞定了婆婆就等于摆平了王韬,泠泠对其中的关系拎得煞清。

　　上海战事还是比较平静的,从英租界到法租界直到城里,开始也没有严格封锁,尽管法国代理领事爱棠几次起意欲派军队平息城中之事,但是英国人保持中立的态度使得法国人无计可施,毕竟实力最能说话。而英国人的小九九是通过这一事件,尽可能去扩充英租界。这不,他们提出的保卫租界的具体方案之一,就是从苏州河挖泥城浜,经周泾与洋泾浜相通,这样,英租界周围都有水道护险,以守为进。

　　城内的警报还没有解除,朋友还生活在王韬的住所。王韬发现自己和他们的亲切度有些降低了。只有洋牧师们好像没有感情的起伏,他们对他的态度还是始终如一,所以一时间,他更多地参与他们的活动。

隔壁医院的圣餐会活动还是原封原样地进行。麦都思布道的次数也真一点不少,但讲的那套王韬都进不到心里去,他到墨海书馆完全是稻粱谋,原先心灵中潜伏的道释二教不断地在帮他抵御外来的东西。王韬内心在七想八想,每个教的教义都有自己一套,都讲得头头是道,仿佛都是那么美好,足以让人殉之,如果让他们互相接纳呢?

在受餐之外,王韬无所事事,几次想冒险入城看看。人们对于相禁对象永远有奇怪的癖恋。大家都有偷偷入城的经历,他也跃跃欲试。某日天放晴,他也不对任何人说,便独自地向西行,然后再南拐,经一座临时小木桥过了洋泾浜,通过几乎很少有人的法租界,他竟入城了。

这条道人们私下里都知道。洋泾浜上通向城内的通道共有三处,最东面的小石桥经英国人的同意,在法国人反对的情况下拆除,使得法国领事馆和法国在上海最大的商业机构在紧急情况下无法及时退到英租界躲避,为了缓和法国人的态度,英国人架起了临时性的木桥;西面的泰勒氏桥也同时被拆;仅留的通北门的三茅阁桥被封闭,也在拆留犹豫中。

现在搭建的这座木桥,是英美商人私自弄的,替代了原来的泰勒氏桥,洋商们在战争期间靠着这座不显眼的临时小桥发了大财,这些流动商贩由此而希望战争延续下去,这也是他们建桥的原始动力,更是城内小刀会组织中有八十多个参与其中的洋人的源动力。法国领事几番对英美两国出言不逊的内因,是因为战争使得法租界变为前线,法租界的市政建设原来就无法与英租界相提并论,法国人希望完全割断城内和城外的联系。法国人对于英国租界当局同意攻城的清军借道泥城河附近并新开辟租界大为不满,而实际上是对法租界没能像英租界一样扩张的极度不满。传说这就是后来法租界翻毛腔①独立于公共租界的直接原因。

---

① 翻毛腔:沪俚,意为突然反对。

钱的问题弄得大家不开心。上海一开战租界里的洋商都趁机停止交税,领事们也没有了统一的态度。王韬听说美英两国对于这座临时桥眼开眼闭,而法国代理领事爱棠却大光其火,认为破坏了私下达成的中立态度。实际上哪里有什么中立,大家都只关心自己利益。王韬吃用都在英租界,私下的态度当然有偏向,虽然他对英国人也不待见。

城中真是一天世界①。开着的商家没有几家,毫无人气,平时最热闹的北门大街也变得萧条,王韬来到辅元堂江翼云老师处,踏进门,翼云师看到王韬大喜过望,但他还是小心地在门口张望了一下,然后用手拍了拍额头。王韬明白,他是在查看自己有没有被人在跟踪。已经小心到这个份上了,王韬瞬间有点担心自己是否太冒险了。

翼云师将小刀会的来龙去脉如全本《西厢记》般一五一十地向王韬说了。虽然无甚新意,王韬还是耐着性子全部听完,仿佛在重温老师过去的讲课时光。

和江翼云老师聊了一阵子离开后,王韬犹豫着是否要继续到虹桥一带看看,但不断擦身而过的红巾者使他心惊肉跳,特别是当他见到有人对他指指点点后,改变了主意,向着北城门外走去,他感觉到安全还是要紧的。

在将要踏出城的那一刻,王韬的肩膀突然被一只手搭住,他简直是心跳到喉咙口了,转身一看,原来是吴老——他在城里的一直玩得很好一个酒肉朋友,也曾是他同居羊毛弄的室友。

酒肉朋友也是朋友,但他却抓住王韬不肯松手。从对方的眼中,王韬感觉到仇恨。照理王韬在上海无冤无仇,但他挥金如土,好赊贷轻偿还,娼门处除了宝儿等几个贴心的老相好,其他地方都赊着钱;朋友间酒桌上你来我往,不知酒醒时尚否记得欠别人的钱,碰到如孙正斋等知友,一笑而过,但对于仅仅点头间之辈,难免记忆深刻,加之

---

① 一天世界:沪俚,形容惨不忍睹或状况极差。

云里雾里,王韬回家乡时间一长,就会给人留下故意逃债的可能。

吴老不合时宜地拖住他,令王韬十分愤怒。要知道城门一关,自己就完全成一只死老虎,这可不是闹着玩的事。王韬奋力挣脱,撒腿就走。吴老愣了一下,他是知道王韬有足疾的,眼看得王韬向城外飞奔,情急中他大声地叫了起来:"还钱!"

王韬猛然想起是欠着吴老的一大笔酒债,那是有一次在酒楼宴请一帮新结识的朋友,王韬感觉应当自己做东,无奈兜里空空,恰好当时吴老也在楼中饮酒,便向他临时疏通了一些钱财,并邀其合并共饮。

王韬心中闪过这一幕时,腿脚已经跨过城壕踏落在了法租界上,他放心地转过身来,对着吴老的方向大声地叫喊着。

吴老隐约听到王韬好像在说,钱会还的。但吴老知道,他们这群人都是千年不赖万年不还的料,只能深恨恨地叹一口气:会找到你的。

王韬庆幸自己跑得快。等到回到家里时,才发现自己实在走不动了,足疾又犯了。真是糟糕!

足疾使他活动范围大受限制,只能在墨海书馆和医院,也就是在伦敦基督教圣公会的范围中走走。有关入教的问题,马上变成现实问题,王韬个人承受着巨大的压力。墨海书馆本身就是教会产业,其中工作的洋人大都是牧师;所以在墨海书馆打工者中,因为环境的因素有一大批朋友已经入教,人们也怂恿着他入教。

但是对于宗教,王韬却有自己的看法。王韬和朋友们经常激烈地讨论这个永远没有结果的问题。王韬将各种宗教不加入主观因素进行比较,表达了一种可入可不入的自由态度;他的态度也代表了他的行动,他不曾加入基督教,但是他参与吃圣餐和听布道的行动本身,让周围人都相信,他真的是教会中的一员,教会也奇怪地将他看作自己人,将他登入花名册①。而实际上,王韬对于外来宗教缺乏热

---

① 在伦敦基督教圣公会的名单中,列有王韬的名字。

情,虽然他不懂英语,但长期听下来对某种节奏声调有了一些习惯,但布道者来自各个地方,有时会有非常难懂的地方口音,令王韬更加昏昏欲睡。

为了免费的圣餐,他还是坚持听下去。人生多艰,王韬认为自己来这里本就不是心甘情愿的,只是为了糊口罢了。加入墨海书馆已经和洋人有了说不清的关系,吃吃圣餐听听布道则是同样一回事。

他不知道自己的行为已经引起了别人的猜测,他与牧师们极好的个人关系更坐实了人们的猜想。朋友在法租界的家里闯入了小刀会成员,他能叫得动英国人戴雅各帮忙驱赶,戴君也对他言听计从,只有教友间才能有这种关系吧。人们分辨不出他和洋人关系到底有多深,从表面上看总是不太坏吧。

王韬还是更愿意在空闲时拖着一条病足离开这个是非环境,到外面走走看看。

战争对英租界影响最大的是洋泾浜西端的一带,那里建造了许多简易的房屋,这也是几个大洋商发财的创举。照理,租界是不容华人居住的,除了像王韬那样是租界洋馆中需要的华人,但显然,租界当局的开支是照着几个地产大户牌头的①,况且是战争时期,大家都睁只眼闭只眼,因为那时《上海土地章程》已形成,一切税赋还得靠大户们。

洋泾浜北岸的松江路,是英租界最热闹的商业街道,一方面是借洋泾浜水路之便,货物流通不需要转手直接可以上岸;另一方面这里是城内居民进入英租界的最前沿,所以各种行业都乐意在此落户行商,渐渐形成气候,小商小贩挑着担子一路叫卖,是王韬他们最爱的氛围,也是租界当局最头疼最希望立法取缔的营商方式。

这里也是王韬他们主要游玩的地方。王韬尤其喜欢这里的古董店。几家古董店照常开着,不躲不避,仿佛不知道什么叫战争。说到

---

① 照牌头:沪俚,意为依赖别人的力量办事。

古董商,上海的古董收藏前辈有乔鹭洲、瞿子冶、徐紫珊三家,收藏最富,辨识力最强;而到了此时仅存徐紫珊,并且陷于城中,王韬也经朋友介绍见过他一面。王韬从前辈那里知道他们有两个半之称,为什么有半个?王韬不明白,可能是实力原因也不一定。

王韬一辈子都和古董有些因缘,一半是爱好,另一半是话资,所谓有话三句少,无话三句半,有一搭无一搭,在别人论事的场面上,你有个互动,能插上几句,可让人高看一眼;这就是茶楼中最佳茶客的标准。

王韬混迹在人群中,东看看,西瞧瞧,他实际上只对文房四宝之类的有些门道,其他如旧钱币,他仅知一二,真正的上古时期的吉金美器,他也只有听听看看的份。

人们见他经常进入法租界,在靠近老城厢的街市附近游晃,不知道他要做什么。

城中不断有散兵游勇向外逃离,王韬遇见了,总是和他们谈上几句,以便了解到最直接的消息。他不怕危险,最怕平淡。

回到馆里,王韬自负地对朋友们说,自己已看出苗头,小刀会可能支撑不了多少时间了。

为何?大家都急着等他的答案。

原来洋泾浜一带,清朝官员与外国领事商量后在北门一带砌起了高墙,以阻止城内小刀会进入租界,并且洋泾浜上的几座桥都拆的拆、封的封,所以法租界一带可能可以驻扎军营,意味着更大的战争的开展,对于缺乏外援的小刀会来讲,凶多吉少是明摆着的了。

有几个人听得王韬一说,也约着外出去看看。

十四、城靖

1855年初,老城厢里坚守了很长时间的小刀会,在与清军和外国军队联合的相持情况下陷入了绝境。外援迟迟不到,城中减员加剧,最后山穷水尽,只剩撤退一条路了。但是,老城厢与法租界间已建起围墙,周围重兵层层,连鸟都插翅难以飞出,要想全身而退几无可能。四面撤离搞乱局面可能是不选之选。关键时刻,雒魏林等还是大着胆子入城游说其投降,希望避免更大的杀戮行为,无奈城中人宁死不屈。小刀会凭着运气向外突围,结果,可想而知,大部分人马非死即俘,只有一小队人幸运地逃离了他们用性命守卫过的伤心之城。

这场战争打打停停,大概经历有一年半的时间。这是上海近代史上的一场奇怪的战争,也是中国近代史上第一场现代化的战争。如果说战争开始时尚未有一丝现代化的痕迹的话,随着参与者的变化,完全改变了这种现象,因为战争的双方绝不仅仅是中国人了。清军这边不用说,得到了外国军队越来越多的支持,甚至洋枪洋炮直接参与;小刀会这边也得到了"多国部队"的加盟,那些被法国代理领事声称的"开小差"人,原本是犯了罪或受了罚在外轮上服苦役的。他们中间不乏兵油子,对战争的热情超过了对生命爱护。他们从外轮上跃入黄浦江泅渡到岸上加入了城里造反的军队,向小刀会兄弟展示他们对现代化战争的理念,包括新式武器的使用、新的战法布置,以及无与伦比的献身精神,好像生命可以再来。他们没有我们传统意义上的高尚,既不是为家庭,也不是为父母之邦,而是为了自己开心;他们对于生命的态度,更不为中国人理解。而就是在这样一群人的帮助下,初期手握冷兵器的小刀会竟能坚持如此长的时间,令清廷痛苦不堪,真是创造了战争奇迹。法国海军部队仗着自己精良的武器欲毕其功于一役,一开始没有料到城内还有奇人,结果自取其辱,伤亡惨重。他们后来吸取了教训,不敢再夸海口。

反主为客的双方中国人大惊失色:原来战争竟可以这样打。面对杀人如麻的洋枪洋炮,既惊又喜。大家都在学习、体会、思考、算计,个别人开始对现代化武器有了浓厚兴趣。

但是在战俘处理的问题上,却没有让人感到一丝现代性,胜利者的屠刀连续砍杀了五百余人,腥血气令人窒息或呕吐,城内游魂四散,古老的上海城变成屠场,令老城厢居民惊恐万状,夜夜默祷。和平时期在上海的往生者一般都暂厝在同乡馆会中,等到有运送的舟船来沪,便随带着那些游魂离开上海返回故乡安葬,这也是同乡会的一件重要的功德无量的工作,契合中国人归乡入土的风俗。但是现在一下子要解决这么多亡者确实有困难,况且有些人的姓和名根本无从知道,更遑论他们是何方人士,最后只得马革裹尸,由城中富户士绅捐资或集资购薄木板制成棺材集体安葬了事。

在城外等候了一年多时间的王韬,腿脚虽然还不太麻利,但还是第一时间支撑着略显肥胖的身躯,急匆匆地和壬叔、剑人携手壮胆跟入城来。刚进城内,还没有走到他们的老土地三牌楼、四牌楼一带,就被眼前的景象惊倒:城市像是被飓风掠过,到处都是倾楼圮墙破砖碎瓦,屋倒梁歪,更有那断了半截的木柱,独在半空中冒着烟,仿佛为整个城区点上一支大大的离魂烛。

这就是自己以前的乐土?每个人心中都打着大大的问号。

王韬内心惨痛。

他的生命早已与这座城市融在一起,吃茶、喝酒、看戏或登青楼。

他时时刻刻心心所念的这一切,现在像刮一阵风一样被轻易地一扫而空,消失了,摧毁了,面目全非。

满目疮痍。

王韬的眼泪潸然而下,像一个被没收了玩具的孩子,肝胆俱裂,悲从心来,毫无顾忌地放声大哭起来。

壬叔内心也不好受,眼泪慢慢地溢出眼眶。

剑人东看看西望望,一副若无其事的样子。他是真正的铁汉,一手夹扶着王韬,目光及远,扫视前方。像是在寻找什么方向,又仿佛没有什么具体目标。

慢慢地,壬叔也从另一边夹扶住王韬。

他们一行慢慢地行到药局弄辅云堂江云翼师那里。

王韬在虹口认识的官员胡少文,一年前在这场战争中失去生命。王韬专门出了钱托辅云堂冒着极大的风险收殓少文遗体,虽然王韬和他相识只有年把。

王韬非常哀伤,他这样处理亡友的后事并没有更多的现实目的,而是对自己良心的交代。他可以拖欠一些债务,但绝不放弃内心的侠义。

辅云堂的大门毫不设防一推就开,云翼师正坐在堂前,仿佛早就知道他们会来,但他的身子没有动。经过了这场战争,他,人见苍老,话也越来越少,只有眼珠随着他们的身影转动,木木的,呆呆的,不知是受了惊吓,还是年龄真的大了。战争让彼此都有了巨大的变化,从心理到言行。

王韬几个并没有和他做更多言语上的交流,用自己的手,慢慢地合拢向云翼师作揖,而后坐定在老师边上。

大家我看看你,你看看我,都憋着气,谁也不愿意先开口。

云翼师的家佣端上了茶水,云翼师朝王韬噘了噘嘴,王韬马上从席上站起,向家佣作揖行礼。云翼师曾按王韬的吩咐请求家佣收殓胡少文遗体,这个贴心的佣人不管不顾地按主人的要求冒死前行。王韬取出随身所带的丝帕赠送,再行鞠躬大礼。

他们在云翼师那里小坐后,又随剑人去了方浜旁他姐姐昙印大师的竹林庵堂旧址,剑人刚才在张望的就是这个方向。他当初能够从城中出逃,所幸有他姐姐的那套行头掩护。恰好他们到达时,昙印大师也在那里,正在从地底下挖掘什么。原来昙印大师主持的庵堂中的许多宝物都被她预先藏入地下,在躲过了战争劫难后,现在正重新找出来。蒋剑人可是个壮劳力,此时正派得上用场。

王韬和壬叔又去了战前和朋友们常去的豫园点春堂,和他想象的一样,一年多来这里作为小刀会的指挥所,经过了这场战争,已经完全没有了旧时的样子,让王韬他们内心非常沉重不忍前行踏入,脚步在原地打着圈,这可是他们曾经的乐土啊!

得月楼人去楼空,闭着店门,只有湖心亭茶楼还幸存。阿弥陀佛,王韬心中稍许感到一丝安慰。

战争真的很残酷。

王韬彻底领悟了战争灾难性的后果。史书上记载的战争对于和平时期的人来说只是故事,只有亲历者,那才是戳心戳肺、惊心动魄的现实。

回过头来,王韬对历史上民众因战争而逃难有了深刻的认识。

也只有逃了。

官府的鞭炮声突然响起,安静下来的城厢顿时沸腾起来。

在王韬他们临近出城门时,发现城门口看热闹的人群中有些骚乱,大家都在争先恐后地张望着官府新贴出的公告:所有的广东、福建籍人,一律不得在城内居住。

官府的报复及时又凶狠。

这一下是痛下杀手,想彻底根除暴动的始作俑者,把他们都赶出城厢,但却忽视了租界的存在。

租界上已经住满了的华人,已成为重要的力量。

战争使得整个上海包括租界和城厢都有了巨大的改变。原本城市中心的城厢,是人们向往的地方,而租界只是城的郊区。想当初刚开埠时,英国人和法国人也非常想在城里占有一席之地,将领事馆都安设在城内。有了租界后,领事馆便迁到了租界。这也正是清朝官员所希望的,一方面能华洋隔绝,另一方面,法租界、英租界都在老城厢的北方,中国人对北的隐喻外国人难以明白,特别在氏族时代,一般北方都被安排作坟地。所以整个租界地区实际上是建立在坟堆和小水塘之上,城厢里的人决不会自己选择到城外居住。但是逢到战争,除了生命,其他的一切都不顾了。一些因为战争而来到租界的暂居者,随着战事平息,自然想回城恢复旧的生活,但是如果老屋被毁,就根本不是想回去就能回去的;另一些人在租界住惯了,又懒得移动,也就在租界沉淀下来。现在广东人、福建人又被禁止在城里居住,看来都只能到租界居住了。

王韬马上想到这是清廷要彻底瓦解小刀会的基础,把这些人赶到租界,让他们与洋人去搞吧。一箭双雕,就顾不得原先不准华人和洋人混居的禁令了。

实际上,这一禁令是摆摆野人头①的,除了开始阶段后来都没有认真执行过,当然,也包括租界对洋人不能在租界外过夜的禁令,那些传教士都有在租界外过夜的旧案。

五方杂处,看租界还能搞出什么花样。

其实租界当局早就从这场战争中得到好处并嗅到了商业味道。从开始的所谓人道早已演化成商道,他们原来到中国来,目的就在此。尝到了甜头的洋人哪里肯放过这个从天上掉下来的馅饼,也半依半就,其实他们早就动起城市自治的念头。

王韬身在其中,当然知道个中秘密。仗着自己把得住洋人的脉,他开始有了身为朝廷之才、当为朝廷所用的遐想,千方百计地通过给朝廷命官献计献策,急切地希望自己的名字能被官员们记住,通过这条路,爬上通向天朝高层的阶梯。

---

① 摆摆野人头:沪俚,意为装装样子或骗骗人。

就眼前而言,王韬想到了自己的境况,私下还有点小庆幸。

岳丈林益扶的家幸好在法租界,如果他的家是安在城里的话,他就回不了自己的家,那样的话就只能和自己住,家里哪还有清静的日子过。

王韬和林益扶因为战时居住问题,彼此心存芥蒂一时半会儿还没有解开。这个别扭让王韬心里很不痛快。从道理上来讲,他是自己的长辈,更何况自己长期在他家白吃白喝了许多年,还白白娶了人家女儿,对林益扶应当怀有最大的敬意。但当时是战争期间,那么多人涌进家门来逃命,有个栖身之处已是上上大吉,哪里谈得上舒适,哪里管得了许多。

益扶丈,你也应多多体谅才是啊!

正如预料的那样,因避战乱而在王韬处集聚一年多时间的朋友们陆陆续续离开了,王韬处又恢复了过去的平静。回想这一段时期的艰难生活,王韬感悟深刻,朋友间真的要生活在一起,实际上并不是一件简单事,平时大家接触虽然很多,但都是在行快乐,如果二十四小时贴身在一起,人性中的丑陋之处必然暴露无遗。像林益扶应该是朋友加亲人,如此一招不慎,关系都会弄僵,更不要说没有这层关系的其他朋友。

朋友间应当保持适当的距离,能共甘者众、同苦者寡。

城内恢复的速度有点出王韬意料。可能有借鉴租界的做法,街道和房屋的修复进展极快,没有几个月已经达到了八九成,面貌焕然一新。

一切又重来。王韬有点小期盼。

上海的这些变化,王韬通过信函的形式通告给醒逋。梦蘅虽然不在了,双方的亲戚关系转换成朋友关系,更是笔谈的挚友。王韬所以将上海的情况通告给醒逋,因为他还依稀记得上次回乡醒逋曾告诉他有赴上海的打算。醒逋对王韬在上海的生活十分羡慕,但王韬从没有提出邀请。旧时读书人都爱面子,醒逋婉转地提出自己要求,王韬马上就感觉到了,但上海那时还在小刀会期间,安全无保证不说,进出城是非常麻烦的事,王韬将此事记在心里。现在战火平息,他告诉醒逋,可以来沪一见。

王韬对醒逋的学问很仰慕,他知道自己的学问对醒逋而言只是一个对话的角色,但醒逋竟对上海发生了很大兴趣,这让他有点小得意。

这也反映了当时的实情,知识界比政界更早注意到了上海。

王韬在信里和醒逋百无禁忌、无话不谈,上海外国人的情况当然是重点,上海的民俗也是醒逋想知道的,读书人谈书也是少不了的,包括上青楼、抽鸦片等,王韬也毫不回避。醒逋则经常给他敲木鱼,提醒他注意自己言行,有时不留情面地就在信中指责他的行为。对此,王韬哪里肯买账?必定一五一十地反驳。笔墨官司来来去去,一般都以醒逋鸣金收兵为结束,王韬哪里是肯谦让的人。

除了醒逋,故乡的顾师也是王韬的信篓子,王韬一年中不知要请益多少次。顾师也曾开玩笑地表示,如果自己尚年轻的话,一定要跟着王韬到上海看看。对于上海发生的战争,顾师开始还以为是小规模的,并不以为然,但没有料到延续了一年有余。顾师精于史,熟知历来战争的后果是百姓最难,而现在又多了洋人因素,他让王韬注意洋人行为对战争走向的影响。

王韬发现,顾师绝对有先见之明。这一次,不是洋人出手,战争会怎样呢?

王韬心中对顾师乃是一片崇拜。

城市安定下来了,王韬又可以到处走走。他发现正如雨耕讲的,外人威尔斯的苏州河桥梁建筑公司在英署附近的苏州河上架起了一座木桥,叫"威尔斯桥",中国人称它"外摆渡桥"。

到虹口是方便多了。

王韬付费通过木桥,他望着苏州河与黄浦江的汇流处,心里又想起了胡少文。

十五、马路

上海城外的道路按英租界原先简单的规划为纵七横三,即东西七条道路,南北三条道路,这完全是由租界初期较小面积决定的。当时,王韬还没有到上海,他还不知道纤道路、打绳路等土里土气的名字;等到他到上海工作时,尚有北门路等依着城厢而取的方位路名。

1853年9月小刀会举事后,租界当局以保卫之借口挖了泥城浜,通周泾,使得在这一带新建的第二跑马场和英租界的四周都有河道围护。

小刀会事件触发了所有租界的自保问题。英、法、美三国的官方代表在一起,讨论起将所有租界合并的意向。对此,英、美两国非常积极,法国因为当时无法自保,领事馆和侨民有赖于英军庇护,权且同意。

英国人一直高喊中立,但当清廷默认其挖通了泥城浜和周泾后,作为回报,暂时放弃了中立的立场,在泥城浜附近,允许清军扎营。但英军从骨子里看不起清军,于是在某一事件的触动下爆发了泥城之战,英军与清兵在这里狠狠地干了一仗。

王韬等人也是嫌得事少,心痒不过,相约着来这里过过眼瘾,好在这一段新规划了环马场,其中部分土地已经平整,还比较可行。哪知还没有看清什么,就被哨兵大声喝退。

原先他们更愿意走北门路,或者洋泾浜沿河一带的松江街,那里密集分布着餐馆和古董店,玩着、歇着都不错。但战端一开,他们散步的方向转向更安全的北边,更多的走到了苏州河边上的老闸。

待小刀会事件过去后,当初那些以城厢为中心的人们,在城市凋敝的年代,将目光转向城外的租界。租界沿洋泾浜的临时建筑被陆续拆除,往西一排排新建筑竖起,新的跨洋泾浜的桥梁也在规划中,桥名暂时没有,大家且称为新桥,也就是后来俗称的东新桥。

新的环马场已经落成,花园路一带老的跑马地则被用作商业地块,血淋淋的战争也很快被忘却,人们寻欢作乐,向这里涌来。

西人们健马轻车,快如闪电,在人们身边绝尘而去。那种潇洒,人人羡慕,形成风尚。

王韬岂是心甘落后者,他早就按捺不住了。

王韬更喜欢西方女子丽服捷马的样子。霓裳羽衣,夺人眼目,特别是那飘然而去的仙态令人陶醉。还有那股幽然的香气,每当此时,王韬会深深地呼吸,仿佛在闻深秋中的桂花香味。"洋女人都有这一股子味道。"王韬回想着自己认识的有限的几位洋人女子。

但有时马车从身边疾驶而过,王韬也会受到莫名的惊吓。

偌大的一片场地,尽被他们占用!

王韬踏在这条新路上,喜悦之情油然而生,在这样宽阔的道上行走,他那带病的脚也利索起来。上海城厢的地方,都是小巷小道,如果路面是石板的还好,只要踏准,人行走在上面倒还平稳,而更多的是一小块一小块石头铺成的弹咯路,因雨水浸泡常年失修,人走上去一脚高一脚低;租界也同样,初创时因为所属郊区,所谓的路实际上都是烂泥道。

马路,马路。

王韬反复念叨着。

自从马路筑成,王韬有时喜欢一个人在这里散步,让思想自由放飞。他七想八想,想着自己的未来,想着家庭的安排,想着和朋友们雄辩的情景,想着曾与宝儿等校书的调笑旧事,想着想着,思路又滑到了红蕤身上。

不知道她现在怎样了？

他最近一直陷入这种状态不能自拔。

他边行走、边低吟着，许多诗篇都是献给红蕤的。他在这里反复吟诵，仿佛自己的情感只有在最广阔的地方才能装盛得下，原先在黄浦江滨，现在他更热衷于在环马场兜圈子。

王韬对红蕤的一片痴情，与他对青楼女子逢场作戏完全不同，是一种植入灵魂和骨髓的情感，怎么抹也抹不去。

有情无缘啊！

王韬轻轻地叹了一口气。虽然自己已经彻底地放弃了红蕤，但就是控制不住思绪，红蕤仿佛是他的主宰，想来就来，想去就去，他根本就无法摆脱。

环马场最大的优点就是开阔，你可以整夜等待着，看夜晚月亮运行的轨迹。这种天人互动，中国人和外国人没什么两样，在此以前大家一般是到黄浦江边欣赏月色的。

环马场开张后，附近建造了许多新的建筑，也吸引了不少人来此居住；一些娱乐设施便随之跟进，加之城厢原来的乐土因还在战后恢复阶段，虽然进展速度超出人们的想象，但人们活动中心的北移看来不会改变。一些华人因为战争暂借住在租界，他们习惯了租界后，也懒得搬来搬去，便将租界变自家，把城里的那套生活方式搬移到租界，茶馆酒楼应运而生，依着环马场的弯度快速拔起。

上海贸易量增长了，外国人的来沪船次也日渐繁多，有些船员看出了城市发展远景，借机和船主说声再见而成为租界当局所欢迎的人。城市的人口一直在单向增长，税收让从码头道路委员会转变为工部局的租界市政当局有了很强的底气，有时候领事也不得不让其三分。清廷对于上海租界的态度也有了非常大的变化，从原先可有可无的态度，变成一种关税上的习惯，这从小刀会期间因战争将收税处移到了船上而不愿暂时停止，就可以看出依赖程度。

墨西哥的鹰洋也开始和本洋一起流通了。王韬他们茶酒之余，拿着这些洋钱摸摩比较,掂量着它们之间微小的分量差别。"元"是民间计量单位,不久后上海就以"两"为贸易记账单位。

王韬喜欢这种变化,他留恋老城厢、老朋友,经常入城与上海老居民、上海的大收藏家、私谊极佳的郁泰峰到各处走走。王韬还曾为英国人向郁泰峰借过书。郁泰峰因他在小刀会期间的同情行为被道台揪着辫子,心里不爽。在老友失意时,王韬选择更多地来陪陪他。但这并不妨碍王韬对新的地方和新的朋友的喜欢。他活动的范围更有了变化,每天和朋友都愿意来环马场马路上散散步,看看围绕着环马场如雨后春笋一样竖立起的一个个新建筑,他们问东问西,打听经营何种东西,心里充满了喜悦。

王韬很容易放纵自己的喜爱,更容易放逐自己的情感。领略四周的新酒馆是一种不错的实验,他乐意之至,和几个兄弟隔三岔五地去。新的酒楼有新的佳人来当垆,王韬更有理由去坐坐,和朋友嬉笑地饮酒,任意地三六九评骘。经王韬一行人的哄闹,酒楼客源日增,店家将王韬等人视如神明,无意中完全变为城市娱乐圈的红人。

新的酒楼还用一种很文艺的射虎方式来吸引人,王韬在老家时就与醒通常游戏之。射虎是旧时文人的最爱,大家都以游戏的方式来掂彼此的知识量,有个谜面为"看去有节,抚去无节,两头冰冷,当中百热",王韬思来想去猜不着,壬叔笑眯眯,想来他已猜到。王韬心里痒痒的,一定要壬叔去揭谜底,壬叔说道出后,换来了店家的好酒好菜。壬叔揭谜,原来是日历本。也是奇怪,壬叔的脑筋就是歪的。王韬他们戏称跟着壬叔逛马路喝老酒,兜里根本不用带银子了。

壬叔受此鼓励,将前几天反复打磨吟哦的一首诗献出求教方家:
湖上销魂第几桥,桃花杨柳雨潇潇。
䒑腾醉里春光老,不见当时旧画桡。
大家击节叹赏。

射虎这种玩法,原来城厢里就流行,只不过形式更雅,多为对联。王韬的朋友绿波廊老板宋小坡就偏喜欢这个道道。宋小坡名希轼,太仓人,专门在他的绿波廊搞过雅集,有人出联,请大家对联,以此为营生来扩大生意。王韬当然是他的座上客。有个广东人出"六木森森,松柏梧桐杨柳"一联,其实是一个老上联,据说身在欢场的唐伯虎曾出口"四水㳄㳄,江河湖海泉泽",虽然当时他自己也不太满意,但流传至今也没有新的佳对,王韬他们集思广益,得出下联"一竹个个,笛笋箫管笙篁",也算是比先贤更有进步。所以环马场一带这种斗才华的玩意,只是城里玩旧的翻版而已,无甚新意。

环马场周围店家日多,各种食物也丰富起来。比如茄饼就是一种新食法,把茄子切成片,用面糊将茄片裹住在油锅里炸熟,或在中间夹点肉末,风味独特,王韬最爱。

环马场边的景阳馆,是他们常常光顾的吃茶地方,这家还经营一种江南精致的面食,即在秋季用大闸蟹的膏黄及刚剥出的腿肚肉煸炒成蟹粉放在面条上,王韬食之嗫味。景阳馆附近还有一家万福楼,羊肉煮得顶特①,独步这一带,王韬也是当家老饕。还有馨美酒楼,煮烧的牛肉堪称一绝。江南一带历来多水牛,是耕作农家的重要劳动力,人与牛的关系相当密切,食牛对农村人是最伤心的一刻。王韬从小很少吃牛肉,在朋友陪同下,第一次吃时还是抖抖索索的,但竟一发而不可收。

他们也曾清晨集聚岭南楼。

双弓米,太好了!广东店家的粥煮得最好,王韬拆字戏称之。

王韬开始时不敢吃广东流行的鱼生,而朋友则吃得带劲,有几个郎中朋友认为此种吃法欠卫生,也和王韬一样作壁上观。连续去了几次后,王韬也试着吃吃,一尝倾心,鲜得不行。

喝茶也是他们日常功课。

广东人被赶出城里后,大量进入租界。当初近黄浦江的租界旧地早就容不下那么多人,他们将目标指向环马场附近的新街,在那里

---

① 顶特:沪俚,意为最好、顶好。

绿波茗谈

绿波廊为西园（豫园）附近的茶楼，曾被园主宋小坡一度改名依绿轩。王韬一生与朋友在此吃茶，并多次劝园主改回原名。茗谈是王韬和朋友们交际的重要的方式之一，也是他在上海的主要生活状态。

季平、杨建勇绘，《上海爷叔》系列作品 4

开了许多粤餐馆,茶水和王韬他们原来的吃法很不同,王韬也图新鲜。广东人的食谱非常杂广,其中有一项就是食鸽子。为了表示食物的鲜活,餐馆将鸽子笼放置在门口,原想吸引宠信食客,但这让一些上海人受不了。王韬有个信佛的朋友一次将笼内的十八只鸽子尽数买下,寄放在壬叔处准备放生,不料第二天壬叔发现一夜间尽落黄鼠狼之口,呜呼哀哉,只能和朋友打招呼认赔。朋友原来就是阿弥陀佛之徒,罪过罪过连连。

朋友尹松期在环马场边上建一幢四层楼的房子,登上楼顶可全览环马场,风景一边独妙;中间设有茶室,因为安排有年轻靓丽的校书,成了王韬经常喜欢光顾的地方;地层设了一家刀铺,其中以日本的倭刀最有特色,王韬最喜欢。王韬想起朋友也曾赠送过刀,某次在家找出带来一比,这一比,将整店的刀品都比下去。从此王韬对日本刀的态度有了根本改变,也知道只有比较,才能分出东西优劣。

王韬带着朋友一批一批来访尹松期处,令周围店家瞩目,也有样学样地引入校书来招揽客人,一时风气大变。妓业从书寓等而下之,不安于青楼而出入于娱乐场所,大概滥觞于此。

除了这些,国外的一些新鲜玩意也在这里生根落户。蜜蜡击球房王韬和朋友们都去打样过,但不知玩法,一来二去大家都乏味了,倒不如看看洋人玩,他们会弄出一套一套的花样。秋千的架子也在环马场竖立起,大家一起去颠,晃晃悠悠的,洋妹子笑着给他们做示范,颠得老高老高,裙袂飘飞,看得一群人发呆,其中有一个正人君子突然双手捂脸,嘴中念念有词:非礼勿视非礼勿视。大家哈哈大笑。

王韬的朋友也是来了一拨去了一拨。应雨耕要去伦敦了。他近来也不知道什么原因,心情沉闷,只有茶酒,话语也见少。

王韬也不问。

朋友间就是这样,可以一起吃茶饮酒,可以大声争论,可以低语倾述,可以各自闷坐各想各的心事。

在环马场,王韬又结识了一批新朋友。

十六、新友

上海开埠十多年以来,一直有外地人不断涌入。有些人是因为战争而逃到这里,有些人则是慕上海盛名而专程前来,也有些人是被人群裹挟而至。在这些人中,有早就登第进仕金榜题名者,也有纯粹贫寒四处流窜的草民。王韬也不分厚薄,收获了许多新的友谊,甚至还和其中一些结成金兰。

黄春甫和他的兄长是1850年到上海的。春甫当时年尚幼,主要在教会所附的学校读书,为十七岁的超龄生。四年后出了学校在医院开始帮杂,耳濡目染,后来跟着学习西医;英国医生合信来上海期间,见他好学聪明,也有意教他一点新的医学知识,带过他几个月。他基本的活动范围就在医院,由于医院、教堂、墨海书馆都在一个圈子内,他空余时间就会到墨海书馆看看老牛曳动印刷机,很早就与比自己大六七岁的王韬相熟,并尊称其爷叔。王韬也喜欢春甫,他会给王韬带来许多新鲜的话题,讲述医院里发生的各种各样新奇古怪的事;王韬也会将自己的人生心得,和春甫讲解、交流,一如当初林益扶和孙正斋那样,但绝不提及译书的内容,春甫其实是知道的,但彼此都不去触动这一块心事。

春甫有时很羡慕自己的兄长,长得足够大,能经常跟随王韬他们一起入城游玩。只可惜自己年纪小了点。

但王韬爷叔并没有冷落他,还将心爱的印章赠送给他。春甫不懂篆刻,但在一旁看着王韬等人把玩石章就感觉羡慕,更何况这些石材被打磨得滋滑润透,别样的致美。

所谓的带你玩不带你玩,对于一个尚未成年的人来说,是很大的一件事,春甫一直都是很在意的。他经常暗想自己快快长到足够大了,能随爷叔入城去。这会是哪一天呢?

实际上这天并不远。

春甫的兄长结婚了。王韬他们当然前去贺喜。王韬的礼物是红绸包裹的,虽小但显得有些沉重,春甫的兄长捧在手上就知道是什么,春甫也知道,但一旁宾客看着猜不透,深深地担忧自己是否随礼轻了。王韬和春甫兄弟目光交集,大家会心地笑了。

春甫的心,被某种高尚所感动。

春甫的兄长结婚后,王韬终于带着春甫进城了,这就意味着春甫可以和他们一样吃茶喝酒了。春甫对城里的东西样样有新鲜感。

几番茶酒巡礼,春甫让王韬感到十分贴心,爷叔长,爷叔短,王韬非常钟意这个小跟班。王韬在安排他进入社会时,一直在犹豫:是不是到了顾师带他的绮游时刻?王韬试着带他到三牌楼四牌楼走走,到旧相好校书那里,校书也是个识相的人,虽然见了自己的恩客有些激动,但她见王韬身边有个俊少年,她会心地一笑,没有像往常一样孟浪。

王韬感觉自己在完成某种使命。

王韬借着这个机会,想让春甫看看学学吃花酒,也让他真正成人。这一想,王韬简直觉得自己就是顾师的翻版了。

校书的精室装饰让春甫看得目瞪口呆,这样豪华的地方,他过去从来没有接触过。桌上备了四样干果,还有一种削了皮去了籽的雪白色的瓜,被一片一片整齐轮转在果盘里,看得出室主人的精心和细致。

这时,校书才显出了职业的妩媚。

春甫看见她倚坐在王韬爷叔的身边,用纤细的手指轻轻地揉摸着他的衣料,脸凑近王韬,近似耳语般地说话。

春甫像是触了电一样,将眼光移开。

春甫这样的青年跟着王韬那类的爷叔玩,男女间的事知道得不会晚,所以春甫的婚事在不长的时间后也被提上日程。

但春甫毕竟是年轻人,到了上海开过眼界的,况且他还在教会的医院工作,分分秒秒的宗教氛围使得他早早就入了基督教,结婚时腔调就与其兄长完全不一样了。婚礼布置在虹口的新教堂,由于春甫在洋医院工作,前来参加婚礼的洋人特别多。婚礼由美国教士裨治文主持,教士的夫人则在一旁弹着琴唱着圣歌。裨治文夫人王韬也熟识,1850年4月15日曾在老城厢西门附近的白云观设立过裨文女塾,是为上海最早的女校。裨治文属于美国教会,与春甫所属的英国伦敦会分属不同教派,裨治文又和麦都思在教义理解上有较大的分歧,春甫为什么要和美国人搞在一起?王韬弄不懂,也不敢问春甫,怕他一说就刹不住车,春甫对宗教的热情王韬领教过。后来王韬才知道,春甫新娘沈姑娘是裨治文夫人教会学校的学生,小刀会时期沈姑娘成了孤儿,是夫人将她收入学校的,所以春甫的婚礼除了完全按照西式的仪典进行,又以女方为主,由美国教会出面主持。

那天,王韬拉着新朋友管小异早早赶到了虹口,王韬在墨海书馆工作时间长了,对西方的宗教婚礼也有兴趣。

王韬他们是第一次看到中国人在教堂举办婚礼,也只当作西洋镜看:裨治文穿着牧师衣冠北向而立,身前有一个半高的长桌,上面放着婚约文本,新郎新娘并肩而立面对牧师,两边还有男女两傧相,牧师依婚约文本条约一一询问,由傧相代为答之,然后夫妻两人相互揖拜,牧师宣布两人为夫妻即成,婚礼非常简单。

和小异真的不同。

此刻王韬没来由地突然将他们与自己新结识的另一个年轻朋友、随他一起参加婚礼的管小异相比较。

春甫在洋人医院真的学到了一些本领。他并不局限于某一科,而是能学啥就学啥。朋友们患了红眼病、痔疮等,都找春甫医治,效果非常好。

王韬本人也热衷于岐黄之术,和他讨论过种牛痘的问题,春甫根据自己的经验一一道来。

"今年国外进来的牛痘浆种,因为时间过长,全都失效了。"春甫告诉王韬,显得有点惋惜。

洋人来中国的,过去都种过,但失效的很多。是否牛痘的办法不可靠?

"不是牛痘不可靠,而是他们当初在本国种的都是人痘,如果当初就种牛痘肯定不会失效。现在国内通常都用牛痘了,但是牛痘种是有有期效的,浆种制成后只有十天之内有效。"

春甫还抓住王韬手臂比画给他看。

"要先在臂上割破一点皮,见血了敷上牛痘浆种,两三天后即出一两颗痘,结痂了就好了。可以终身防止天花病。"

你确定现在用的是牛痘?

王韬虽然这样提出疑问,但他知道春甫是很持重的人,没有把握他不会轻易讲出。春甫朝他点了点头。

春甫学到真本事了。

王韬心里一阵高兴。王韬在洋人那里工作了多年,他深知洋人的优劣处。如果中国人都像春甫那样掌握洋人的优点,那么我们还怕洋人什么呢?王韬顿时有一种深入虎穴的豪情。

春甫年轻,也有血气方刚的一刻,有不平之事,他都会到王韬那里讨教说法。

"爷叔,"随着年龄增长,春甫还是按着原来的习惯称呼王韬,"近日有洋人抓华人到国外做苦工,大家相传此事。但官府没有采取任何制止的行动。"

近期洋泾浜一带确有人被拖上游荡的外国舢板,欲带至外洋做苦力。一时人心惶惶。大家过洋泾浜桥梁时更是结伴而过。官衙不见有动作。

王韬听了有所警觉,他马上打住春甫的话头。

这可能是故意散播的谣言,想乱中滋事。

其实王韬也早就有听闻,停泊在吴淞口的"吉尔楚得"就是专收苦力前往哈瓦那的,官衙已经采取了一系列动作,只是因为涉及外国人,总是忌殚三分。但王韬不愿意让春甫涉政,一踏入这个泥淖,好容易培养成的自己的医生,就再也不会有更好学习的心思了。

只要春甫不涉及政治,王韬对他在其他方面的发展一概鼓励。这不,春甫又对摄影发生了兴趣,王韬自己充当模特,但照出来的相,人脸和衣服都模糊不堪,王韬为他请来了壬叔加以指导。当时上海摄影技术最好的是法国人李关郎,林益扶曾请他照过,连眉毛胡须都煞了清①,只是要价太高,也只有林益扶有钱能尝试。王韬只闻到一阵强烈刺鼻的酸味,其他什么都没弄明白。好在有壬叔在,他正在翻译《照影法》,能一五一十地讲出一些道道。当时能玩照影镜的都是有钱人,春甫能玩,说明经济实力已经不错。混在王韬等一班爷叔们的圈里,春甫也学到了其他许多知识。王韬曾带他到黄浦江滨,夜半听葡萄牙人谈彗星知识,使春甫在知识层面上有了宽度。

春甫有时也学着爷叔们的样,仗义疏财,请请王韬他们。上景阳馆吃蟹粉面,他们一群乐此不疲。

春甫在医院的老师合信医生因身体不佳欲告老离沪回国,赠留给王韬和春甫许多书籍,友情深厚。当黄浦江边挥手道别时,王韬心头一紧:从此不知何时再见!人生聚时容易,别时伤感。看看边上的春甫,也泪眼婆娑。

合信是西人中厚道者,医术又精良,王韬腿脚的老毛病在他医治下好转了不少。

合信离开上海后,留给美国教士的书,后来竟被卖到日本去了。

---

① 煞了清:沪俚,意为非常清楚。

对于这件事,王韬和春甫都非常自责。合信留下的东西,教会完全采用西方的拍卖方法,当时王韬和春甫兄弟的目光都落在了其他实用物上,他们在橱架和肩舆上杠上了,最后还是王韬让了步。当回过神来,合信的书已落入他人之手了。日本人对于知识的渴求早已漂洋过海了。

在王韬与春甫的互动中,管小异经常是最佳见证者,或者说,是直接参与者。

管小异是金陵来的逃难者。太平军占得南京城时,管小异随家人一起逃到苏州,后随牧师艾约瑟来到上海。但他不是普通的逃难者,而是名门望族冯桂芬的学生。管小异的父亲管异之为桐城姚鼐弟子,以文章著名,与邓廷桢同门,其去世时是邓廷桢出资将他遗文集中刊刻成书的。当时小异只有九岁,赖得主试江南的陈石士侍郎恤以千金,才使小异能继续学业。小异的文章也不差,其姐因陷南京而没能逃出自尽在家,小异撰写了详情,使得世人为之掬泪。

小异因随艾约瑟来沪,也入伙墨海书馆,始与王韬他们相识。他懂得医术,合作的对象为合信,两人共同翻译过《西医略论》《内科新说》《妇婴新说》。

小异同王韬投机,相从过密,在平时吃茶饮酒间,交流过许多太平军进入南京后的秘闻,对自己险中脱身也有详细的描述,使得王韬对太平军有了初步的了解。

当初太平军攻打金陵时,用的是地道法,官军猝不及防。小异他们自行武装起来想自守,但根本抵抗不住,早先一起办团练的十个人,只小异独存。城内的一些幸存者向外逃脱,留下者被太平军分成几个部分,壮年的当兵打仗,十五岁以下六十岁以上者分在牌尾馆,其他及病弱者则分在老民馆。小异开始也混在老民馆,后来被发现有才气,令入军中担任书记员,小异几次外逃被抓,每次都遭杖棍伺候,痛不欲生。后来军入安徽,在舟行湖上经过一片芦苇时,小异潜入其中,终于逃脱。更幸运的是,小异全家分散在各处,除了姐姐,最后竟然都活着团聚,真是奇迹。

小异在谈说这些时,显得超出常人的老练与平静。也许是战争的残酷性早已使他麻木。王韬安慰说,是老天让他活下来,为了让他将这段历史告诉世人。

王韬经常约小异、壬叔等一班书馆的华人朋友相聚,借聚的理由有很多,像王韬母亲生日、重阳节等都是相聚的好日子。聚餐最简单的就是弄点熟食或值秋季搞点螃蟹来下酒,有时只需一包小蟛蜞。奇怪的是小异并不好酒,但知道许多酒的名堂,也不知他从哪里学得的,真是一个谜。

洋泾浜在进黄浦江外口新造了连通英法租界的外洋泾桥,小异带着王韬去观看。他如数家珍地向王韬介绍了建桥的木材是从新加坡运来的,新桥建后法租界也将建一条漂亮的临江道路。王韬惊讶地发现小异的信息量远远超过自己这个"老上海"。小异告诉王韬,他在与洋人接触的过程,随时能获得大量的新闻,法租界早就急着要架桥,无奈资金有问题而受制于英租界,新近他们在道台处敲得一笔竹杠,又获得了从金陵逃难来沪的劳力,所以一下子就将桥搭建成了。王韬望着连贯一通的临江道路,心里有说不出的滋味。他知道英法美早就有租界合并的倾向,苏州河上架桥,洋泾浜上也架桥,从道路交通上,上海将成为一个整体,这对上海来说到底是福还是祸呢?王韬担心着他心心念念的老城厢在上海的地位。

无聊时,王韬也学着当初顾涤庵师的样,常带着小异征逐花间。小异和春甫不同之处是他不拒绝,也没有任何不适。有时空闲,他热衷于返回苏州邓蔚,回来时,会和王韬谈论所闻所见,王韬能从中得到大量信息。小异有大量书友。一次他说自己用《骈体正宗》与友人换《李义山诗笺注》,王韬听了说自己觅了好久都淘不到,小异马上将书送给王韬。真是个好兄弟。

住虹口的美国人裨治文邀小异翻译了裨治文自己编写的《亚墨利加志》后,进一步要求小异一起来译《圣经》。裨治文就是春甫结婚时的证婚牧师,和王韬、管小异都算是一辈人,裨治文在华的经历极其离奇,只是王韬不曾了解罢了。他比一般的传教士要更早地来到中国,担任过林则徐的翻译,是虎门焚烟的亲历者,也做过美国公使译员和秘书,参加订立《望厦条约》。1847年6月从广州到上海,与麦都思等成立一个重新翻译圣经的委员会,但其后由于与英人理念相左,各奔东西。他单独行事,希望找一个华人伙伴参与,此刻他的身份是亚洲文会会长。

但是,小异以基督教教义悖于儒教而坚辞不往。

"我们入孔门的人,无力排斥异教也就算了,怎么可能再亲手执笔,为异教作不根之论著,使其在中国流播!"

小异也是性情中人,说起话来全然不顾王韬的感受。

王韬深受刺激,在这里佣书洋人,早就越过了儒家的红线。其唯一的借口,就像其他工作的打工者一样,只为衣食罢了。

王韬为自己辩护,译书人只是按书的原意涂饰词句,又不是我们自己的意思,其与孔儒之教相悖否,与我们没有关系。我们心里也是很难受的,哪里会全心全意,不过是随手涂抹罢了。

小异听了此言,仍然坚持己见:"我到西馆来工作时,一个月有十五元的进账,但有的前辈就说我是贬价屈节。我来这里实际上是为了学习西方的学问,但前辈说得也对。人本身应该怎样定位呢?因为稻粱谋而随便什么事都做,就是跌价。所以有关基督教的书籍我就不参与,守住我心里最后一块纯洁的地方。"

没有想到小异竟将此事看得如此之重!

王韬自叹弗如。

自己当初佣书西馆,何尝不是为了一家生计,也没有人帮着衡量其中的利害得失。往日不可追,今后也得留一心眼,该脱身的时候一定要下决心脱身,回到故乡,弄几间屋,搞几分田,过过神仙日子算了。

王韬的每个新朋友,都会给他带来不同的影响。

久负诗名、年过五旬的镇海人姚梅伯此时与王韬在沪相识。梅伯名燮,有浙东杜甫之美名,博学识,多才艺,诗、词、骈文无一不通,经史之学造诣亦深,善绘画并且有高强的鉴赏能力,因时局动荡而流落上海鬻画售文,他的画名更胜诗名,只是上海知者甚少。早年他与《海国图志》的作者魏源也相善。王韬与他交结时,梅伯曾赠与他青花白地的挂瓶,虽然只值四十文,但王韬非常喜欢。

王韬结识他,有高攀之嫌;从年龄来讲,也相差一辈。两人交结的场面一般都是梅伯的话声,王韬只有陪席的份,但这并不妨碍自己的心情;谈诗文论画艺,梅伯绝对是大场面先生,王韬津津有味地在一旁恭听。

壬叔也常随王韬邀梅伯吃茶论酒,听他天南地北胡侃胡奏,绝有趣味。壬叔最近迷着一位校书,与王韬稍疏联络;但只要听得梅伯来临,必拱手相来,恭敬如仪,不愿意放弃难得的亲聆机会。

梅伯是一个情趣雅者,酒海量,长鲸吸百川,来者不拒,可以从白天一直到深夜。有一次兴致不减地还带着众人回到自己的寓所,特地拿出自己的《苦海航》画来让大家品鉴。王韬于字画也略懂一二,见之惊叹不已。梅伯实际上早就诗名在外,不拿诗文出来示人,却示画卷,是因为他自傲诗文独步无双,上海哪里有谈论的对手,还是给你们看看画吧,你们哪里知道。他骨子里的傲气从他的行为中暴露无遗。

在一帮崇拜者的簇拥下,经常可以在酒楼看见梅伯高谈阔论的身影,他带有浙东宁波一带硬石语腔震得屋顶瓦爿也会响。但说起在浙东老家一带的狎邪之游,他也知道要放低声音,眼睛却放着光。

"在宁波,哈哈,没有一天不是在花楼上度过的,那可真是丽人如潮。"梅伯也是一代名士做派。

王韬被他吊起了胃口,目不转睛:真像顾师!这辈人的爱好真是一脉相承。

"许多名姬艳姝都愿意为夫子作妾。"梅伯得意扬扬。

姚梅伯也是真真假假一片酒语。他的妻妾有三位,在当时还算是没出格。但他不知道自己的话对周围的晚辈产生了巨大影响。王韬羡慕不已。在上海,使王韬像这样处于迷弟地位的人,除了梅伯,应该没有第二人了。

原来这就是文人应有的生活。

梅伯的桌上之言,成为王韬热衷的生活范本。顾师已经将他带上了这条路,梅伯更为他树立了极致榜样。

王韬的思念又落到了红蕤,当初红蕤曾答应做自己妾的。

自从两人分手后,王韬常常会回忆起他们在笙村幽会的情景,内心就难以平静。他将他俩的恋爱经过,专门写了一本日记,以志纪念。红蕤的亲笔信王韬一封一封都保存着,那时接到红蕤的信王韬像是过上节了!他往复来回不知读了多少遍,才认认真真地提笔写一封热情的回信。

好久没有接到红蕤的信件,王韬会想象着红蕤的口吻,痴痴地写一封热情缠绵的回信,让自己高兴高兴。

王韬给孙正斋发过两封信,重申了自己想在笙村买田置屋的旧言。实际上,他还在试探红蕤这件事上正斋的态度是否有变。正斋对王韬至今不死这条心十分惊奇,女儿已嫁人如此久了,他还惦记着。但回信时还是今天天气哈哈哈,不接他的话头。这已经是泼出去的水,哪里还能收得回。

唉!当初如果收了红蕤,说不定自己现在已经有儿子了。

王韬无尽后悔。

周弢甫是王韬初到上海就认识的前辈朋友,但人不常在上海。过了几年后沪上又见他的踪迹,与王韬一起征酒逐歌、放浪不羁,成为无话不谈的朋友。弢甫早年曾入林则徐幕下,职历深厚,谈艺论兵咏诗无一不精,是酒坛上的最佳伴友。但弢甫并没有在花花世界中彻底迷失自己,而是时刻在为再次入世作准备。他有心机,但决不对朋友耍心计。他最大的成功是将其内弟赵烈文推荐至与太平军决战的曾国藩幕府中,他自己也凭着对洋务的精通为曾国藩所倚重。这对王韬的震动极大,王韬再次暗暗称赞顾师。但是殁甫的官宦生涯并不如意。他在江西办军粮竟亏空了五万两银子,实在辜负了曾国藩。而曾国藩本来已向上举荐他,此事一发,只能隐忍不言。殁甫此后回苏州木渎生活一段时间,又入江宁军营,年有巨俸,但他还是急公好义,撒金如土,钱全用空。

与王韬相识的还有龚自珍的儿子龚孝拱。

孝拱,名公襄,生于上海。他的出生有传奇说法。龚自珍中年乏嗣,其夫人入庙求子。初进寺门,见韦驼箄身扑至,惊悸不敢进,回家后便有孕在身。孝拱将出生的那一天,龚自珍恰在外地,见一龙头人身者潜入其房间,但又找不到踪影。过了几天突然得到家里的书信,说是那天夫人生了一个儿子。

孝拱出生时哭声很响,有薄膜蒙其面,剥去后才让人看清他的面目。出生后几天,有一僧人登门求布施,但给他金钱和食物他都不接受,说是只愿看一看新生儿,家人都不搭理他,他仰天一叹:"生非其时,出非其地,惜哉!"

孝拱长大后,多次自行改名字,而且越改越奇怪。他深谙经术,精于小学,极喜欢杯中之物,和王韬相识后常常每晚必见面,中外古今高谈阔论,然后就是谈酒论酒吃酒。孝拱认为饮酒者必须先知酒,上海绝无佳品,所以孝拱吃的酒都是从杭州运来的,味极醇厚。王韬试过,真是绝佳美酿。

龚家世代望族,高门大姓,家中藏书极富,许多书连四库全书中都不曾收入。孝拱从小在这样的家境里熏染,识广见多,满肚子都是学问。连他所写的出局条子,也有校书愿意收藏裱制装潢,王韬笑称可与名家愿意为马湘兰[①]的行李单装裱作序一拼。

孝拱长大后随父亲宦游,在北京住得最久,能认说其他民族的文

[①] 明朝秦淮名妓。

字,极具语言天赋。在京时与杨墨林相识,曾打算一起将许多少见的书籍重新刻制出版,最终没有结局,也不见他失望。

孝拱对于进仕之途了无兴趣,整天冷言寡语,不喜交际,见到人多的场合避之不及;擅长案头工作,平时爱喝花酒,看见王韬所写的冶游之书兴趣浓厚地笑问,是否可以按图索骥。他常拉着王韬一起上青楼,校书短歌琵琶,孝拱吹笛和之,也成佳话,一时让王韬羡慕不已。对自己喜爱的校书,孝拱一掷百金,眼睛都不眨。由此家道中落,郁郁不得志,家居无钱粮米时,只能以典当度日。

"我劝天公重抖擞,不拘一格降人才。"名家之后的孝拱有极好的天赋和家传,但是,后来可惜了。

王韬深深地被朋友折服。眼看自己最好的朋友平步青云而自己还在一个奇怪的地方庸庸碌碌乞食,内心真是五味杂陈。

杨墨林,名尚文,字仲华,山西灵石人。嗜收藏,好刻书。他设的澹静斋,道光年间刻成《连筠簃丛书》,凡十三种一百一十三卷,内容涉及声韵、史地、物理、数学、金石等方面,当时产生很大影响。杨墨林家底深厚,在北京设有当铺七十所。他交结广泛,与郭嵩焘、龚孝拱等相知相识。此时他也与其弟游历沪上,与王韬一见如旧识,订下了金兰谱。

杨墨林出手大方,有北地人豪爽的气派。酒楼鲸吸,茶寮茗谈,只要他在场,解杖头钱一定是他了,也是王韬等人愿意和他交结的原因所在,当然,来而不往非君子,王韬也送过他一个有年份的石菖蒲盆。

王韬认识杨墨林与当时在英署从事翻译的龚孝拱也有一定的关系。王韬来去英署熟门熟路,特别是管小异有段时间也在英领馆帮闲,王韬经过会去看看小异是否空着,而小异是不管有空没空,即便是忙着也会跟着爷叔到黄浦江边去透透气。有时其他人也会同行,龚孝拱也就这样一来二去地和王韬有点面熟。而真正引见两人正式相识的是广东人胡寄圃,两人都等着这一机会,一见如故,把手言欢。

高官郭嵩焘来过墨海书馆,认识了王韬和李善兰,留记在他的日记中。徐君青也来墨海书馆观印书,与王韬相识,并请王韬介绍慕维廉和韦廉臣与之相谈。徐君青升任江苏巡抚后,对王韬来的建议一直欣赏,曾给三十枚吕宋银元以资鼓励。

　　画家胡公寿,华亭人,号瘦鹤、小樵,别号横云山民,此时也到上海城厢落户,其长王韬四岁,与王韬结识后,茶酒数轮,即为诗友。公寿为人四海,即邀王韬入城西住所赏画。王韬登门大惊,公寿原来非但诗词清练隽永,有根有底,而且书有法度,画品非凡,令王韬沉湎。从此王韬夜里常来他家茶酒长谈。王韬年龄虽比他弱几岁,但对上海情况比公寿了解更甚,公寿也十分愿意听他侃。一日王韬直言,称其画品应在姚梅伯之上,公寿闻言连称不敢不敢。公寿问上海是否有可塑之才,王韬推荐自己认识的年轻人中有几位可以提携。公寿大笑,称英雄所见大同,已经相识并指点过。

　　对王韬来说,这些朋友来去如流星。但通过他们,王韬知道世界真的很精彩。王韬尚未料到这群人今后对中国会产生多大的能量,自己又会在此中积累到多少人脉。他只是在默默地交结着朋友,有些握手而过,有些相欢有年,更有些,则生死与共。

十七、洋人

清季以来洋人来华年有增多,所提贸易要求也越来越高,清帝国不胜其烦,将贸易范围限于广州十三行;五口通商后则以租界地圈之,但仿佛无力也无法禁止外人散漫的脚步,后来眼见得四处漫溠。

王韬在上海洋馆工作,不管愿意还是不愿意,总要认识许多洋人,而最早结识的就是麦都思——王韬与他父亲共同的洋同事。

麦都思一家和管理医院的雒魏林原来都在马来亚一带活动,很早就来到中国广州,上海开埠后便来到了老城厢附近开设印刷机构。没过两三年,发现原来的地方太拥挤工作施展不开,而英租界即将设立,地广人稀,有很大的回旋余地,于是迁至英租界内,后又通过交换置地移至西界线外,雒魏林的医院也从南门附近迁至,双双设立了墨海书馆和颌医院,两人名义上是分别管理,但因为同是教会产业,你中有我,我中有你,外界人根本分不清。后来两家间设立的老天安堂却无意中透露出共属伦敦会的秘密。

麦都思是一个忠实的传教士,来中国后也不管不顾什么中国法令,一有机会就要传教,连租界当局不准在界外过夜的命令也当耳边风。他是"青浦教案"的主角,那时王韬还在乡下教书呢。通过四处的传教活动,他结识了许多中国人,王韬的父亲以及早先在墨海书馆后来在北海关工作的费廷培都是他在传教时相识,后带到上海来工作的,王韬来沪探亲时与他相识。应雨耕从香港到沪,是带着当时在香港的威妥玛的介绍信找到麦都思的,也是在麦都思手上入教的。

王韬对麦都思很感恩,但和他在一起又十分地不习惯,他那清教徒式的生活方式令王韬避之不及,王韬的身上早就烙印上了名士做派,对麦都思的宗教采取机会主义的态度。但无论表面还是内心,王韬对他真正用得上"敬畏"两字,对他的行动敬,对他的思想则畏。上海城厢小刀会举事时,战火遍燃,但他和慕维廉不顾危险还是要求王韬陪同外出布道,乘船溯黄浦江经老城厢的东门,行数十里到周浦塘,经闵行镇至松江,再到周庄,由屯邨登岸布道并分发《圣经》;后再经同里,出花泾桥入太湖直抵洞庭山,游苏州东山,登临莫厘山最高峰,一路传播他们的宗教。对他们的宗教王韬兴趣不大,还总有一种内疚,认为自己在助纣为虐。

麦都思也感受得到,所以后来去湖州天目山游览兼传教时也不再勉强要王韬陪伴。麦都思希望用宗教的力量感召王韬,但要拉这个浸淫在自己精神传统中的小伙子入伙是相当难的;然而麦都思绝不会放弃,他的词典里压根没有这个词,另外他的翻译工作目前也离不开王韬。

麦都思和王韬翻译《圣经》时,也顺便从王韬那里学习到了许多中国古代历史知识。西方人精于逻辑归纳的优点竟让他在《中国的现状与展望》一书中总结提出中国人的三大发明——航海罗盘、印刷术、火药。王韬早在他出书前就知道,并佩服得目瞪口呆。而实际上,西方早有人得出同样的结论,麦都思的这一结论应该源自彼时。

麦都思对太平军比较热衷,《北华捷报》一段时间连续刊登有他翻译的《天条书》《天命诏旨书》《天父下凡诏书》和《太平诏书》等,并发表了对之评价的《太平军述辞》,可见他无法自拔的关注态度。

1856年秋季,在外生活了几十年的麦都思经过长长的归程,冬季才回到英国,但回国后仅三天后便去世。消息传来,王韬哀伤不已,如丧考妣。

当时麦都思整个家庭实际上都在中国,身边除了夫人和女儿,还有一个儿子麦华陀是搞翻译工作的,《南京条约》订立时,他是英方重要的翻译官。麦华陀虽然不常在上海,但每次到上海,总愿意和王韬谈论谈论。1843年11月,麦华陀作为英国驻上海领事巴富尔的翻译来沪。次年,着手筹办上海第一块外侨墓地——可能就是离麦家圈很近的山东路外国人坟地。他曾参与有关商定《上海土地章程》和划定租界界址的谈判,是最早一班英国人中的上海通。1848年,麦华陀升任英国驻厦门代理领事,1850年赴香港任驻华商务监督署汉文正使,1854年奉驻华公使包令之命探访过太平军控制下的天京(今南京),同年任驻福州领事。

来华的麦都思身边常见雒魏林的身影。雒魏林,也有人叫他雒颉,或者干脆按他的英文发音叫他洛克哈德。1838年7月31日,他随麦都思及其家人搭乘乔治四世号轮船启程前往中国,是第一位来华的英国医生传教士,比美国人伯驾医生稍晚了几年。船行途中时间非常长,雒魏林在麦都思的悉心指导下,努力学习中文,到中国时竟然能初通语言。他和麦都思一同随英军到上海传教并行医治病,最擅长眼科。雒魏林作为医生,认为鸦片对人是有危害的,英国政府发动鸦片战争来支持鸦片商人的商业利益完全是非正义的。但对于鸦片被禁止上岸而只能倾入海中,他又感到无限可惜。他的逻辑思维真是令人难以捉摸。

更难令人理解的是他的行为。第一家西式医院搬到麦家圈后有了很大的发展,救死扶伤,甚至免费诊治,一切看来是那么美好。但1848年3月,他和麦都思等教士到青浦传教,与当地漕运水手发生冲突引发了"青浦教案",起因是雒魏林用手杖打了当地的水手。雒医生出了医院脾气性格都变化太大,连一般的礼仪都不顾了,给人留下一个极差的印象。

"青浦教案"直接引发了上海道台换人,由稍稍知洋的广东商人吴健彰也就是洋人称的吴爽官替代了咸龄。

小刀会时期不知什么原因雒魏林充当了一个重要的说客。西方人血液里的冒险精神,那一天突然在他身体中沸腾。1855年1月,他和大胡子伟烈亚力冒死进入上海县城去劝降。到了小刀会点春堂的司令部已是半夜两点,他们满怀期望带来了投降免死的最后通牒。但没得到任何响应,在持续了很长时间却毫无作用的情况下,他们只得自认失败悻悻地退回租界。他从此知道,中国人中还有些人是为了信仰宁可丢弃生命的。

雒魏林收了许多中国学生,黄春甫就是其中最成功的一员。1857年12月,雒魏林离开上海返回英国后,春甫才跟了新来的合信医生。对于雒魏林医生,王韬由于得了他许多好处,春甫也因为是他的学生,他们都不愿意与别人谈他打人的过往。

慕维廉比王韬长五岁,是神学博士,墨海书馆开在麦家圈后才到上海。他并不是墨海书馆的正式成员,而是一个严格意义上的传教士。王韬和他有很深的交谊。慕维廉愿意接触中国人,洪仁玕、容闳、郭嵩焘、徐君青等来墨海书院参观或暂居,他都客客气气地用洋酒、松饼招待,其中隐含的宗教精义只有他自知。他和麦都思几乎形影不离,他和蒋剑人合作的重要翻译著作就是《大英国志》。在有关中外异同的论道时,与王韬作长篇交流。麦都思离开上海后,伦敦会传教的重任都落在了他身上,王韬和春甫经常看到他清晨就入城中布道。王韬回乡参加科考时,甚至还看到他在乡里布道,王韬只得避而不打招呼。但他对王韬常怀爱心,带回好吃的芦橘等总不会忘记相赠之。

戴雅各也是相对后一点时间才到上海的。对他的底细王韬不太清楚。但1854年秋季在小刀会成员进入法租界的紧急关头,王韬只能狐假虎威,拉着莫名其妙的戴雅各驱赶,一来二去,两人有了来往。1855年阴历二月,王韬和城中耆老郁泰峰一起在戴雅各那里第一次看到了神奇的事件:戴雅各用杯子盛水,将一种奇物放入水中,水立刻变色,以显微镜观察,一丝之物变得大如拇指。戴雅各告诉王韬,此为化学。

墨海饼酒

墨海书馆为近代上海第一家现代出版机构,坐落在麦家圈,即现在山东中路近福州路一带,主持人为传教士麦都思。近旁为仁济医院。晚清大员多有来此考察,洋教士以松饼和洋酒待客,其中含有的宗教意义,只有一旁陪同的王韬深知。

季平、杨建勇绘,《上海爷叔》系列作品5

这是一个特别的人。王韬怀疑此人擅长西方巫术。

艾约瑟比王韬大四岁,1848年被伦敦会派来中国,9月到上海,为伦敦会驻沪代理人,先协助墨海书馆麦都思的工作。1856年麦都思离任回国后,他继任墨海书馆的监理,主持该馆的编辑出版工作。他还是上海文理学会秘书。其后与李善兰等合译《格致西学提要》《光论》《重学》等书。艾约瑟和太平军的关系有点密切。

艾约瑟的兴趣很广,具有卓越的语言天才,他掌握的语言有英语、法语、德语、拉丁语、希腊语、希伯来语、波斯语、梵语、汉语、苗语、日语、满语、朝鲜语、藏语、蒙古语、泰米尔语、叙利亚语等。他曾帮王韬的朋友购照影机,并教他们使用的方法。他和其他传教士一样对游历有种变态的爱好,曾拉着王韬到过龙华。龙华地处上海西南,沪城八景中龙华晚钟即为其景,王韬早就闻其名而心向往之。船到龙华后,王韬几个参观游览后,乘船原路返回,艾约瑟和几个传教士则很有心机地选择步行回家。他们无孔不入地了解到这里从明代开始曾经有很长的天主教传播史,对于在上海的传教路径,他们拿捏得非常准。

在麦都思三大发明理论基础上,艾约瑟加了造纸术,形成了中国四大发明之说。王韬对他们的逻辑归纳能力刮目相看,五体投地。

威妥玛曾在剑桥大学读书,1838年加入英国陆军,1843年在香港担任翻译后认识了应雨耕。1853年被任命为英国驻上海副领事。1854年阴历十月在应雨耕的领事馆住处,王韬才第一次见到他。那年英、法、美三国取得上海海关控制权后,威妥玛被委任为上海海关第一任外国税务司,次年辞职。1855年,任驻华公使馆汉文正使。1858年,任英国全权专使额尔金的翻译,参与中英《天津条约》《北京条约》的签订活动,有关英国公使额尔金对中国的全部秘密,王韬一大半是通过威妥玛或应雨耕知道的。王韬也为威妥玛向郁泰峰借书,以报答在威妥玛处看到许多别处看不到的东西,比如赐死耆英圣谕,王韬不知他从哪里搞来的。威妥玛也是和太平军关系密切的人,

龙华初渡

龙华古寺,传初建于三国时期,也是旧上海八景之一"龙华晚钟"。早在明代这一带就流传有天主教。王韬虽然有自己的想法,但还是一次次和传教士们外出搞传教活动。也曾船行至龙华寻游。游毕,王韬随舟返回,传教士们则别有心机地在陆地上再作天主教传播寻访。王韬怅然。

季平、杨建勇绘,《上海爷叔》系列作品6

被他们称为"西洋番弟"。

蒋剑人与王韬曾谈起威妥玛将翻译中国古代诗歌到西方去传播的事,王韬警觉地问合作者蒋剑人,他们是用了什么底本,剑人不以为然地回答是他人的选本时,王韬很是失望,认为剑人在此事上太草率从事。

对外的翻译应该选专集才最准确啊!

秦娘作为来华外人的家属与王韬有许多互动。看她使用从国外带来的缝纫机,王韬发现这个精巧的东西有无限的可能;王韬虽然在教堂里多次聆听过她的琴声,但像堂会式的,第一次还是在秦娘的住处听,令他震撼,王韬竟能从中听出许多哀乐悲欢。王韬还带着也善弹奏的朋友祝安甫再来听琴,应秦娘请求,安甫弹奏《平沙落雁》,秦娘听了悠扬的中国音乐,被感动,连声称赞。王韬、壬叔也学着洋规矩在元旦来给秦娘贺岁,秦娘在中国年份不短了,对于中国的风俗也努力在了解,她和他们热烈交谈,询问了有关新年接喜和避客的习俗。这是王韬在上海生活中交往最多的西方女子。

伟烈亚力比王韬要大十二岁,数学是他的长项。1847年到沪,任印刷工并协助管理墨海书馆。他比较大胆,小刀会事件时也是洋人劝降团中一员。他和王韬、壬叔交流很多。一次他得到明朝银钱,来求王韬看看,说是从台湾弄来的。王韬仗着自己一知半解的知识,答系赝品,且历代钱币无考,一般为铅质。王韬对此有点研究,也是古董店里去了多了,三脚猫①而已。伟烈亚力还掏出漳州官铸银饼,王韬辨认判断,系道光年间颁发军饷之物。伟烈亚力倒并没有失望,对于他来说,求得知识才是第一要务。

1857年1月26日,伟烈亚力在上海创办了《六合丛谈》,由墨海书馆印制出版了第一号,这是一份综合性的刊物,主要介绍西方的宗教、科学、文化、新闻等,令王韬大感兴趣,近水楼台,先阅之。

---

① 三脚猫:沪俚,泛指对某种知识、技术懂得一些但又不精通的人。

在王韬和蒋剑人谈中西方政教异同时,伟烈亚力参与进来提出了自己的意见。王韬认为西方女人可即王位、君民同治、政教合一,存在着极大的问题。伟烈亚力则认为,西方以民众的喜好为主,君主是按民众的喜好而行事,不可专权,纲政一般不改。商业发达而国家富裕,则先让利于民;国家有事由议院讨论,民众都能知晓;经济上出现了不足则举国债,不轻易增加捐税。而中国政事在于上,下层百姓都茫然无知。他认为中国应当发展报业,让民意畅达,直到高层也能体察。西方好的办法很多,如果中国能仿效,则治国何难?对此王韬有自己的看法:西方国土小,有什么消息一天之内全民都可以通知到;中国地大,没有这样的条件;气候地理不同,不能简单地搬用西方一套。中国能够倚重的,是礼义廉耻的教化,通过自身的修德修心。

伟烈亚力与王韬、李善兰等在墨海书馆工余之暇,经常在一起从事学术交流工作。王韬向他打听西方自古以来有多少位天文学家,伟烈亚力取出一本英国天文学家约翰·弗里德里希·威廉·赫歇尔1849年所著的《天文浅说》,一边口述内容一边比画,王韬随即在一边用毛笔记录。伟烈亚力用十天工夫向他们讲完全书,王韬将所得记录整理成书,交由墨海书馆出版,名为《西国天学源流》。伟烈亚力还私下透露,威妥玛就是赫歇尔的女婿,顿令王韬肃然起敬。伟烈亚力和王韬共同翻译过介绍英国东印度公司历史的《华英通商事略》;伟烈亚力又和李善兰合作,将利玛窦、徐光启在二百多年前翻译了一半的欧几里得《几何原本》,完整地翻译出来。

伟烈亚力与李善兰合译的书籍还包括《数学启蒙》《代数学》和根据美国纽约州立大学数学教授伊莱亚斯·罗密士原著翻译的《代微积拾级》。《代数学》和《代微积拾级》两书,第一次将解析数学引入中国,不但在中国影响很大,而且还经日本数学家转译成日文,在日本出版。

合信也是雒魏林之后医院的重要负责人。1839年7月28日,合信和新婚妻子简·阿比一起乘坐"伊来扎·斯图尔特"号轮船,于12

月18日抵达澳门,同行的还有理雅各。1845年,合信夫人的健康状况衰弱到了必须要马上返回欧洲看病的程度,于是合信陪她一起返回欧洲。合信夫人后来去世,合信一人照顾一子一女非常艰难。在英国期间,合信认识了来华前辈马礼逊的女儿,后来两人结成了夫妻。

1848年2月,合信到广州定居并在那里开展工作。1854年底,合信因健康欠佳前往上海休养。五个星期后,他的身体状况好转了很多,于是回广州继续工作。1856年10月广州爆发战事,他被迫离开暂时避居香港。应上海的传教士同仁之请,合信于1857年2月来到上海。该年年底雒魏林返回英国后,合信便接手了他在颉医院的工作。在此期间,他以更大的热情从事译述,同管小异合译有《西医略论》《妇婴新说》和《内科新说》三种。1858年12月18日,合信因健康原因离沪返回英国,小异不忍相送,悄悄地购买了执扇为礼,情意绵绵;王韬、春甫则依依不舍送至黄浦江边,作挥手别。

麦高温是美国人,也是浸礼会的成员。他在美国取得了医学博士学位后,曾到巴黎游历。之后他接受北美浸礼会的委派,以一名医学传教士的身份前往中国。1859年见王韬时,麦高温给其观日本考古书,当时他住虹口白华院。麦高温曾到日本作暂时的考察,回到上海与王韬大谈日本情况,认为日本社会各方面都发展起来,已经有能力与西方抗衡,但其大半是模仿欧洲,还存在许多问题,创新乏力,男女不别,在礼数方面比不上中国。王韬至此开始关注邻国日本的情况。

1855年6月1日,年仅二十三岁的李泰国被派来接替威妥玛担任江海关关税管理委员会的英方司税。他接任后,广为联络江苏巡抚等高级地方官员。外国使节利用其关系,1858年6月,冲破了清政府一直拒绝外国官员商人与清政府高级官员接触的限制,安排英法代表团顺利进入苏州城,并把照会面交江苏巡抚赵得辙,请他转达清政府。他在联络清政府官员中,为推广"洋人治关"大造舆论。他主张"外洋船只进出呈验舱单,必须详尽,否则处罚或没收","各税须照征照缴,制发税款收据",制定了《各国商船进出起卸货物完纳钞税条款》等章则条例。1859年5月,上海道台吴煦奏称,自李泰国经理夷税征收之后,税钞大有起色,按年比较,银数倍增。由于一班官员对他俱有好感,他也由此博得清政府的信任。王韬与周弢甫至新关见到过李泰国。李泰国开创了洋人帮办中国关务的制度。

杨雅涵,译名也叫杨笃信,即后来的杨格非,在上海时和王韬走得较近。1858年秋,他来找王韬,约余杭半月游。王韬乐得带着他和他的夫人白吃白喝走了一圈,虽然没有尽兴,但还是圆了当年醒逋去武岭时自己做过的梦。杨雅涵对太平军有特别兴趣,多次到苏州地与之领袖人物如李秀成、洪仁玕见面并深度交流,他甚至和容闳一起到南京与太平军头面人物接触。

这些洋人并不是王韬所认识的全部,偶尔迎来送往的点头洋人更多,如和春甫、小异关系密切,最后葬在上海的裨治文,王韬只知道他原先是军舰上的翻译,后任上海文理学会主席;在上海去世的包令夫人等接触也很少,更有些都来不及请教尊姓大名就如飞鸟杳然。

对于洋人,王韬从最初的抵触,到大量接触后的敬而远之,他始终画着一道线,他是隔着线在和他们接触。但渐渐地,王韬发现了他们身上除宗教之外的过人之处,他们大都有一种锲而不舍的精神,王韬赞赏这种精神,但令他沮丧的是,他发现这一精神的原动力恰恰又来自洋人的宗教。洋人在与王韬或其他华人的接触中,就是要跨越宗教这一条线,王韬现在几乎每天在这条线上挣扎,而他两位朋友中的春甫很早就愉快地跨越了,小异则坚决不越线,这使得王韬左右无措,失去了参照物。

王韬浸润于异教,但一直故意走神。

十八、衰宗

从幼小起,王韬就一直笼罩在为宗族的衰迹所担忧的氛围中。父母对他的宝贝是天经地义的,没有人会承受得住十天里连夭三个儿子的打击,所以对王韬无论怎样的溺爱都不算过分。王韬从父母的爱中却读出了担心,可那时他实在太小,实在无能为力。及至长大以后,他知道自己在父母处的特权范围,除了婚姻外他几乎无所不能。正是因为这个原因,使他只能舍弃初恋,与父亲指定的杨家姑娘结婚。

父亲过早的去世给王韬带来很深刻的影响。其后几年,宗族中又陆续有不好的消息传来,伯父那一支亦乏振兴,王韬感觉心力俱崩,陷于不思茶酒的境地。他急急忙忙为弟弟芷卿张罗了终身大事让他娶了十九岁的夏氏的做法,便被母亲暗称懂事。芷卿单身的时候一直在上海跟着王韬东喝西吃,朋友多多,不亦乐乎,与王韬对家庭的责任心简直是云泥。现在由兄做主成家之后跟着老母一起在乡生活,倒也像像样样做人家,使王韬放心了不少。王韬最大的梦想更在于他能为王家的延续香火,生一大帮继承人。

当然,王韬也没有把一切希望都寄托于兄弟,而是时刻在为自己设法创造条件。梦蕙离去后,尽管和泠泠的连理使王韬又有了完整的人家,但不知为什么,王韬对这段婚姻并不满意,除了泠泠没有为他生个传宗接代者这显而易见的缺陷外,王韬老是不由自主地拿她与梦蘅作比较,费心劳神,陷入自己越挖越深的坑中。

当初还是碍着林益扶的面子承下了这门亲,现在想想,还真应该朋友归朋友,婚姻归婚姻,搞在一起,只能处于欲罢不能的糟糕状态。

那个年头为了承续血脉,有钱人家多讨几房妾再正常不过了。王韬遇到红蕤时就有这个念头,更没有想到的是对方私下也一口答应了。可惜红蕤早已被正斋另许人家,王韬深知此事是不会再有下文了,虽然她在婚后还在偷偷摸摸地不断给他来信对他余情难断,但也是远山远水不能解近渴。红蕤为他寻死觅活了一回,王韬却非常理智,写了一些宽慰她的信,送了一些上海的洋物,既表达了一番深情,又流露出万分无奈。经过了一段时间,他的心其实已灰冷。

时间是情感的杀手。慢慢地,慢慢地,曾经强烈跳动的心波就变成像涟漪形成的水漾,越来越平坦,直到和水面一样平齐安静。王韬这边如此,红蕤那边也同样。只有在生活中回顾到那段时点,或触景生情时,心里才有点起伏。

最终彼此都只能放弃。

曾经为王韬与红蕤带信的笙村人施蕙庭,对他们的关系最了解,眼见得两人的来往信件越来越少,知道此事长不了。王韬一向对他不薄,蕙庭到上海,因不善饮酒,就带他到茶馆陪他吃玩。蕙庭原来就不怎么赞同他们间的事,但朋友的忙还是要帮的,现在趁着这一当口劝了劝王韬,并告诉他其实笙村有的是好端端人家的姑娘,如果真的要讨小的,按照王韬现在的条件也可以给他物色一下。王韬表面对他称谢,心里直摇头:乡下人脑子太简单,不知道什么是感情。蕙庭也没有去管王韬心里到底有什么想法,还是按照自己思路一路介绍东家西舍的合适人选。

王韬的目光只能落在窗外。他也矛盾,如果要延续宗脉,蕙庭的建议还真不错。但人真的能不顾感情而行事?

最让王韬伤心的是与他感情非常亲近的宝儿,被一个广东商人量珠而聘后,竟然还帮人家生了一个白胖儿子。王韬对宝儿也存过念想,希望或能为自己延续后代,后来又是一场空。这对王韬的精神有非常大的刺激。平时王韬不开心时,只要到了宝儿那里,一切都会忘记,一切都会解脱放下。宝儿对王韬的重要只有壬叔最知道。为了安慰王韬,壬叔陪了这位小老弟好几天。他们可以一同去吃花酒,可以为情场上的得失一同狂醉或一同难过。

命运对王韬的打击像组合拳,每一拳都落在实处,让他透不过气。弟弟芷卿婚后非但没有生出一男半女来,夫妻之间还经常发生分歧,感情不睦。弱不禁风的弟媳常常生病,王韬支付家用的钱许多都用在给她看病上。最终,什么药都挽不回夏氏的性命,三年不到,便魂飞身亡。

家乡那里丧偶的芷卿号啕大哭,想起平日里如果能谦让,妻子说不定也不止于这么快就病入膏肓;上海这里王韬得信呆如木鸡,连忙赶回家治丧。在家忙了两个月,费用不够典了许多东西,将家里的祖地都卖了。王韬心头滴血,深感对不起祖宗;幸得王韬老母亲旋回锦溪娘家得到后援,加之顾师倾囊相助,这才将丧事体面办完。夏氏被葬在龙潭村梦蘅墓的边上。荒郊野外,风清月白,王韬心里一抽一抽的。

鸡飞蛋打。

万万没有想到是这样的结局,王韬想不明白。原来传宗接代的安排完全落了空,闪了一夜尽是星星,硬是什么金色的东西都没留下!

芷卿在家也是作天作地,生不如死,整天躺在床上,不思饭食,老母亲都劝不住。没有办法,母亲只得和王韬商量,希望他能安排给弟弟换个环境,从乡下再去申城。王韬深深地为老母和弱弟担忧,想来他们在家乡也无人依靠。王韬考虑,青山还在,大不了帮他再娶,王氏的宗脉不会就此而废。

母亲一行到上海,泠泠最高兴,她有了看孩子的帮手,在一起倒是其乐融融。王韬为了让芷卿散散心,还是和往常一样,牵着他到处走走。但芷卿像变了一个人,整天哀愁满容,话语也见少,总是被动式地你问才答,被抽了筋骨似的,软塌塌的。慢慢地,他也不愿随王韬进出，而是等王韬外出了，自己再闷声不响地出门，不知道他整天混到哪里去了。又和他婚前一样，王韬对他失去了控制力。

也好。

王韬心想，芷卿也二十四五了，应该有自己的生活圈子，能独立生存于社会，或可能有一段新的感情生活。在失望中，王韬又有了新的期待，希望通过上海的大环境，能融化芷卿那颗冰凉的心。

王韬在城内为芷卿租了一间房子，让他独立读书或从商。王韬过去一直认同祖辈所认同的想法，认定人生发展前程非读书不可，通过科举，达到人生的顶峰。但是来到上海后，夷场的化学反应颠覆了他的认知，他对这个问题的看法渐渐有了根本转变。在中国，历来商业的地位都处于末流，但从上海的发展看商业，却又显得极重要，特别是洋人，他们似乎已将商业的地位大大提高到令人吃惊的地步。王韬知道，弟弟芷卿显然不是读书的料，让他去试水一下做生意未尝不可，也许还能弄出些道道。

显然，王韬高估了他弟弟自立的能力，他没有料到芷卿是那么一个不能自控的人，一旦断了线，风筝飘到哪里可不由主人说了算。芷卿从小跟着王韬游荡，什么都会一点，不知怎么一来，竟迷上了抽那个玩意，整天聚集三五人，胡天胡地，晨昏颠倒。慢慢地，王韬给他的生活费不够用，身边的东西一点一点被他变卖典当。王韬偶尔去看他，吓了一大跳，家徒四壁，空空如也，人也无影无踪。王韬毕竟是过来人，熟知周遭情况，没走几家便在烟馆找到了云里雾里的弟弟。将他找回后，只能忙着再给他钱，从典当处赎回那些急用的生活必需品，再三再四地关照他，不可再入烟馆，会送命的。王韬对于林公十几年前的禁烟本不以为然，认为只要吾人自制，大可不必兴师动众与洋人引出战争。而现在，看到自己不争气的弟弟，真恨不能一把火，把烟馆都烧了。

王韬看到已经上瘾的芷卿，知道大事不妙。虽然还是要劝阻，但不见成效是他自知的结果。他犯难了，告诉母亲吧，不光不解决问题,还增添母亲的烦恼;不告诉吧,眼看着自己手段已尽,无可奈何。可怜的王韬只能在给舅舅朱雪泉和妻兄醒逵的信里发牢骚,而他们也是听听而已,远水救不了近火,根本帮不了王韬什么忙。

王韬对弟弟芷卿是彻底失控了。

芷卿年幼时,把王韬视为自己的楷模,哥哥的举止行为他都看在眼里,在王韬言传身教中他学到了许多,只可惜他没有学会王韬浅尝而止收放自如的内功,他只看到老兄台面上的风光,却不知道其痛苦内省的另一面。在老兄为他摒挡一切之后,他对生活的无能更是显露无遗。他真的以为生活可以随心所欲,整天浑浑噩噩,最终为自己的无知付出了沉重的代价,沉湎于烟馆而不能自拔。

"猝尔遭离乱,更使烦忧起,一病迄不瘥,虽没其犹视。痛杀北堂母,同谁奉甘旨?"

芷卿终于死了。天塌将下来了。

王韬欲哭无泪。他不只是担心母亲的承受能力,更清醒地意识到自己宗族的那一脉将断送在自己这一代,他的恐惧感愈增。

王韬不甘心,他和朋友照常出入欢场,酒色人生。他对于女性的目光变得很奇怪,他的余光总是在掂量着对方,如果合适,他随时准备着金银聘回家去。他想,泠泠大概到时也无话可说。

现在,每次他在外酒足饭饱回到家里,泠泠似乎带着一种愧疚的心情来为他宽衣,而过去,王韬别想在泠泠那里占任何上风。王韬的行为得到了某种鼓励,在风月场上他本来就是一个惯手,风里来风里去,成了无人不知无人不晓的品花主人。

不知为什么,每当王韬想起自己宗室后继乏人,总会不由自主地想到红薇。他也知道,为了这件事正斋与自己已经冷淡了许多,有时来上海,也仅一面之缘,等王韬再找他时,早就不辞而别,哪里还找得到当初那份茶迎酒送的热情。王韬主动和他写信谈论上海老朋友的情况,正斋倒也回信,但看得出只是场面上应付,没有了真情实意。

王韬有时想,至于这样吗?

十九、迷茫

太平军占领金陵有很长的一段时间,因其剑指北方,所以初期对上海一带的影响除了余波小刀会外都不大。这一时期最忙的是清廷,除了要与太平军作战,还要应付外患,英国集聚军队,要从海上北进,因为朝廷拒绝了英国在京设立使馆的要求。王韬的朋友们多在洋人底下混饭吃,此刻忙作一团。

坊间对此次中外之争也大有讨论。听说英国公使额尔金的弟弟已准备出使京城,人已到新加坡,但清廷还是坚持拒绝他来京。

英国军队有异动。

王韬觅得好句:"一杯有味功名小,万事无心岁月长。"本来想来茶楼和大家一起谈谈诗词论论风月的,但氛围已变,茶楼不知何时变成专谈国事的地方,大家都拉长耳朵,不希望错过这里所飘过的只言片语。话题纷纷扰扰。

小异带来的消息,京中在议北方领土被割问题。

剑人来说,英国人在道光十六年(1836)时就有"何夏米"的船来上海,在吴淞口待了三天收集了许多信息才离开,船经我们的炮台下,我们却因无命令不敢痛击。

也有人提到了《天津条约》,认为是城下之盟,令人沮丧。

王韬则认为《天津条约》是国家权宜之计,主要原因是当朝大臣都不熟悉外国情况。对付英国人的方法应当在其横行世界扬兵日久疲惫之际,省时而动,或以夷间夷,或以夷攻夷,这样才能握有主动权。

"你说的大约什么时候中国能等到这样的机会?"有人不屑地带有挑衅的态度问。

大概二十年。到时候我们已经熟悉了外交,国力也有加强,一定有驱除洋人的办法。

王韬想也没有想干脆地回答,引来了周围一些不太友好的笑声。

因为对外国有点了解,王韬思路有些跳跃,考虑问题时也经常穿越。他自信地亮出了不同意的观点。

道光以前英国为什么没有得逞对中国的战略,还不是因为美国还在与之战争,法国还在与其砥砺,印度还没有归为其殖民地,中国那时没有抓住好时机。

大家都在扳着手指,仿佛这样就能把来龙去脉搞清。是的,那时英国人在干什么?王韬一下子引入了世界概念,全球性地看世界,来分析问题,当时很少有人能具备这样的地理概念,能搞清几个大国已算是佼佼者。

王韬吃了一口茶,等着人们的议论稍稍平息。

现在他们和法国联合起来,我们还能一战吗?我们应该等。如果有一天英法闹别扭了,才是我们的机会。

"什么时候他们会闹别扭?"人们期待着王韬告知,他们当然希望王韬回答是明天,以为就像邻里间那样漫口应答。

王韬先前预测的二十年显然有失众望,在人们迫切的目光下,他不好意思再用这样一个时间跨度来回应大家热切的期盼,但短时间内确实看不到希望,他一时语塞。恰在此时,有人来告知,俄国在为天津租界之事与朝廷起争议。

中国真是四周都在犯难,屋漏偏遭天雨。

王韬也有困兽之感。

小异不知从哪里听到消息:英国公使已从香港启程,有北上问罪之嫌。

王韬心里一抽。

但小异顺便还带来其他国际新闻,说法国正在招兵买马,准备与奥地利开战。

中国有救了!

王韬眼睛一亮,振奋不已,西方诸雄终于自斗,斗了才有机会。

门外又进来了一个广东客,告诉大家,广州市面极萧条,弄成英租界、法租界后,大户人家都悉数离开,羊城八景竟成空。

王韬暗暗叹息:中国地大不如俄国,兵强不如英法。怎么才能追赶群雄,真是难啊!

但王韬还是想振奋一下大家沉闷的心情,他一脚搁在凳子上。

英法本是世仇,因共同对付俄国会暂时结盟,但也会因利益而分开。英国孑然三岛,国土很小,只是仗着通商得利,占着印度搜取财物、装备军队才强势,而现在印度有变,美国也在兴起,如果中国现在没有内患,联合印度,与法国、美国结好,在各个通商口同时攻击英国,有战而无和,有进而无退,可一洗数十年的耻辱。

听客们被其鼓舞果然十分兴奋,嗷嗷大叫。真真过足腻头①。

王韬也被大家带动,小心地踩了踩脚下的凳子,生怕乐极生悲引发旧疾。

王韬混在茶馆里有许多年了,在听客中已有十分大的号召力,每天在茶馆酒楼身边都围着一群人,他不来大家都会感觉缺了什么,希望听他对局势的分析,这也让他十分过瘾,有某种成就感。

谁能将这番呕心沥血的肺腑之言递达至天廷?

过瘾归过瘾,王韬觉得天天和一帮小兄弟讲这些有一种白天白讲晚上瞎讲的无趣。信息互通反馈对王韬来说十分重要。

三年未见的应雨耕突然从香港来访王韬于宅中,王韬深感惊讶,翻下床来迎接。应雨耕是陪着额尔金的弟弟卜鲁士和总翻译官威妥

---

① 过腻头:沪俚,意为过瘾。

玛随着军队到上海,他们一行计有二十多艘舰船,有一千五百人的登陆军队,不日将进军北京。英国已将使馆从香港迁入上海。王韬绝没有想到前几天在公众场合大谈特谈的国家大事,就在自己身边演绎,顿时有天降大任于己身的沉重感觉。

  这次王韬发现应雨耕的行为十分乖张,白天还在上海陆地上活动,到了晚上却是睡在黄浦江上停泊的英国军舰上,仿佛有急迫的军情在身。这次路经上海,雨耕身边还跟着他弟弟和一个侄子,王韬陪他们到环马场散步,但雨耕心事重重,话语极少,有些话讲了半句就刹车,连酒都没有喝,这是王韬与他认识到现在都没有过的,只一小会儿,他便以天色见晚的借口推脱回船。

  次日,他们兄弟俩又来王韬家,雨耕送给王韬一柄精良的宝剑,显然是从国外带来的;王韬回请他们入城在叶翠楼吃酒。在酒席上,王韬才打听到英方提出要在北京设使馆,但清廷根本没有派人接洽此事,而卜鲁士一行不顾不管,还是准备绕走海路赴京。

  王韬知道,近期大家都在纷纷议论,说清廷在天津加强了军事力量,准备和洋人干一仗。王韬不敢对雨耕讲。在中外立场问题上,王韬身在界外,比雨耕要拎得清。

  又过了一天,应雨耕派轿舆来接王韬至醉月楼小饮,这一次王韬得到了更多消息。对于是战是和,应雨耕也说不清。雨耕认为主要问题是清廷大臣不懂得世界通常的惯例,以为外国使馆设在京城是有失国体的大事,而在过去签订条例时又轻易答应,现在又随意推翻,轻诺寡信,气得英国公使这次派了大量军舰就是准备来寻战的。

  雨耕这次来寻王韬,还有一件私事,就是让他的侄子留在上海让王韬照看。王韬心里一紧,这可有点托孤的意味。这样看来这次战争的味道很浓了,显然非雨耕嘴上所透露的那样轻松。不知怎么,最近一谈到战争和死亡,王韬都不由得会想起小刀会时战死的胡枚。不过雨耕现在算什么?他是帮英国人的,哪里还有胡枚的荣誉,应该是卖……王韬看着雨耕,低下了头,不敢再往下想下去。

王韬还是有面子的,七讲八讲嘴唇翻几番,医院就真的腾出了一间空房让雨耕的侄子暂居。他的侄子尚年幼,竟还养着一只皮毛光亮黑色的猫,王韬见不得它深邃的黑瞳。雨耕的侄子无忧无虑,完全没有因为伯伯和父亲将要上战场的担心。王韬望着他,内心却紧张得不得了,仿佛他马上就要变成了孤儿。

　　雨耕再邀王韬、壬叔到豫园会面,感慨地回忆起数年前将去香港时,也是在这里和大家告别的,只是这次时间太紧,无法长聚,只能借此匆匆道别。说是道别,但他却别而不舍,又一路由步随着王韬回家,无语地坐了很久很久,才默默站起,离开。王韬深知,此次别离对于他们而言,可能是人生最重要的拐点。

　　雨耕要加入外国人的军队与自己国家开战,这是怎样的人生体验!

　　在离开的那一刻,雨耕才告诉王韬准确的开船时间,一个天大的军事秘密。

　　第二天清晨,王韬在洋泾浜上招得小舟驶往黄浦江上去,竟没费多少周折登上英国军舰"魔术师"号与应雨耕作别。这一别,生死之意极浓,彼此间都没有更多的话语。王韬看到火轮上煤已燃起,烟囱冒出大量褐白相间的气体,这个时候开始烧煤预计午后可以解缆开船,如果顺风大约两天后就能到天津。王韬和雨耕握着手,双方内心五味杂陈。这支外国军队是北上去打击京城的,两人都知道内情,非但无力改变竟还要掺和其中。悲哀!

　　王韬居住在上海,竟然碰到了决定国家命运的大事,他虽然感觉沉重,但还是懵里懵懂地将情感移放在朋友的身上。

　　朝廷离得太远,朝廷已将我们抛弃了。

　　王韬敲打着自己的脑袋,不让自己的思绪滑到他所不能控制的地方,他害怕。

　　林益扶病了。

　　益扶的情况王韬早已知道,近期泠泠常回家照顾老父亲,王韬也曾经多次去看望他,劝他吃一些补品或膏方,但他根本不听,自奉极俭,平时只喝点粥类,营养肯定不足。王韬和泠泠这几天经常买点吃的去看望他并一同吃饭。正是蚕豆新鲜上市时,泠泠喜食也随带了一点,但益扶也吃不进。

林益扶的病不见好,王韬请了城里最好的郎中张玉书来诊治。张玉书和王韬私交极佳,听是益扶抱恙便不敢怠慢匆匆赶来,在林益扶家只把了把脉小坐了一下,便退出,在送郎中出门的那一刻,郎中朝王韬轻轻地摇了摇头,意思很明白。王韬夫妇大惊,即留不寐,危坐竟夕,如此两人和其他家人轮流服侍了十多日,林益扶还是离世了。

王韬深感悲哀。

王韬和林益扶原来就是很好的忘年朋友,刚认识时,益扶对王韬照拂有加,经常让他在自己家蹭饭吃,后来更将女儿泠泠嫁给他,可以说是一片诚意。但在小刀会事件林益扶躲兵乱于王韬城外家时,因为住房问题双方存有芥蒂,两人碍于亲戚关系又没有及时沟通,一方面益扶是老派人,迂讷沉默寡言,又是长者身份,对王韬出重言于心不忍;而王韬虽自知不周,当时也有许多难处,但欲说还休,不知话头从何说起,怕越描越黑。两人都憋着一口气,到最后都没有说破,算是保存了各自的面子。

益扶去世前,延医的开支都是英国翻译密妥玛的夫人支出的。益扶平时一副大佬倌的样子,仗义疏财,其死后王韬和泠泠才发现他真真是一文不名,身边所存之书倒有一柜子,但能看得上眼的,只有一部《十三经注疏》,也才知道他是嘉庆年间的举人。更惊人的发现是,他有个侄子还住在台湾,也有通信来往,侄子曾多次来信劝他回乡度晚年,而他竟然从来没有和任何人谈论起过。难道他真的把他乡当作故乡?

王韬夫妇请来道士做了道场,修了一封信派人带到台湾西城益扶的侄子处,将益扶在沪的情况一一说明。

在送别林益扶的那天晚上,王韬独自站在院庭中,思想着他来沪初时的两个鼎力帮助过他的长辈般的朋友,益扶去世了,正斋则疏于来往,心头无限悲凉。

朋友朋友,走着走着就走丢了。

王韬脑子又转到现在的朋友,雨耕不知生死。北方不知要发生多大的战火。

王韬举头望着天。

天正下着蒙蒙细雨。

二十、抉择

中外纷争未了,小刀会事件五六年后,上海又面临太平军南下横扫江南的考验。

太平军占领金陵后,其战争和政治选择一直在北方,但由于多种因素,其战略意图难以实现。占领金陵反而成为强弩之末,被缓了一口气的朝廷组织其军队拖在金陵一带。为解金陵之围的太平军集中力量击破了清军的江南大营,突然迅速挺军江南一带,引起了人们巨大的惊恐慌乱,大量流民辗转南下,在经过上海时滞留下来。一般能到上海的流民都有些家底,他们为上海带来了有可能是一个家族的全部流动财产。

上海的人日见其多,租界一带的新扩地环马场主早就预测到地价猛涨的前景,在租界外的泥城浜对岸,预购了一块更大的场地作腾挪,而已有的环马场周边的土地,则一点一点不断地高价让出,转而变成这座城市最需要的住宅建筑地,但就是这样,居然也到了一房难求的窘迫地步,与当初随处空房的情况完全不同了。王韬利用自己的关系为来沪新交结的朋友觅房,求爹爹告奶奶地忙得不亦乐乎,但也只能解决一小部分,时间越拖后就越难办了。

各种消息流言漫天飞来,战争像是真的又要临头了!

王韬因偶尔能读到英署流出的香港新闻报纸,知道实际情况比传言更不妙。连福建等地都有太平军的身影,上海四周好像难有太平的地方。更要命的是,王韬能从接触到的一些经济情报中了解到具体数据,令他为朝廷深深担忧。

太平军兴起以来,朝廷为了镇压,动用了大量国库,令国库几近空虚,而在上海设立的筹饷局对战争贡献极巨。如果战乱波及上海,饷兹何由?

从咸丰七年(1857)七月起至当年年底,凭借通商之利,朝廷在上海共收得正项、杂项银348万两。第二年收516万两,司道关库正款银287.9万两,各种捐银也有169.7万两。而江苏的松江、常州、镇江、太仓等地共只收到58万两,却也可抵北方数省,所以江苏乱了,如果上海再乱,朝廷进项几空,后果真的不堪设想。

自太平军的传闻流转坊间后,上海的捐厘急剧减色,王韬担心,这样的情况将会越来越严重。传来的消息也一阵紧一阵,王韬和朋友虽然阵式不变,每天还是茶一遍酒一巡的,但是总感到茶味越来越寡淡,酒气也变得酸腐,连青楼也无心逗留。人人仿佛悬在半空,晃悠悠的,没得一个可以安心落脚的地方。

太平军是一回事,外患则是另一重事。在外患事件中可以看出朝廷的问题,直隶总督恒福的一份奏折恰好被神通广大的王韬瞧见,意思是要加强天津海防。据说那里炮台已经修筑得非常坚固。王韬揣摩着,硬拼不是御敌的最佳办法。

作为直隶总督的恒福也被外交上的事情弄得焦头烂额,清廷外交人才的缺乏是显而易见的。当初上海开埠后,朝廷在上海用了许多接触过洋人的广东官员,他现在也依样画葫芦,将上海代理道台蓝蔚雯等叫到跟前询问夷务,然后推送给朝廷。

王韬深深地感到难过,他在洋人处供职的朋友们所作的动作更使朝廷难堪,而他们的戏码无疑为他们的人生带来了深刻的耻辱。王韬警告自己,绝不能重蹈覆辙做那样的事,但自己在洋馆里的工作到底算是什么性质呢?他的身心也有些分裂。

在这样纷乱的时刻,王韬为了保持自身不乱,还是坚持茶酒洗心,每天都到茶馆酒楼报到,听听大家报来的最新时局消息,以便思考往后的对策。在小异的介绍下,他认识了无锡来的华笛秋、华蘅芳父子和徐寿,其中的华蘅芳三年前他在洋人韦廉臣处见到过。

新友到来,作为东道主当然要热情招待。王韬积极设宴,小异和春甫跟在后面隔天连轴做东,王韬的朋友就是他们的朋友。

王韬曾接连写了两封长信给吴健彰,希望通过他将自己的对策带到最高层去,说不定能为自己谋得大好前程。但好像是一块石头丢进大海,王韬没有得到任何回应,令他非常失望。王韬也是病急乱投医搞错了对象,吴健彰骨子里是商人,他对钱的热情超过了乌纱帽,他不会在毫无商业价值的事情上费一丝心思。

风声越来越紧。

先是广德一带有太平军活动的消息,后来湖州也发生兵乱。王韬身在的茶馆,简直是坐等噩耗的危城。湖州客传言,太平军已近余杭,离杭州仅十余里,官军为坚壁清野,已纵火烧外围民房。王韬为之心痛,醒甫曾先于他去过杭州,向他描绘了那里锦绣的山水使他雀跃,自己也有一次偶然的机会应洋人杨雅涵之邀陪伴杭州之行,虽然因为与洋人的目的相异没有能尽心,但杭州的旅行还是给他留下了深刻的印象,那里的山山水水历历在目、备感亲切。杭州与苏州是人间天堂,现在天堂的一半欲将沉沦了,怎叫人伤心!

祸不单行。又有消息称杭州一带已失守,灵隐寺被付之一炬。王韬闻之瞠目结舌,心痛得半天说不出一句话。

茶馆中大家议论纷纷,有人建议使用苏州保甲方法来加强自守。王韬对自己乡里的方方面面了然于心,对于人的教化素质知根知底。他认为此方法可以用于城市,但在乡间不宜,像保甲一类的组织在乡间最后结局是小则越货、大则揭竿,隐含着极大的风险。

关于杭州是否陷落,民间消息一时一变。王韬也曾求教于消息灵通的孝拱,孝拱明确告诉他是陷落了,但是这次孝拱也豁边了。第二天有杭州来的人告诉王韬,有四千人愿意守城一战,竟也被他们奇迹般的守住了。王韬心里一阵惊一阵喜,整天端着一颗心,为此嗳气担忧。

应雨耕北方归沪后,很少出现在公共场合,性情也变得怪异,整天身陷烟云,少与人交谈。王韬主动去找他多次,往往乘兴而去、无趣而归。更可悲的是,此刻王韬的另一个朋友又摊上了上一次应雨耕那样的事情。这次,是发生在孝拱身上。

某天,王韬在环马场散步后,又如往常一样去访孝拱。当他进入孝拱住处时,正逢孝拱在内室谈要事,王韬便在外间喝茶等待。过了许久,孝拱才眉头紧锁走出里间,他甚至忘记门人红儿曾报王韬来访之事。看到王韬,才抱歉地对他说:"领事馆有急事,要即刻解决。"王韬心领神会,那就是近来纷纷传言的英军北上之事喽。

"实在是不想去,瞧,推辞了半天也没用。"

这是真正让孝拱身败名裂之行。

1860年夏秋季英法联军攻打北京时,孝拱随任翻译。王韬后来听说孝拱带领他们洗劫了圆明园。

他为什么要这样做?

王韬得知后暴跳如雷。辱没先人啊!

王韬首先想到的是他老爹龚自珍的名声,尚未对没有去过的圆明园触动神经。

渐渐地,消息如雷般的从北方传来,京城人真是恨死他了,圆明园被焚烧,彻底毁了,就连园中建筑附件也被外人偷运到国外。英法联军进北京,咸丰帝避至热河。

王韬和大家一样,对孝拱的做法无比愤怒。

渐渐地,也传来了不同的声音。有人说京城人应当感谢他,原本英法联军欲屠城,而孝拱为了救人,只能引诱他们去圆明园,所谓以物诱敌。

回到上海,孝拱也抬不起头来了,连其已死去的老父名声,也一样被他牵带。

孝拱的性格本来就非同与常人,回来后更见乖张,对时事都看不惯,很少有交往的朋友,身随的值钱物都被他变卖。他的爱好变得奇特,纳了一妾,有人来了就让人看妾的小脚,而自己儿子来看他,则被他赶出家门,完全处于崩溃的心理状态。

　　王韬与孝拱交好时,与孝拱的弟弟念鲍也同相识,因为王韬常登其门,连他们门童红儿也熟稔。孝拱专舆就放在门旁,红儿常坐在舆上,见王韬等人来,便煮酒布餐,安排招待。孝拱有时兴致好,会取出西洋酒,让王韬试一试味道。王韬多次品尝过洋酒,认为可口,但不够杀渴、不能解馋。但不久再赴孝拱宴,就不见了红儿的面,代之以厨娘,孝拱告诉王韬,红儿因为和客人太熟,常有怠慢之举,被他辞退了。

　　王韬有点落寞。

　　杭州到底还是陷落了。

　　王韬在茶馆忙不迭地为杭州逃来的朋友们洗尘压惊。"饮醇酒,近妇人。"王韬也只有师承的老一套办法。但让他更担忧的是,丹阳、常州一带也传来了凶讯。

　　食不甘味啊!

　　王韬不明白,朝廷有那么多大臣,此刻不见挺身而出的忠勇者,现如今只有讹言向上者、官眷先离者,弄得人人有离心,士无斗志。无怪乎城市一陷再陷,上海也危险了。

　　溧阳失守,宜兴危在旦夕。王韬心神无定,每天身体不知应当怎样安置才舒服。茶酒变得无味,晚上噩梦缠身。有几天夜晚不得不睡在壬叔新办置的城里的家。也只有在老朋友处,他才偷得几分安静。

　　为了摆脱这种境况,他去环马场走走看看比赛借此散心。这个环马场场地已卖掉了许多,大约也就再比赛一两场就和大家作别了。吃素碰到月大,这几天刚下过雨,按赛马规矩,为了安全,湿地一般不举行比赛。环马场一直在做迁移工作,已经很少安排比赛,难得有比赛,也因雨师作恶而暂停。王韬心绪又乱了。

　　还是喝酒吧,喝到大家都醉了昏了罢。

上海的流民日见其多了。常州被围,当地人有了前车之鉴,所以趁早就离开,否则只能束手待毙。但如此则人心更见动摇,加之兵败如山倒,苏州也是危机四伏。王韬对苏州太了解了,知道苏州粮饷应无问题,现在的大问题是无官,官员大批先逃,群龙无首不能组织起对抗的军队;也不是没有兵员,而是大家都处于作战恐惧中。

不好的消息还是接二连三传来。苏州已处完全混乱中,令人意外的是,苏州之乱并不是被太平军攻下的,而是清军撤退的散兵游勇至苏州城外作乱,曾十分赏识王韬的徐君青抚军下令实行坚壁清野,焚烧了金门、阊门一带房屋,这让王韬欲哭无泪。王韬一向对徐君青有非常好的印象,还在墨海书馆接待过他,王韬曾为徐君青洋洋洒洒地写了一封献计献策的长信,为此徐君青还托人给了王韬银元嘉奖。徐君青是1859年1月29日被任命为江苏巡抚的,王韬一直为自己能结识这样一位高官而自豪。但对于徐君青的苏州行为,王韬不认可。

真是没有想到,苏州竟然败在他的手上。

王韬心里这样想,嘴上还不能这样说,还要和茶客们解释,徐抚军是优于品而短于才,只是应变不足,更重要的是无人为之辅佐。大家都知道王韬与徐君青的关系,哂然一笑,不与他言辞争锋。这一下,王韬感到了无趣味。

王韬发现来酒楼吃酒的朋友们都心不在焉,做着撤离上海的准备,有了小刀会期间的经验,王韬感到不能再忍了,必须大声地表达自己的观点。

你们要到哪里去避险?这里就是最安全的地方!除非你们逃到崇明、日本去。

大家都七嘴八舌地回答他,大多数说是回乡。

回乡的人会后悔的。第一,太平军来了先路过的就是乡下,所以回乡就是自投罗网;第二,乡下还有土匪,匪情甚于战情;第三,因为军情,乡下也是人心惶惶,没有人安心种地,连自己都吃不饱,你们去哪里搞吃的?

大家一下子被王韬唬住了,都张口结舌地等着王韬的下文。

西洋人在此地通商了近二十年,只要大家能集资打通官方,出钱让西洋军队出兵保卫上海,而西洋各国在上海也有巨大利益,相信他们能为此出力的。

王韬此话像沸铁入水,引起了大家热烈的轰鸣。这实际也不是王韬的首创,他确实了解到官方有这样的考虑,民间也有这样的要求,现在只在等洋人的态度。但要西洋人出兵的鬼话,王韬自己也不相信。

王韬的话还是有些作用,一些原来住在上海的朋友当下就表示不走了,另一些人刚来上海的,则要求王韬为他们在租界租房子留在上海。

王韬带着人们到环马场一带借房定居,一时热闹不已。

虽然王韬的热烈演讲为上海留住了一群人,但他心里实在是没有底,这些人的命运可全由自己负责了。他有些后悔,这份担子太沉重,而且是自己挑不起的。

西人尚出兵在北方,北方事未了,西人怎肯罢休,回师保上海?王韬吃不准。以王韬对西人的了解,他们是不放过任何贪财机会的。如果真的出兵,一定会提出苛刻的要求。保卫上海,看来还得要靠自己的军队。

常州还是被太平军攻破。王韬他们如坐针毡。但是也有不同的消息转来,说是在长江一线作战的清军获得进展,金陵指日可以克复。大家瞠目结舌,不知道应该怎样判断。但溧阳失守、宜兴危机使人不得不面临现实,无锡的境况也不佳,虽有重兵,但孤掌难鸣,况军队久不发饷,人心难测。无锡如失,将直接危及苏州,王韬的心一阵紧似一阵地揪着。

春甫带来了糟糕的消息:苏州城已陷!

王韬脑中"嗡"一阵响,瘫坐在那里。眼睛只见壬叔与春甫两人对话,但他一点都不知道他们之间说了什么。

1860年6月2日,守卫苏州的抚军徐君青被溃军杀死,一家七口都罹难。而等太平军攻来,清军因内耗,竟无兵可敌,苏州就如此被轻易攻陷了。

王韬的心在滴血。徐君青对自己十分赏识,但在苏州守城问题上却是如此无能,王韬哀其不幸,对亡者,只能如此别无他言了。

苏州的陷落,对上海影响极大,在外无援军的情况下,在中外矛盾的过程中,一支奇怪的军队——洋枪队又引起了人们注意。

上海滩什么奇事都会发生。

对于这支中外混合的队伍,王韬并不看好。他依稀还记得小刀会时期上海就弄出过一支差不多的队伍,结果把钱用完了,一事无成,最后还要靠外国军队的帮助才攻陷上海城。

王韬的脊背发凉。别看王韬在大场面劝别人留在上海,一个人静处时,他却在考虑自己与这所城市的关系,或者说自己与这个王朝的关系。

日子一天天过去,前方战况纷传,令人眼花缭乱东西难辨,不直接了解情况,根本不知道实情。听说溧阳方面有官员退逃到上海,王韬请人引见获准,匆匆登门。

溧阳首领是满人玉㦲轩,见王韬仿佛见到了亲人,失声大哭,大吐所受之苦。弄得王韬倒像是一个官方派来安慰的代表。

"我们苦守待援,几乎全民皆兵。但是寡不敌众,对面都是训练有素的精兵强将。说好的援军呢,今天不到明天不到,我恨不得学刘玄德率全民奔命啊。"

玉㦲轩的一班官员,还和往日一样环伺在他的身边。王韬看他住的地方,仿佛就是一个微缩的官衙,锦衣玉食一切不变。王韬从心里就感到厌恶。

大人,知道否,苏州都陷落了,战火不日就要燃到上海,不知有何预案?

王韬对这些失职的官员一向鄙视,撇下了民众自己逃命,还往自己脸上贴金!所以故意问他一个难堪的问题,让他不得安宁。

"老弟,你消息灵通,难道洋人也要放弃上海?"

唉!

王韬故意装出欲说无言的样子。

"难道洋人也不愿意守上海了?"玉羲轩急急等待着他的下文,脸色有点难看,坐着的身子也前倾。

洋人有洋人的难处。他们的军队主力在北方,就是马上回上海也来不及,再加上洋人的一切以利益所驱,要他们来维护上海,得花费大量银子啊!

王韬倒是没有说假话。自从外国人到上海,斯文扫地,礼仪立壁,大家都在谈钱,所谓有钱能使鬼推磨,这一点倒不是从上海开始的。洋人到了南方,南方人先认了钱,从广东来上海的如吴爽官也认了钱。王韬甚至发现,自己也潜移默化地把钱当成一回事了。说句实话,此事还说不得别人,王韬也清楚,像自己这样的书香门第,嘴上不谈钱,实际上对钱还是很那个的,自己为什么到上海,还不是为了钱嘛!

玉羲轩见王韬不言语了,心里更急。

"我们到上海的这群人大家都带着钱。"他一语道破天机,"我们把钱凑一块,交给洋人,让他们来守上海吧。"

没有出类拔萃之士,也无拨乱应变之才呀。

王韬索性要对方好看,急急他。

玉羲轩的想法并不孤单,而是代表了一批流落在上海的士绅及官员的倾向,他们从各地逃到上海,带来了各地的财富,这本来是为了自己今后生活享受而搜刮来的财富,现在为了保命,也愿意拿出来了。王韬异常清醒,洋人也是无利不起早的,如果真的有钱进账,一切都有可能。

王韬不愿意再和官员们聊,还是和艺术家聊有意思得多。胡公寿家是这几天他去得最勤的,公寿谈画最有心得,王韬晚上在城里逛着,脚步不由自主,又到了公寿家门口,还没敲门门自开,公寿笑着迓于门。

"爷叔来了。"公寿也不分大小,学着春甫他们称呼王韬。

王韬漫声应着挨入门里,公寿侧身相让。

"情况怎样?"

王韬被他一问满脸狐疑。

"我是问上海周边的情况。"

王韬第一次感觉到问题的严重性。公寿是王韬视为眼前上海画坛的领袖级人物,连他都不谈艺术而关心时局,可见上海的危机情况。

苏州等地被破,不是没有军饷,当地大户都纷纷捐募。问题是当官的都不在任上,而是四处躲避,军队无人带;也不是无兵,兵在队中但不肯用命不愿死战啊!

"那上海还能守得住吗?"公寿最关心的就是这事,跟着他的一众画界朋友都等着公寿一句话,或留或走。而公寿告诉他们,要听王韬的。

苏州一带情况很糟,金阊胜地、山塘艳土都变成了瓦砾场。痛心啊!

王韬一直将幼年对苏州城的那种向往刻在心里,苏州的地位在他那里比上海高了不知多少。在苏州购房置业一直是他内心所愿。

"爷叔,你想过没有,同样是军队,对方哪能那么厉害?"

这话仿佛十分熟悉。王韬看着公寿,他听出了话外之音。这几天外界纷纷在传,说王韬和几个洋人到北边走了一圈,见到了谁谁。王韬知道,公寿是要问他此事。

"爷叔,我们在上海像个孤儿,朝廷不管,洋人也不管,我看,最后要有人来管喽。"

公寿的话语再明显不过了,他指的就是太平军了。王韬知道轻重,自己被洋人强持着到苏州去了一次,是迫不得已。此事知道的人越少越好,即便是公寿,也不能讲啊。

"不瞒爷叔,我在那里也有朋友。"王韬等着公寿的下文。"我也去过。"公寿用一个"也"字,坐定王韬曾经的行动。王韬知道公寿是个很讲义气的人,如果再装聋作哑可能会失去朋友的。

你感觉哪能?

王韬仿佛已经默认。

"可以。"公寿回答异常镇定。"如果真的无路可走,这也是一条路。"公寿的回答大胆而又坚定。

王韬和公寿你看看我,我看看你。

原来一样想法的人这么多,大家都不愿意讲穿罢了。

王韬在离开公寿处的回家路上意识到问题的严重性。大家对清廷的看法一点一点在变,原先是无条件的依赖,参与科举等进阶路线,但随着一次次失败,因失望而心死,而绝望中在原来的对立面中突然出现了某种意想不到的因素。公寿告诉王韬,太平军中也有对上海了解的人,听说其高层中有个叫洪仁玕的,曾在墨海书馆工作过。

王韬的心怦怦乱跳。

公寿的几岁真是枉长了,这可是要杀头的。

王韬心惊肉跳。

不过公寿敢告诉自己一片真心话,也说明他真的把自己看作兄弟,但是自己呢?毕竟还是没有勇气讲出与洋人一起的苏州之行。

其实,就是因为洪仁玕的诱因关系,在几个洋人的几番邀请下王韬有了一次苏州之行。这次提心吊胆的旅行完全是一种怀旧的情愫支配着的。真的到了苏州,王韬趣味索然,加之与身居高位的洪仁玕根本没有见面,其只是派了手下的人来应付应付,王韬原先一路想好的重逢话题全作空气,他的虚荣心受到了极大的伤害,但身边的洋人却有说有笑,丝毫没有被冷落的感觉。

从苏州回来,上海就传着他们这次失望之行,人们对于上海的将来都失去了信心。王韬倒并不这样认为,他在与刚回上海担任代理领事的麦华陀的谈话中,感到对方一种强烈的意志,其背后,多少反映了洋人对上海的态度。王韬亲事苏州之行,感觉太平军对洋人的态度还是非常看重的,只要太平军与洋人的这个通道还在,上海有洋人的租界,情况不会太糟。

官方向洋人讨救兵的事传得纷纷扬扬。茶馆酒楼中大家都在热烈讨论,说得有鼻子有眼,什么上海士绅解款三十万两白银,英法出动两千人的军队和两艘兵舰,双方达成交易。王韬不辩,只是一笑。

王韬仍然上席在座,大家都在恭候他的高论,这是关乎大家命运的大事。

但王韬精神全无。

昨晚与壬叔喝了一夜酒,两人都仿佛喝高了,为了一句现在已经忘记的话,竟互相动起手了,几乎互殴,这是从来没过的情况。

王韬从席中看到了吴老,生死关头大家都不计前嫌了。王韬早将借款还清了,同时也就宣告彼此绝交。但王韬对此事难以释怀,他从心底里反感这个人。

"爷叔,搬洋兵,阿可以?"看到王韬兴致不高,底下有人索性单刀直入。

官方可有行文给英法公使?如果没有,外人是不可能出兵的。

王韬的回答完全是一副熟门熟路公事公办的腔调。

"现在已经派人去官府要正式恳请洋人出兵的行文,我和爷叔也要为大家去进言。"壬叔有点讨好地补充王韬的话,希望缓解一下互相间的尴尬,也想宽宽大家的心。

此事关系极大,加之英方在北方有战事,英国人外交实际上还是要听命于军事,所以,不要说行文,就算是我们顶头上司来了,也不一定管用。

王韬撂下了一句,一点没有与壬叔和解的意思。他对壬叔随便许诺非常反感。

"爷叔,我们来上海,就和这个王朝走远了,感觉就是天高皇帝远的远。"管小异的话王韬一直记得。因为想跟皇帝近一点,小异脱离了上海住到邓蔚去了,现在与王韬很少有联系。但他在上海还保留着住所。在偶尔回沪的当口,总约王韬私谈,言及他的老师冯桂芬在京华做官的所见所闻,和对家国大事及中外迥别文化的独到见解,有绝对的信息量。

管小异这个朋友和春甫对王韬的好是没有不同的。春甫是听顺,什么私人的事都替王韬想全了,少有不同的观点;小异则是另一种好法,他总是向王韬倾倒自己的观点,把谈话内容提升到一种高度,你可以和他不同,但他坚持自己。对于中外的关系,小异认为毛病出在中国,这和他早先观点稍有不同。小异认为外人来华都在学华语,将中国的情况汇集成文字,而使外人都熟知中国的社会、政治、文化、风俗;但中国将外语视作低下的夷语,不愿放下身段,知晓外语者极少,更不要论对外国的政事得失、制度沿革的了解和研究。小异认为,要在各个通商口设译馆,让愿意学习外语的人都自由地去学习,让精通者大量翻译西方的书籍,使国人知晓外国的情况。

王韬是绝对聪明的善辩之士人,但遇到小异,他总是倾听得多。他喜欢小异的性格,对自己总有明确的目标和办法。

他说回邓蔚就回了,哪像自己想而不动。

小异的那一套渊源于冯桂芬,王韬是买账的。王韬只对少数几个人服帖,冯桂芬就是其中之一。但王韬做梦也没有想到,才过几天,他从华蘅芳处得到了他的小兄弟在躲避战争的路上不幸忧愤而亡的消息。王韬的痛苦无法名状。

小异金陵脱难已属不易,而人生所谓大难不死,绝对得不出必有后福的结论,所幸天延余年,让王韬和小异有了人生交集。

王韬读着华蘅芳的悼诗,心如刀绞:

一别竟成鬼,凄凉管茂材。

已无家可返,犹冀骨能回。

南国传烽火,西泠付劫灰。

遗骸寻不得,每念不胜哀。

王韬也想为小异写点什么,但提起笔来,一时语塞,再难落下。

王韬回省自己,和皇上之间的接线人徐大人徐君青阵亡了,到底是和应雨耕、龚孝拱一样跟着洋人走,还是等待忠于皇上的接线人再次降临呢?

王韬迷迷糊糊,他撇下了尴尬的壬叔和急切的众人,一个人离开了酒馆。

王韬陷入沉思。他避开熟人,悄悄地离开老城厢,又信步朝虹口去。在翻威尔斯桥时,竟意外地发现过桥费不收了。旁人告诉他,工部局在华人富商中已指派认捐,过桥费就免了,可以白渡了。

白渡,白渡。

王韬掂着兜中的当当作响的钱,走在桥上。

二十一、临难

上海的现实形势大不容乐观。从周边范围来说,乍浦、海宁等地已被太平军攻破,嘉定等地形势趋紧。听得杀喊声越来越近,人人心里充满未知的恐惧。

为了应对紧急情况,官府在老城厢已严令居民晚上不准放烟炮、敲锣鼓、烧纸香,以免造成不必要的恐慌。

此时,王韬老友周弢甫颓然回上海。

太平军攻打苏州时,弢甫陷入城中,大家着实为他担心。也是天助,虽然他家人还在苏州城中,弢甫竟然独自脱身来沪。弢甫在官府上层沉浸已久,是当时一线大员幕中人,消息和眼力都在一般人之上。王韬和春甫不愿意错失聆听最新战况的机会,便约着匆匆前去拜访,他居然还不在家,临时让朋友拉去喝酒压惊了。没有过多久,弢甫急急忙忙地回访王韬,详细讲了他脱身的经过,真是险中求生。

对于他,大家都有不同的看法。一部分人认为苏州乱象弢甫负有责任,弢甫平时慷慨论兵,自负极高,而遇到实际竟然无用到如此;徐君青对弢甫期望甚厚,现在君青死而弢甫生,实在是大节有亏。在众议滔滔之间,唯孝拱有不同意见,他认为官场险恶,定是有人与弢甫过不去,存心要看弢甫的好戏。

当初周弢甫发达时,有许多人羡慕不已,王韬心里也有些异样想法。朋友现在成了大员入幕之宾,一般人不会想自己有什么不足,而是先看到别人不如自己的地方,心里总觉得自己要胜过他人。周弢甫朝里的根底大家都十分清楚,现在全身而退回到上海,大家都将往日酸溜溜的态度化作满腔怨气,一股脑地喷向了他。

"临难不死,还有脸回来?"坊间的话,都是煞根①要人命的。

"徐抚军烧苏州城外房他为啥不阻止?平时能说会道,关键时刻无谋略,也是一个混迹官场的衣食者罢了。"这话还是一个深知周弢甫的老友讲的。

众人愤愤,有何可以塞他们的嘴呢?王韬深知老友为人,由当初的妒忌转而变成无限同情,他从中看到了人世间的炎凉与官场的险恶。当初巴结弢甫可大有人在啊。周弢甫的能力是一回事,遭人嫉恨又是另一回事,况且,弢甫还被太平军抓住监禁了两天,要不是他机敏,早就命归西天。

这样的官场,岂可容身?

王韬从诘问,变成了同情,回省自己又转为暗自庆幸。

洋枪队成立后,并不意味着和谈被放弃。洋人组团到金陵去了好多次,王韬扭扭捏捏去的那一次,算是与太平军有过互动,但他还是不愿在众人面前承认。

洋人中最起劲的要数杨雅涵。他组队了好几次,最先一次将容闳也拉去了,他们一行倒见到了墨海书馆的老友,太平军中的干王洪仁玕。谈判没有什么成效,老友也没有拉到多少关系。王韬对杨雅涵这个年龄相仿的洋人没有太多好感。他就是图个新鲜,能跑的地方他都会去,满足好奇心而已。洋人中他给王韬的印象最糟。

用洋人来对抗太平军是清廷大员们的单向意愿,清廷实际的感受是两面作战的压力,在江南,倚仗的曾国藩等大员一度也被太平军压制;北京与洋人的那一战,则以完败结束。

为啥雨耕、孝拱在帮助了洋人之后,都变得古古怪怪?

---

① 煞根:沪俚,表示一种极致的感受。

洋人这趟水真的不能踏得太深。

所以当艾约瑟再邀王韬见洪仁玕时，王韬断然拒绝。

对于太平军，钱莲溪那一次是随英国公使去的金陵，知道得更详细更清楚。王韬经过城南钱莲溪寓所时突然想起，便随性去找莲溪。

莲溪对王韬一直是非常客气的，并不会因其临时到来为忤，而是立刻茶水伺候。这几年莲溪也是为生计东跑西奔，琉球之行让他经济上有了基本好转且胆子也变大了。他向王韬讲了许多和其他人不一样的情况，有点扭转了王韬对太平军的态度。

金陵也有十几年没有去了。

王韬想起了随顾师在秦淮河边的风流往事，脸上还是有点热乎乎的。

从莲溪那里出来，王韬一路回想着得到的新消息：公寿居然离开上海了。

怎么也不打个招呼？

看来上海的安全问题是让一批人都担心着的。朋友们的离去让王韬感到一阵阵寒意，上海这次不知道能不能躲过这一劫。

路过小校场，里面动静很大，原来是洋枪队在操练。王韬停留了一会儿，他发现队里不但有洋人指挥，更有许多脸孔黑黝黝的人。

那不是吕宋人吗？原来有了外援了。王韬心里有些安慰。

熟悉的茶馆里，还是人头攒动，人们看见王韬来了，自动地闪开一条道，把最中心的座位让给他。春甫已经到了，壬叔还没来。这可是新鲜事，原来都是壬叔先到，春甫在医院总是比较忙的。

看大家的脸色就知道，原先讨论的话题一定还是与保卫上海有关的。

"爷叔，能不能你领个头，弄一支自卫的队伍，郁泰峰老丈有毁家纾难的愿望，他愿意带头出钱，我们也愿意！"人们纷纷点头，用期盼的眼光望着王韬。小刀会事件时，郁泰峰也曾出了一半家底钱，不过是给了小刀会的，他是城中耆老，大户人家，自有声望。

此事容再议。现在洋枪队已经有了,再搞有点劳民伤财。以鄙人之见……

王韬停下话来,咽了一口水。

上海虽然财富聚集,但因为也是西人居住最多,要打上海,可是要弄毛洋人的。

王韬在苏州见过太平军,可不是一般人描写的那个样子,对人还是有礼貌的,大家对太平军印象不佳都是听了难民的话,可难民们大都没有见到太平军就乱逃了,他们见到的大都是毫无纪律可言的清军的溃散队伍。从洋人和太平军的交往中可以看出,双方都在试探对方,看看共同的利益点在哪里,一时还不会产生剧烈的冲突。所以,王韬判断上海至少目前不会发生战争。

但是茶馆中的大部分人都不太苟同王韬的话,他们认为王韬不想挑头的原因只能是钱的问题。钱,在上海这个开埠了近二十年的城市里,已经开始被人们崇拜。人们有理由相信,如果能拿出更多的钱,王韬一定会同意的。

"拉一支军队或请洋人出兵,爷叔只要做好这一件事,要什么我们都答应。"

这是王韬最不愿意面对的场面,仿佛被人架在半空中,上下不得。幸好,此时壬叔春风满面驾到,他与王韬耳语几句,两人在众人疑惑又期盼的目光下,离开了茶馆,后面自然还跟着春甫。

跌跌撞撞,他们来到了一个平时不常去的小酒馆,壬叔的第一句话就让王韬和春甫吓了一大跳。

"我要离开上海了。"壬叔说得爽快,另两位还是摸不到头脑。

"曾大人将在安庆设立军械所,诺汀、雪村和我都接到了邀请,一旦来令我们就成行。"壬叔所说的曾大人,王韬和春甫都知道,就是负责全面对抗太平军的曾国藩,诺汀、雪村就是华蘅芳和徐寿,王韬都认识。

看来曾大人这次要实打实的实用性人才,巧辩之士难以入幕了。

王韬一眼就能辨别方向,这一方面他仿佛是天生的敏锐。

恭喜恭喜。

王韬倒是真心地为老友高兴,年过半百,倘若再无机会,一生荒废了。中国人的"功名"二字实是人生的全部意义,如果没有,你受的教育等于是零,人生价值也是零,你到头来也完全都归零了。王韬知道自己在向零发展,佣书洋人还有什么发展前途?如果能像壬叔他们那样被当权者垂青,也不枉此生了。

王韬甚至没法嫉妒壬叔他们,这次曾大人要的都是技术性人才,也就是说,在与太平军的作战过程中,曾国藩认识到了洋枪洋炮的威力,想借壬叔他们之手,利用洋技术,造中国人自己的军工产品。

曾大人的眼光真是老辣啊!

王韬意识到,两江总督曾国藩人虽然不在上海,但是目光可是一直盯在上海,连壬叔他都知道,更不用说大名鼎鼎的自己啦。

王韬感到自己不能妄自菲薄,应当贡献自己的力量让有关方面看看谁才是上海滩的顶尖人物。

王韬心潮翻滚的时候,春甫安静地坐在一旁,功名仿佛离他很遥远,他只是在心里对远行的朋友默默祝福,没有留恋,也不羡慕。他的目光落在了你所不能肯定的那个远方,落在了一片别人所未知的天地。

王韬知道,春甫的善良不能也不会被他们这些人的感情所左右,他在基督这个世界中沉湎已久,他和小异完全不同,但这并不妨碍他们都成为最好的朋友。

壬叔,我们再约剑人来,一起为你饯行吧。

王韬和壬叔他们相识在上海也有十年了,对壬叔,他无形中有一种依赖感,茶馆酒楼,壬叔永远不会是主角,但他坐在那里,王韬就是开心放心;王韬也知道他爱女人的命门,他和朋友们无论在当面或背后嗤笑过也嘲弄过他,但完全是善意的,有时也是为了自己开心。壬叔好脾气,也常常让着王韬依着王韬,他喜欢这个能说会道思路敏捷的小爷叔,他也非常奇怪,像王韬那样才华四溢的人朝廷为什么弃之不用?现在流传着学洋的风气,洋人的心思王韬比自己更熟知,任用王韬对国家绝对有利啊。壬叔下决心,只要有合适的机会,一定要举荐小爷叔。

壬叔还有其他朋友之约,大概要为他庆贺什么的,照着平时,壬叔是一定要拉王韬共赴酒会并一直弄到玉山颓的,但今天的王韬是独人向隅。大家彼此心照不宣地分手,春甫陪着王韬一路走回家。

"公寿到那边去了。"

王韬知道那边是指什么。他没有想到文静的春甫消息是那么灵通,绝不像他这个人的表面,因为他平时根本不涉及这类话题,如果这话是小异说出的王韬一点都不会惊奇。

"公寿没有和你道别是怕你不同意而挽留他。"春甫接着说,"他说现在这里乱糟糟的,人心不定,干不成事。"

在与公寿的交往中,王韬早就感受到公寿作为艺术家的这一份要求,他需要一个平静的环境,但是上海此刻有吗?大家都人心惶惶,仿佛明天就是末日,这种日子真的没法过。索性就是太平军来了,又怎么样呢?王韬对自己潜意识中如此的大胆也有些吃惊:莫非自己也赞赏在他们那里所看到的一切。

春甫,你怎么想的呢?

春甫没有一丝慌乱,以不符合他年龄的语气回答王韬:"每个人都不希望担惊受怕地这样生活下去,但是这也是不能改变的。我们能做的就是自我平静,我在医院里实际上就是学习这种本领。我入教呢,也是为此给自己内心创造一个这样的环境。"

春甫非常有条理地回答。王韬内心里暗自赞叹:他是什么时候一下子变得如此沉稳的?这样一想,倒把春甫接着的话听岔了,王韬好像还听见他说,他很在意周围的朋友,眼见朋友星散心里没有一点波澜是不可能的,但朋友要做的,一定是他们自己认为对的,所以我们应当祈祷他们都能成功。

王韬有些迷茫。他的两个小字辈朋友都比自己定力强。小异誓不入教有他的充分理由,他的刚烈的性格难可方圆,王韬早有领教;但对春甫的认识,王韬感觉自己有些走眼,只是自己愚蠢地没有能早点发现。

他已经不是那个一直叫他"爷叔爷叔"的孩子了,他有自己坚定的想法。

"爷叔,你也会走吗?"

春甫点中了王韬的要害。王韬觉得在沪上十几年了,开始就是为了稻粱谋,佣书洋人,搞起了对不起先人的外国经籍,如果当初不是顾师的那句话,自己早就回到甫里了,现在这些个洋玩意自己也搞明白了,再在上海待下去也搞不出名堂来了;只有朋友,才是他留在上海的唯一理由,但是现在是连朋友们都离开了,王韬真的不能说服自己再在上海生活下去了。

如果真的要走,也会经常来看你的。王韬心里想着,没有说出,他不愿意去伤害春甫的那一片纯真。

不会的。还有哪里可去呢?

王韬安慰着春甫。

"公寿去的地方啊,他们和我们一样信上帝。"春甫的说法如此直接,王韬听之如雷炸耳,心口急跳。

春甫,这个是你自己的看法?

"爷叔不会不知道,他们洋人有去过金陵的,回来都说那里不错,和他们称兄道弟,至少不会兵戎相见。"

春甫说得一点不错,王韬心里明白。他和洋人们到过苏州,亲眼看到过太平军统治下的情况。后来洋人再邀他去金陵,当时时局不稳,家中又要照顾,他就坚辞了。而前几天,艾约瑟反复又来邀金陵之行,王韬有些心动,看来不入虎穴焉得虎子,应当去看个明白,然后再作定夺。

艾先生正要我陪他去走一遭。

王韬对春甫绝不隐瞒。人生的许多秘密能有一个分享的人,也应当视作一种福报,只有春甫有这份幸运,连壬叔、剑人都没有这样的待遇。

"嗯,应当去看看,要不是医院跑不开,我倒很想一起去。"

春甫的鼓励或是怂恿令王韬下定决心。王韬这一次要决定的非但是自己的命运,如果太平军真的靠得住,那么老朋友们的另一种选择不就完全是错误的?王韬顿时感到天降大任于己身。

和春甫的那次交心后,王韬果然又得到了随艾约瑟去金陵的邀请。王韬能够答应与艾约瑟一起去金陵,一方面,是与春甫谈话的直接原因;另一方面,他与艾约瑟也是几位洋人中除麦都思以外关系比较密切的之一,两人一起编译了一些书籍,这是王韬参与翻译的非宗教类西方著作,让他大开眼界。

王韬愿意赴金陵的更重要原因是,他在上海给清朝大吏的对内对外建议函都石沉大海。没有人把他当一回事。这使他感到真真没有面子。知己的徐君青大人已战死,朝廷中知我者尚有谁?王韬深感悲哀。但在对面这个太平军阵营中,倒是有一个相知的人,那就是居位显赫的洪仁玕,虽然那时候在墨海书馆时他们之间只是点头之交,但王韬却时时得到一种心理上的暗示,这种暗示等待着被触发的时机。对于上次苏州之行没能见面,王韬还不死心。

是这一时机到来了吗?

二十二、辞庙

1862 年 9 月 24 日。

怡和洋行的鲁纳轮船拉响了汽笛,一团团黑烟从烟囱中强烈喷出。

美国人麦高温和王韬靠在船舷边。

江水开始猛烈地拍打着码头,人和岸上固定的景物开始错位,幸好钢丝缆绳还和码头连接着,船体有种欲离未离的冲动。

岸上的黄春甫还在向他们招手。麦高温热情似火,做着一些夸张的告别动作,仿佛有使不完的劲,一旁的王韬还是云里雾里,木讷地看着这个熟悉的城市。

就这样离开了吗?

王韬心中一片茫然。

又一声汽笛响过,码头上一阵忙乱声里,麦高温才匆忙走下舷梯,在船员松缆绳的那一刻,跳上岸去。

在王韬的眼里,这个城市在无助地向后,后退,后退,完全成了陌生的所在,但他分明还听得见"爷叔爷叔"的叫喊声。

声音越来越远,越来越弱。

终于,他听不见春甫的声音,只看到他舞动的双手。

终于,他看不到春甫,也看不到他所熟悉的那个城市,一切变得水天一色。

王韬无暇看千篇一律的风景，落寞地回到船舱，跌落在自己的卧铺上，身体好像散了架，仿佛再也没有什么力量能支撑他了。

他想用手抓什么，但四周没有他希望得到的，失望之极。无聊，如果身边有一本再无趣不过的书，他也会一个字抠着一个字地去读。

他莫名伤感。

他感觉浑身难受，内心中翻滚着一团火。

突然，感觉腰间被某一样东西顶着，他用手摸着摸着，好像发现什么，抖抖索索地摸出一样东西来，他激动起来，是一枚青田石章，在上船之前，春甫偷偷塞给他的，当时王韬还以为是盘缠。

王韬心头一热，石章上面是故乡老友潘惺如为他治刻的"红蕤阁女史"。王韬清楚地记得老友当时对石章的质地不甚满意，章的边缘有一点点崩。王韬用手不断地抚摸着崩口，脸上洋溢着一种说不出的情感。

他的心一点点松弛下来。数个月的紧张日子，真的让他神经绷紧到了极致，现在倒是可以心平气和地理一下思路。

在仕途黯淡的情况下，王韬还是没有放弃某种理想，虽然他自己也不明白那究竟是什么。他知道自己已过了三十而立的年龄，在现有的境况下前景难得有意外的惊喜了。但他心犹不甘，时刻睁大着眼睛，不放弃任何可以突破自我的缺口。艾约瑟的金陵之行邀约时他一瞬间私心猛然膨胀，不油然地想起埋在心中最远最深的那位不太愿意搭理人的洪仁玕。

不知他现在还是否想得起我呢？

王韬要用自己的眼睛再证实一下被人们称为"长毛"的太平军。

到达金陵时，艾约瑟和王韬最希望碰到的是曾在墨海书馆"挂单"过的洪仁玕。天不凑巧，洪仁玕不在天京，王韬顿感失落：他在现在太平天国中可是数一数二的人物。接待他们的是被洪秀全封为外务丞相的美国教士罗孝全。在宗教方面，罗孝全是洪秀全他们的启蒙师，他在太平军中有一种特殊崇高的地位。与欢天喜地聊以弥补的艾约瑟对比,王韬感觉自己并没有得到任何补偿,毕竟他此行就是冲着与洪仁玕见面去的。

其实因为没有见到洪秀全和洪仁玕,艾约瑟也心存遗憾,他写了一些宗教方面的东西通过罗孝全交给洪秀全,王韬则帮他用汉字通畅达意。

令王韬惊奇的是,在金陵,竟发现了成堆的英国人,英国的海军司令,使馆的参赞,上海领事馆的高级官员,等等,他们都在与太平天国的官员讨论上海问题,还有墨海书馆的慕维廉,他也在参与。

这里面是大有文章啊!

从金陵回来,王韬对上海战与不战心里有了底,他一改以前在众人面前侃侃而谈的样子,而是更愿意倾听别人的谈话,只是少量的点头,多数时是无动于衷,这种做派让春甫有点不太习惯了。

王韬的脑子七转八转,他热衷于比较了。他自己也不知道为啥要比较,样样事情老是将清廷与太平军比较,这种无休止的比较将他自己弄得非常累,但他感到一种莫名其妙的过瘾,这种过瘾有时使他钻牛角尖。

他们自称太平天国的国号,竟然将国中的玉字不带点,变成了大王的王字,雄心外露,但多少有点俗,戏弄成这个样子,看得出文化的品位。王韬喜欢将在金陵看到的点点滴滴细细品味,抓住某处失当的地方加以评判,仿佛很享受这个过程。

一声汽笛。

王韬感觉整个身体在不停摇晃。他看见一个西洋人在邻榻上小憩,他想象着那高大的体型爆发出难以想象的能量,地动山摇。而实际上,船体本身的机械振动让他陷入迷迷糊糊,迷糊中倒还带着某种清醒。

刘肇钧是王韬在苏州时认识的李秀成手下的太平军将领,一个民务官员,身材不高,为人热情。不知何种因缘,王韬对这个总理苏福省的官员感觉特别亲切,可能潜意识中王韬对自己家乡的父母官有一种天然的悦媚。王韬家乡此时正归属于那个苏福省。但王韬对他的官衔什么逢天义有点伤脑筋。其实岂止是对他,王韬对整个太平天国的职官制度,一头雾水,一片茫然。刘肇钧也知道王韬是当地人,更知他佣书上海洋馆,交结过许多洋人,也来兴趣。两人一接触便如故,刘肇钧极力向王韬介绍太平天国纳贤举士的善策,鼓励他留在家乡。

这个人,倒是不难相处。

王韬想到了公寿。

王韬在刘肇钧那里得到了他在清廷官员处得不到的满足,至少有人和他答话,而且对话不累。刘肇钧的邀请掀动王韬内心久已承压着的块垒,回到上海后,王韬思来想去反复权衡。

一个冬天的早上,人们发现他带着老母、妻子和两个女儿,在春甫的帮助下,登上了洋泾浜上的小船。

王韬泪眼婆娑。十三年来的最好年华所伴随的城市,虽然数次想要作别,但都是下不了决心,而今真的离开,岂止是千言万语能够说得清。

上海,带给了王韬一个崭新世界,这个新型的城市在按照世界的潮流在建设在发展,交通纵横,建筑物也已经钉着白底中英文的门牌,显得章法有度。王韬在这里交结的不仅仅是中国人,更史无前例地认识了许多海外的朋友,他们带来了不同的生活方式,不同的思想体系,不同的人生历练。在上海,王韬不是在想象中外比较,而是直接观察这种差异,这让王韬在感觉非常刺激的同时,也发现了王朝的破绽,很多很多的破绽。

当你发现航船有个破洞时,你会通知同舟的朋友,大家一起把漏洞堵上,或大家都认为你是小题大做时,你或可凭一己之力解决问题;但是,当这个洞口大到足以将船倾翻吞没时,有的人有资格选择共存共亡,而足够聪明的王韬发现了清王朝的那个致命的洞,但他或连共亡的资格都没有,这是最大的悲哀。

王韬只能选择了跳船。

回到家乡的王韬无比兴奋,他喝了酒,在醉梦之乡急不可待地洋洋洒洒地写下了自己给刘肇钧或者就是太平天国的投名状。他写得面面俱到,详细得不能再详细。

但是,精于计算的王韬这次亏大了。

那个像飓风一样横扫半个中国的太平军吹了十来年,轮到王韬借光了,风突然就停了?风停了!

刘肇钧的太平军于1862年初进军嘉定和宝山,4月在七宝王家寺与洋枪队及英法联军大战,太平军退南翔后,在王家寺的清军熊兆周部发现了化名黄畹的上刘肇钧信,内容是怎样采取阳舍阴攻的方式夺取上海。

刘肇钧啊刘肇钧,给你的东西你往上呈呀,你就直接交给洪仁玕,他知道我是谁。你东带西带,带到七宝干什么?啊呀,害在你的手里!

那不是我,是黄畹。黄畹不是我,我没有写过什么东西给他们。

王韬翻了一个身,抖动的船体对他毫无作用,他继续睡着迷迷糊糊的觉,嘴里念念有词。他的脑海中晃动着两个人影,他无力抓住,他知道一个是雨耕,另一个就是孝拱。

上海道台吴煦得到上峰命令通缉王韬时,知道王韬与洋人的密切关系,知道有一定难度,因为这牵涉到洋人,什么事一碰到洋人,非常棘手,要磨破三寸嘴皮。王韬如果藏匿在乡下,那是如海中捞针,难度更大,根本抓不到;如果让王韬到上海从完成使命来说是进了一大步,至少人找到了,不过在洋人手中,具体怎样处理,就看上面的决定。官员们对付压下来的命令,一向是有一套方法的。于是他向麦华陀表示无意于抓王韬。

麦华陀只要听到道台发誓赌咒就知道事情到了何种程度。他知道这个中国兄弟这次闯了不小的祸,看来还是先弄到身边保护起来再说,大不了,到香港去避几年风头。麦华陀一直是一个思路十分清晰的人。

事情果真如麦华陀想象的那样发展,王韬在上海的英领馆苦待了四个多月,清廷这边还不依不饶没有松口;麦华陀当面指责道台食言,道台对付洋鬼子已经有一套烂熟的经验,双手一摊,头一歪,奉上峰命令,一副无可奈何爱莫能助的样子。

去香港势在必行。麦华陀选好了日子。王韬熟悉的几个牧师那天都忙得脱不开身,只有美国人麦高温和王韬熟稔,让他辛苦一下护送王韬到码头。此刻英美人正在搞租界合并,麦华陀也叫得动美国人。

对王韬来说,这是一次绝望的旅程,几乎是有去无回。最是仓皇辞庙时,王韬脑中突然闪过前朝君王的凄悲。他甚至来不及和家人告别。

朝廷抛弃我不算,还要清算我。

王韬在昏睡中醒来,慢慢地走出船舱,天色近晚,又是一个彩霞黄昏!

王韬的心一阵战栗。

家人。

想起家人王韬内心无比痛苦。从家乡回沪时没有带上母亲。为了自己逃命连老母亲都撇下了,王韬感到刺骨痛心。而最最让他伤心的是,他在领馆避祸时,担惊受怕的母亲竟撒手人寰,王韬却不能奔丧。

母亲是为自己而死的,王韬清醒地知道。王家的血脉只王韬一支,朝廷下了命令,母亲一方面催王韬快逃,一方面又怕拖累王韬,所以坚决不跟他回上海。那时时节已近晚春,晚霞布满了黄昏的西天,登上小船时大家都无心欣赏美景,母亲身后的那一片亮色的背景竟然使王韬目眩,他看不清母亲的脸,只能看到母亲微屈的身体轮廓,而这竟是王韬与母亲人生的最后一面。

王韬已经不知道多少次背着船上的人朝着家乡的方向默默地作

揖,如果不是周围有人,他甚至会五体投地行大礼。

鲁纳轮航行经福州、厦门,又开往王韬此行的目的地香港。在这个时刻,王韬坐在颠簸的船舱里,给妻子泠泠写下了第一封家书,表达了自己对家人的强烈思念之情,不知道为什么,王韬的映像中闪动的不是泠泠的脸庞,而是小女儿忽眨的大眼睛。

到达香港后,王韬随挑夫到中环的英华书院,在那里,理雅各牧师正等待着他的到来。

伦敦会的理雅各在东方已经待了二十多年,原来在南洋一带传教,鸦片战争后到香港,一直在香港及华南地区从事宗教活动。此时他在香港也已待了十几年,各方面的人头已非常熟。上海的几位牧师与他关系俱善,对于王韬的能力他已非常了解,对王韬未来翻译中国经书的工作安排也有了眉目,余下的问题是不知道王韬有多大的耐心来配合自己完成这一伟业。理雅各一直在物色这样一位中国同行。

会是他吗?

及与王韬相见,双方才意识到误差极大。最大的问题是语言障碍,理雅各只懂粤语,听不懂官白,而王韬对于简单的英语还能对付一二,对粤语则一窍不通。好在正巧有一个在上海相识的老者在此,能帮他们沟通语意。

无独有偶,王韬在这里,还遇到了英华书院印务总管黄胜。黄胜与容闳、黄宽等三人是中国第一批赴美的留学生,1853年他来过墨海书馆,与王韬照过面。王韬心里真是高兴,在上海的十几年真是没有白待,到处有熟人。

几日过去,王韬小有习惯。香港的食物在上海也曾尝过,粤语则还是不能听懂,奇怪的是理雅各用粤语布道,王韬竟能知一二。王韬也跟着几个伙伴到处走走看看,唯此能让他暂时忘却乡愁。王韬的心慢慢地平静下来。

最让王韬不习惯的是他住所是个临时性的招待处,晚上投宿的人十分杂,特别是那些洋人,让他感觉十分不适。

十分无聊的王韬十二分地思念家人。从登港的前两个星期中就修了三封家书,并且,过了重阳以后,又急切地给醒逋投书,一方面告诉他上海妻女将有来港之安排,另外要求他保存好自己存放在家乡的书籍,待将来有机会回乡隐居时有所陪伴。同时他对醒逋没能帮自己理出一个书目表示十分不满。

王韬对醒逋就是那么老实不客气。

天气一点点转凉。到了1863年1月26日,在慕维廉教士的关心、在春甫等人的帮助下,泠泠千辛万苦地带着女儿们搭乘货轮来到了香港,一家人终于团聚了。

时光荏苒。

在港几年后,王韬的功名心不断地被周围的变化所触动。香港的一些知洋者三三两两地被内地官员们招延,黄胜也得丁日昌延请,至上海同文馆教英语。丁日昌赞成容闳提出要在中国发展"制器之器"的主张,他索性将容闳的留洋同学黄胜请来。而王韬也得知了丁日昌的那套思路,与自己极合拍,但王韬不得不自省其身。

这才是天高皇帝远的远。

王韬又一次想起了亡友小异的那句话,他深深地感到悲哀。

王韬虽然离开了上海,对上海的变化还是相当关心,特别是老友一班人的行动他还是密切关心着。春甫也时常与他通信,使他了解了上海方面的情况。壬叔仿造了开花炮,令曾国藩和李鸿章喜笑眉开。一班友朋中相继有人去世,他尚能节哀,但当他得知顾师于早年秋季归道山,心顿苦悲,竟不能一语。人生亦师亦友一路而来,王韬眼前一幕一幕闪过他们的过往,而现在自身远在南国,不能为老师执绋相送,哀情难止。王韬避开众人,独往林间徘徊。

上海方面也有好消息。他非常羡慕容闳,当初也进出太平军的天京,但不妨碍现在为朝廷服务,上海现在搞江南机器制造局,李鸿章通过盛宣怀拨巨资给容闳,让他大显身手。当然,容闳有留洋的经历,这次一出手就从美国朴得南公司进口一百多台机器。

知洋者的机会啊!

如果有机会,也索性设法出去看看这个世界。

王韬留着心。

二十三、英伦

王韬与理雅各的合作有几个年头了。

香港是个不大的地方,王韬又言语隔阂,新的朋友实在不多。保罗书院、英华书院、大书院等几个学术部门他都会经常去走一走,各种寺庙教堂也进进出出;当然,也免不了去了当地的风月场所。但王韬还是落落寡欢,戴罪之身终感沉重,心思也一直安定不下。有朋友带他隔海到广州一游让他散散心,也没见得能提起他多少兴致。

不知不觉过了五年,理雅各与王韬的《十三经》翻译才过了一半,牧师苏格兰老家有事,不得不先回国,但他不想中断与王韬的共同事业,便下了邀请,请王韬能够到苏格兰来一同完成翻译中国经典的夙愿;王韬倒也没有十分犹豫,闲着也是闲着,不如到洋人的国度去看个究竟,便欣然从命。王韬即将家属送回家乡,苕仙也到了适婚的年龄。没有了后顾之忧,他可以放心地开始了一段中国人少有的欧洲之行。

这将是一段怎样地经历呢?王韬有些忐忑。

船行海上一周,从香港到达了新加坡。王韬知道有上海旧友在此留居,寻访得到,见其一双女儿都是马来人的装束,而最滑稽的是她们口中竟还讲着上海话,其妻能烧上海菜,王韬有一种亲切感,有一种久违了的感动。

上海。

这些天来船上的生活令王韬感到十分枯燥无味,他常放任自己的思想,想着想着就滑回上海与壬叔、剑人茶酒合欢。在异邦,王韬感觉到有一线沟通希望的,只能是上海,而不是苏州,更不是甪里。想到上海,王韬有一种莫名的温暖。

心情舒畅了,王韬也有了点生活小情趣,看见热带地区色彩奇特的鹦鹉,王韬喜欢得不得了,购买了两羽带回船上,与聪明的灵物互动也别有趣味。不料乐极生悲,没两天,鹦鹉乘隙飞向自由的空间。

会飞到上海吗?

王韬有些痴痴,想起了自己最喜欢的诗人李商隐"身无彩凤双飞翼"的句子。鸟儿都有成双自由回家的权利。

王韬顾影自怜。

王韬此行船靠南洋诸岛,使他对上海早先认识的传教士有了更全面的了解,因为他们中间如麦都思、雒魏林等都有南洋一带的生活经历。存留在南洋的敞廊式殖民地建筑让他眼熟,和他第一次到上海见到的建筑多么相像。

船到锡兰,王韬寻觅了传说中如来佛的踪迹,及见明代郑和留下的遗物,王韬触景生情:三宝走得真够远。

过亚丁,船行红海,进入非洲和阿拉伯秘境,但见山红地赤,绝见草木。这个世界竟然还有如此绝境。王韬深深地感到自己不幸中还是幸运的。如此荒凉的地方真是令人恐惧的,更不要说在这里生活,人类能够生活在适居的地方,真是大幸。

同船人告诉王韬,现在这里是全球兵家必争之地,英国已驻兵多年,一直在运作打通红海和地中海之运河,一旦能通行,东西海上交通则不用远兜好望角,船行时间大大节省。这个实在让王韬吃惊:我们只是在计算着自身、着眼目前,而世界上有些人则在做全球事务。现在只能弃船从亚丁陆行到地中海,十分不便,将来苏伊士运河一通,船能够一帆而过,世界将有何改观?

王韬突然感到自己如同井底之蛙,现在才登上井台,顿时满脑子都是非我之念想！又再想到中华帝国这段时期埋首于内战,外患不断,不得消停,哪里还有心思放眼世界。

王韬悲从心来。

从陆路再经地中海到欧洲,经略意大利到达法国的城市马赛,王韬顿时被这座繁华的城市迷醉。天下竟还有比上海更纸醉金迷的城市,他无比兴奋。上海在王韬心目中的地位从来无可动摇,但马赛——

我的天!

王韬无法用言语来描述这个人间天堂。

在一家酒吧中,服务者尽是花季少女。她们花枝招展,且都能豪饮,王韬大开眼界,也来了兴趣。这些个花季少女性格开朗,也爱开玩笑,见王韬穿着华丽,都毫无陌生感地围上来,评头论足。让王韬目瞪口呆:吾辈有一二可心校书侑酒治局已是欢天喜地,此处竟是龙蛇列队。

比比皆是的咖啡馆,王韬有再三光顾之兴趣,他在香港早就熟悉了那玩意,但没有喝出太多的滋味,他觉得茶酒的味道更醇厚。

梦一样的景色留不住王韬的脚步,王韬只能在呼啸的火车上回味着对马赛的一见钟情。一路风行,胜过神功太保,只用了半天不到的时间,王韬飞速到达巴黎。王韬用着当初壬叔教他的简单算术,得出了令他震惊的答案:九百公里只用了七八小时,车速在每小时百公里以上!

出了巴黎的车站,王韬立马从马赛的怀抱中挣脱。马赛原来算不了什么?!王韬的双唇微微有些颤动。面对这个扑面而来的新世界,他再一次目瞪口呆!

欧洲的第一大都会!

自以为见过世面的王韬感受到前所未有的巨大冲击,这种心灵上的震撼令他如同一个稚童,在一个花花世界中既迷失自己,也迷失世界。王宫、博物院、凯旋门、大剧院和刚闭幕的世界博览会会址,王韬犹如进入一个旋转门,转出来的世界他无法控制。直到经过塞纳河边,他才感到如此的陌生又熟悉,他勉强地想起了上海,想起了浦江滨。在他的世界里,能与世界对得上话的,只有上海了。王韬情感上还是希望找到一个能够比较的参照物。

在去伦敦的路上,他仍然沉醉于巴黎短暂逗留时拥有的那个世界。但有了前次的经验,他开始憧憬着伦敦,不知道那里该有怎样的新奇。

冒雨乘着轮船渡海峡的那一刻,大风不友好地吹落了王韬的帽子。来自大西洋的滔天风浪,是这样的猛烈!他心头一紧,他的玄学经验告诉他,必须小心。

当登岸转火车达至伦敦时,天色已暗,万家灯火,整个伦敦安安静静,神秘似的存在。马车的的将他带到奥斯佛街的一栋七层楼房,王韬第一次登如此高楼,发现自己过去引以为豪的攀登记录,顿时变得毫无意义!

理雅各牧师礼数周到,从苏格兰赶至伦敦来迎接王韬。他将细致地带着王韬去了解当地的风土人情,而并不急于工作。

在理雅各和他的三女儿媚黎的陪同、介绍下,王韬游历英伦近十个月,不仅见识了现代化的城市状况,更重要的是对于西方用于维持文明繁荣的一系列制度得以初步了解。在英伦,王韬碰到了许多在华认识的老朋友,前总司税李国泰、前香港报刊主笔德臣、五口总督包伶等,都有见面或陪游,尤其见到了在上海朝夕相见的回国休假的牧师慕维廉、颌医院的主持雒魏林时,王韬是身在异乡见故人,各述契阔,其乐融融。王韬还遇到来英国的华人留学生韦宝珊和黄咏清,真是让他吃惊,现在英伦竟然也有中国留学生了。看来自己是离开上海太久了,变得孤陋寡闻了。

而接下来,理雅各令人惊讶地把王韬带到了牛津大学,将他引荐给学校,校方竟邀请王韬为学校的学生做客席演讲。

王韬与洋人打了几十年的交道,丝毫没有受宠若惊的样子。他从心底里认为就像在茶馆里与大家家长里短说道一样,他根本就不知道这是中国人第一次走上世界高等学府的讲台。他用华语做了中英两国交流简况的介绍,而后告诉大家,三百年前在中国看不见英人,三十年前在英国看不见华人,而今因两国和好,才有了你来我往的局面。

王韬在登上讲台的一瞬间,忘记了自己是戴罪之人,仿佛梦幻成官方的代表,是他从心里认定的那个国度。

学生们听之鼓掌声震耳欲聋。

王韬错认为大家都听得懂他的语言,其实大家只是尊重他的演讲资格。

西方的学堂提倡学教双向交流,即学生也有提问要求演讲者释疑的权利。有人要王韬比较一下东西方认识论上的优劣,王韬愉快地作答:东方是孔子之道,即是人道,只要有人,其道即不可灭;西方是天道,然传天之道也在人,所以东西方是殊途同归。

大家听了东方式的玄论,目瞪口呆。王韬欣赏着学生们深刻玩味的样子,心中窃笑,如果壬叔和剑人都在,那才好玩哉。

总体上,王韬感到英国人文明而又有礼貌,大家对自己这位远方来的朋友都友善而亲切。唯独让王韬尴尬的是他的服饰与英人大不相同,加上有个长辫,英人常误解他为女士,令王韬百辩莫能说明,处境窘迫。在中国,这种性别错识对于士大夫来说,无疑是极大的羞辱。

他有时大胆地想,是否可以将这条辫子割掉?

除了对异地的景物深感兴趣,与人的交流,包括对当地的习俗,王韬也太有兴趣。人们带他参观浴室,甚至参与葬礼,王韬都百无禁忌;观具有冒险精神的放气球,王韬会在心里默默为之祈祷;看海滨几乎裸体游泳嬉戏,王韬也装作能坦然目睹;视机器石料加工,使王韬深入到民间匠人中,感受到原汁原味的当地人的生活气息;每遇当地人歌咏,琴弦声起,王韬仿佛身入其境,不以己为异,好客的人们必邀他唱一曲,而王韬每每诗诵以答。中国古代诗词王韬背诵如流,往往获得人们的赞美。

渐渐地王韬发现,英国人并不能一下子就懂得或理解他的所说所讲,但是他们会给他鼓励,他们非常会拍手,鼓动起对方的精神。

王韬在英国时,陪他游览的有几位年轻的女士,这是一个女贵于男的国度。王韬深深地感到当初与伟烈亚力争论时,自己认为西方女人可即王位是个大问题,是多么无知啊!如果当初自己就熟知外面的世界,怎么也不会有这样的认知态度。

理雅各的女儿媚黎对中国也有了解,面对着某处自然风光,她让王韬作比较,是否与江南何处有一拼,王韬虽然随口说出邓蔚、莫厘两处,但他自己也总感到什么地方有些牵强。

住家主的女儿爱梨只有十五岁,冰雪聪明,琴棋书画无一不精,是与王韬对话极佳拍档,也是王韬外游的陪伴,特别能懂王韬的心思。

去苏格兰阿伯丁时,望族周西女士年方十七岁,美丽动人,与王韬最是相洽,甚至能让出自己闺房供王韬居住,这让王韬既惊讶又羞愧。他们一同外出旅游,西人的开放态度一度让王韬也按下了男女授受不亲的戒条,当周西女士香汗满颊时,王韬用自己的手绢为她拭汗。

王韬仿佛在梦里。当他面对周西明亮清澈的眼眸,突然一惊:这不是吃豆腐吗!

王韬收回了手,脸涨得通红,正手足难措时,周西大方地将手搭在他肩上借力,王韬见她鬓发凌乱,也自然而然地顺手为她拢了一拢。周西随口称谢。王韬感觉自己猥琐的心思真是有点可耻。

王韬和周西的亲密程度有时候令外人也看不明白,有些人私下笑问王韬,是否打算娶周西,王韬知道周西已有一个行医的未婚夫,但他还是开玩笑地将此言告诉周西,惹得周西大笑不止,疯疯癫癫地称自己本来就是个中国人。

大约在王韬离开香港两年多后,理雅各收到了香港方面的邀请,与之共同工作的王韬在"乐不思蜀"的状态下这才回神过来,做告别的准备。

王韬将要回国,周西含泪相送,穿着王韬送给她的怎么也不舍得穿的华丽衣服,并给了王韬一张自己的玉照,欲泪还止,情深意长。执手言别之际,王韬看到周西眼中含泪。见王韬注意自己时,周西别转了脸,不让他看自己落泪的样子。

王韬不知道此生能与哪个女子还能有如此奇特的感情。在风月场所,王韬曾是擅手,你侬我爱,也达到过人生巅峰。但对一个女子流露强烈的情感,而这种情感又恰恰不是男女私情,这对于情场老手来说,确实是第一遭。

马车动起来了。伴随着他的媚黎略带嘲弄地问王韬:"弄出感情了吧?放不下了?"王韬尚未从刚才的情景中回过意,他无心开玩笑,听任她酸酸地调侃。

女人和女人之间的醋意,全世界都一样的。

回程的路上,王韬还是忘不了老朋友,与韦廉臣、麦都思之母、麦都思之沙夫人、麦都思之女、雒魏林一一话别。

此一别可能就是永别。

王韬有这种深深的感觉,欲哭无泪。

大不列颠和中华根本就是一个不同的国度。

王韬在国内时对于英国人的行为不太理解,或者可以说根本不认同,经过这两年多时间的深入接触,对它的感觉已经从原来的表面观感而转入实际。王韬认为中英之间应该和平相处,英国的科技在中国应用将对双方都有利,特别是中欧之间如果能通火车,对于经贸往来将是第一重要,将来一定能实现。

对于他的那番宏论,英国朋友们无不神往,雀跃地让他估计一下何时能实现。王韬马上变得有些气馁,他知道自己的宏图几近幻觉,但他还是不想扫朋友们的兴,圆滑地说了一句:时不我待。

王韬在回程的船上,发现比来时行李多了,几次欲想轻装,发现没有什么是不必要的,尤其是朋友让他买的望远镜和眼镜,此时最是有用,前者能远距离看到行船将入的港口,后者则在行船无聊读书时更是左右不离须臾。昔日王韬在英国军队中看见有人配有望远镜,当时他不知道这是什么东西,现在想来,如此不是成了千里眼,如果在军队中配备,打仗焉有不胜之理?

应当尽快告诉朝廷,将外国人好的东西快快引进。王韬有点急。他忘了自己是朝廷的通缉犯,自己根本没有了通向最高阶层的通道。当他七想八想回过神来时,顿然泄了气,处于完全绝望的状态。这种绝望,是从骨子里冒出的,同身与共,王韬一下子散了架,人瘫在船床上。

王韬哪里知道,就在他游走于西欧的前那段时间里,清廷也派出了官方第一个外交使团出访欧美列国。

船颠簸着让王韬进入了梦乡,在梦里闪动着初恋者、梦蘅、泠泠、红蕤、宝儿。而他的手里,轻攥着一张看了又看的周西的相片。

二十四、香港

王韬与理雅各一起花了近一个月的时间乘船回到香港。他们得继续履行翻译经书的工作,需要花费大量的时间。

从海外回来后,王韬感觉有许多事情要做,也只能由自己来做,这种冲动由内心而出,无法遏制:时不我待。翻译经书对他而言不是最难的事,但他的时间真的大大不够。

理雅各对于王韬的心事非常清楚,知道他念念不忘忠君救国,对于王韬这样的人朝廷竟然不容,理雅各也被弄得哭笑不得,无可奈何。不管王韬今天是高兴或是不高兴,理雅各只管每天将自己的事做好做全,看着王韬的工作量时多时少,知道他情绪归情绪但也勉力同行,也就不言不语。他们相处已近十年,对彼此的脾气和习惯早已熟透了。

这一时期,王韬有一种强烈的叙述欲,他希望将自己近三年来在外的感受诉诸文字。偶然机会他与大臣丁日昌有了书信交往的可能,他要了一个小聪明,向丁巡抚推出西学圣手王紫诠,也就是他自己。他向丁日昌介绍了王紫诠西游近三年的情况以及中西比较,并试探请示由王紫诠来完成西方名著的翻译工作。

当王韬被迫离开上海之时不久,小吏丁日昌不知怎么的就入了李鸿章的法眼,被招至上海专搞制造。丁日昌也是官运亨通,如今已坐上了因李鸿章高升而空缺的江苏巡抚宝座。他本来就满世界在急切地招募熟悉西学之士,对于"飞"来的王紫诠哪里会拒绝,当然一口应允。王韬心满意足,满心欢喜地攀上了高枝。于是王韬在翻译经书之外,把更大的精力放在了编译《法兰西志》上。

工作进行得非常顺利,或是因为离开内地后第一次与清政府的大员挂上了钩,王韬看到了一丝希望,动力十足。等《法兰西志》脱稿后,在此基础上,他与人合作完成了《普法战纪》。他借王紫诠汇报工作的机会来展示西学才华。此书不仅送给了丁日昌,连李鸿章都给了,令中枢大臣大开眼界。

其实早几年曾国藩首先就对王韬动了心,欲招至江南机器制造局。王韬欢天喜地,终于又有回上海的希望了。泠泠也偷偷流下了热泪,随王韬奔命在外,竟还能归还!

也是王韬天无交结曾公的命,才挂上了钩,曾国藩竟病逝而去。王韬扼腕痛惜,哀叹自己命运不济。

王韬不曾知道,他此刻所翻译的书籍,后来还是对他的转运带来了意想不到的惊喜。

朋友们还是很同情王韬的,后又为他陈言于李鸿章,李鸿章也认为人才难得,有"千金买骏骨"之愿,但无奈官僚机构左右掣肘,此事后来不了了之。王韬只能暗自神伤等待机会。

让王韬深感哀伤的是,长他三岁的姐姐在此时过世了。姐姐当年嫁于周侣梅,也是很好的人家,育有一子一女,应该也是很满足的了。外甥王韬看见过,照理甥舅关系是很亲的,但不知道为什么,外甥当时给王韬留下的印象很不佳。果然,姐姐家的两个孩子都没有教育好,酗酒抽鸦片病入膏肓,最后都是白发人送黑发人,姐姐怎能不伤心,怎会不早逝呢。

在这一点上,王韬对泠泠说不上不满的话。王韬虽然只有两个女儿,但是泠泠看管得很紧,教育上一点不放松。苕仙是前几年王韬在苏格兰时嫁给吴兴秀才钱徵的,钱徵现在是新办的申报馆的大编辑,王韬对这门亲事非常满意。更重要的是,王韬对《申报》有很大的兴趣。在上海与伟烈亚力的那次辩论,"应当发展报业,让民意畅达,高层也能知道",伟烈亚力的话一直冲击着王韬的大脑。王韬决心一旦得机会一定要试试办报。

事也凑巧,理雅各要回牛津大学主持汉语讲座,这一下王韬完全解脱了。他立马与黄胜等人集资收购了理雅各英华书院出售的各种印刷设备,组建了中华印务总局,印制自己写作的出版物。

1874年1月5日,王韬又在香港创办了《循环日报》,完全仿照西方新闻形式,头版首栏的政论自己主笔写就,开始了自己玩的模式。他将自己在西方看到的种种好处一一摆出,鼓吹学习西法,仿效西方的先进所长,以期改造中国。结果他发现报纸实在太好玩,比在上海茶馆酒楼里演说反响大得多。一时王韬声名鹊起,连广州方面官府有什么情况有什么疑问,都要问计于他。王韬应东答西,指点江山,风流岭南。

国内由王韬的朋友容闳发起的幼童留学计划经多年酝酿得到朝廷准许,容闳带领了第一批学童,黄胜带领了第二批学童。两位都是最早赴美留学的学生,操作此事熟门熟路。对此,王韬非常羡慕,眼看西学热潮越来越火热,也许哪一天朝廷也会对自己网开一面。

王韬期待着。

果然,王韬的一系列活动及论点引起了上海方面的注意。女儿苕仙和女婿钱徵带着一双儿女来港看他,说是省亲,实际上钱徵带来了《申报》当家人美查的指令,要求王韬为《申报》供稿。

女儿一家来港让王韬享尽了天伦之乐,但期间,王韬还是免不了感伤:都是钱家的人,没有一个姓王的。

王韬不知道自己的这个想法深埋在自己身体的哪一个部位,时不时它就要冒出来,敲打他一下,好好的情绪立马变得灰头土脸。

列祖列宗唉!

王韬有时候想到自己百年后面对祖宗时的场面,心中略有些发毛。

女儿和女婿在港待了四个多月,回上海了。

让他高兴的是女婿钱徵回上海的时候,带去自己的作品《遁窟谰言》和《瓮牖余谈》两书,说是由申报馆出版。

上海又有了自己的存在。

王韬和醒逋一直有信件来往,得知醒逋也离开了甫里,已经在苏州生活,羡慕不已。醒逋从苏州来信,要求王韬为他在苏州觅到的沈三白《浮生六记》书跋文,王韬欣然命笔。早年他就读过此书,歆慕有加,也曾幻想自己能有这样的好运。自是人生长恨水长东,才娶了梦蘅没几年,香魂作灰,扼腕长叹,天不借年啊!

上海的来信使王韬生活变得更有动力,但也有使他痛苦的。几个月后女婿钱徵突然来信报丧,说苕仙去世了。王韬这下子伤透了心。他和梦蘅唯一的后代,白发人送黑发人,天道不公啊。祸不单行,没几天醒逋又来信说是王韬的堂侄等亲人数日内相继身亡,王韬欲哭无泪。王氏这一门算是葬送在他们这一代人手中了。

其实,王韬离开上海以后,朋辈中天人永隔的数不胜数,最亲近的是蒋剑人,是在他赴欧的期间去世的;再一个是春甫的哥哥吉甫,是1871年去世的,当春甫来信报丧时,王韬心情绝难接受,吉甫的形象一直在他脑中晃荡。

王韬即时想起自己最好的朋友壬叔,从朋友的来信中知道他在京城任同文馆天文学算馆总教习。王韬经常去广州,得知他与那里的几位朋友经常书信往来,心中不免有些酸,便提笔问罪,埋怨他为什么连一封信都不给自己。

朋友朋友,走着走着,星散了。

王韬长叹一口气,怀念着彼此在上海吃茶聊天喝花酒相逢情如兄弟的日子。这样的生活刻在王韬的心间,难以抹去。现在三个兄弟,去了一个剑人,壬叔则与自己天南地北,音信全无。王韬想想就悲从心来。

按照中国的算法,王韬近五十岁了,他尚不能按自己的心愿回上海,心中哀怨无人可知。此时,又一个诱惑向他抛来:理雅各再次邀请王韬西游。王韬自知精力大不如前,愈老愈希望自己能贡献而不是获得。他认为自己身上的那些东西能为国之所用,已经是上上大吉了,再作西游也只不过是锦上添花。所以他谢绝了理雅各的好意。

王韬早就知道单靠内地朋友的力量是无法让他回到上海的,加之人在则亲,人离易疏,强要人家为自己是一厢情愿。于是他在香港主动出击,瞄准的对象就是刚转任福建巡抚的丁日昌,他还是用老办法,借他人之名疏自己胸中块垒,把古今中外融会贯通的观点直接对丁日昌倾倒,翻译西方书籍是一大内容,加强贸易更是再三强调;王韬还积极向丁日昌推荐知外人才,伍廷芳就是这样与丁日昌相识的。

在上海相识的老熟人唐廷枢景星路经香港要去丁日昌处,王韬忙不迭地拖上伍廷芳和他开宴交谈,并让他带信给丁日昌,信中除了指出台湾问题的重要性和复杂性外,还提出了在外设领事馆和发行外文报纸的建议。唐景星也是重要的洋务人士,李鸿章曾委任其担任招商局总办,景星主持开平矿务局时,王韬也给了他许多建议。

当王韬得知丁日昌巡视台湾时,马上又上书,提出了对洋务的总体看法。对于治国大政、学习西法、军队改革、人才培养、台湾治理问题等,都提出了自己独到的见解。不知道为什么,王韬对台湾的事务特别关注,可能是他潜意识中的台湾女婿的身份。

王韬的建议会得到了人们的认可吗?他自己也不太清楚。

不过,大家有事都会来与他商量,这倒是事实。连境外也有人来征询他的意见。越南户部左侍郎希望请教王韬对外商业问题,来到香港王韬的家里,王韬热情招待。左侍郎提出了治国两大要素:人才、民心。王韬则补充八点:理财、讲学、备边、治民、制器、造船、通商和睦邻。左侍郎还问起俄土之间的争斗对东方的影响,王韬认为这至少可以分散他们对东方的关注度。一旦战事结束,俄国可能对东方又有更大的动作。

王韬在上海的老熟人吴子登也来香港拜会王韬。王韬和他们兄弟几个认识还是通过小异的关系,在上海曾经一起诗酒征歌也瞎混过几年,彼此像煲了几天的老鹅——烂熟。子登也是当初一起学习摄影的爱好者,在曾国藩幕下,还用在上海学到的摄影方法为其留下了一张存世照①。此次也是赴美任留学幼童监督转到香岛。两人相见,青丝变成白发,不免感慨万分,"遥遥一别十九年,相逢意外殊枉然"。

感慨归感慨,王韬闹不清,此等关系中外教育交流的大事怎么轮到了子登?王韬见不得人好的老毛病一直会犯,只是虎落平阳,自己知道怎么收敛罢了。

王韬在自己创办的中华印务总局印出了自己的两部旧作《海陬冶游录》《花国剧谈》。两者都是他在上海的访艳绮游的旧时记录。王韬难忘上海,深深地迷恋在上海的一切。其实它们早在十七八年前就完全没有了指南价值。龚孝拱在上海时就获之如宝,欲按图索骥,王韬不无遗憾地告诉他,完全对不上号了。

虹桥一带的三牌楼四牌楼,王韬在香港还如梦一般地幻想。宝儿嫁人后,王韬又有许多知己校书,当时在王韬心中各有分寸,才容千秋;现在想起来,都是绝色佳人。其实这不难想见,上海当时是集中了四周人来投奔的,包括了他们所带的资源和那些漂亮的女人们。

王韬想上海的时候,机会也一点一点接近他了。

19世纪中叶,岛国日本的国门也在西方的坚船利炮下被打开,在王韬西游的期间,日本开始了明治维新,全面引入西方的东西。日本与中华同文,他们在大量直接翻译西方的书籍时,另一只眼睛在中

---

① 王韬早年在上海时,曾与吴子登兄弟讨论过摄影技术,还约了外国人来教授。吴子登用此术为曾国藩留下了一张存世照片。《曾国藩全集·日记4》:"(同治十年三月二十六日)树堂约吴子登来,以玻璃用药水照出小像,盖西洋人之法也。为余照一像。"(岳麓书社2011年版,第427页)

国扫描,看看中国引进了西方什么。王韬的《普法战纪》被日本陆军文库首先铆牢①,爱屋及乌,他的其他著作虽然与洋务无关,但能够在日本上天入地,将庙堂与花巷熔于一炉张焰,无不散发着某种神秘;如同佛教印度至于中国,传统中国至于日本,也是同样有神秘作用。

作为刚刚吞并了琉球的日本国,给王韬发来了邀请函,这实在让他吃惊。日本人是怎么知道自己的?王韬对日本的认识源于在上海,那时他和春甫兄弟争相为合信留下的肩舆属权口谈时,日本人则将合信的书籍悄悄购去,王韬深受刺激,春甫也懊恼不已,两人都知道他们失去了什么。王韬自然知道明治维新十年光景日本发生了质的变化,连北边强敌俄罗斯都忌惮其三分。这样的变化将带来什么样的结果,王韬心知肚明。

如果能亲身经历一下将是怎样一种感受?何况对方以国士的礼遇相待。

王韬在收到了日本文化界名人寺田南望的邀请函后,决定东渡。

---

① 铆牢:沪俚,意为盯住、牢牢地看住。

二十五、东瀛

1879年4月7日,王韬乘英国轮船回到了阔别的上海。这也是他在十七年前离开后第一次回到上海。

他是应邀赴日本顺便在上海停留的,清廷对他这个通缉犯可能已经淡忘了。

上海。

在船上时他就有些激动,有些语无伦次。上海,他是刻在心里的,而故乡,则是流动在血液的;流动在血液里的,他可以无知无觉,但刻在心里的却无时无刻会泛起、漾开、再泛起,让他根本无法丢弃、无法解脱。

王韬离开香港前,曾与由沪来港的买办广东人徐润作过交谈。徐润当初虽然比王韬晚几年到上海,但在王韬被迫离开上海的时候,也正是他开始发达的起点。徐润和唐景星等一起创办了上海茶业公所,对上海及其周围广大地区的茶叶贸易进行控制而挖得第一桶金,并用所得的资金作抵押,贷得更多的资金在上海等地又购入了许多地产,而这些年间,租界地产价格一直在成倍地涨,他发了大财。后入李鸿章帐下,任招商局要职,更创办了同文书局,影响甚巨。徐润与王韬在上海就相识相知,他对王韬也敬仰有加,上海的茶馆酒楼也就像是他们的客厅;徐润赴香港也多次寻王韬叙旧。

"爷叔,"徐润比王韬弱十二岁,当初也随春甫这样叫王韬。"到上海住啥地方？"

王韬因为回上海一时心情激动，根本也没有想过这一问题，徐润一提，他反而僵住了。

这还真是个问题。

墨海书馆早已歇业，在上海的老友们也是各奔前程，其中一些，早就不在人间，墓木已拱。如此一想，王韬突然感到上海变得陌生。

徐润见把他问住了，笑了一笑发出邀请，立刻解除了他的尴尬："住我未园吧。"

徐润的未园在公共租界的苏州河北面，上海美英租界合并后，许多有钱的中国人都在此地置业，外国人也觊觎苏州河北岸的那块热土。三年前外国人在附近修建了中国第一条铁路，后来反对者众多，最后由朝廷出了银子收回，于是那里只留下了一个"铁马路"的名字，像是留给上海的纪念。徐润的未园就在铁马路的附近。

这段故事，王韬在香港也有所耳闻。他生活在上海许多年，但对这块地方还是很陌生，现在一听徐润邀请，马上点头应允会去看一看。

他的心里还撑着老大优越感：我们过去散步一到老闸便走回头路。翻过苏州河的乡下，哼！

4月20日，船抵吴淞，竟因水浅不得入港，王韬心急如焚。21日晨船终于抵达上海，王韬下了船，一路车马先到离申报馆不远的昼锦里景福巷的钱徵昕伯家。钱昕伯知道岳丈来沪，哪里能让他外住。王韬安顿好后吃了午饭，就匆匆去见春甫。

老友重逢，相别十七年，千言万语，一时不知从何说起。

春甫早就知道王韬要路经上海，也为他准备了住宿饮食，就如同王韬过去云游外埠回乡一样。春甫了解了王韬住钱府之后，也没有任何不快。春甫实际上担负着非常重要的医护工作，从实习医师而成为助理医师，他在上海的西医历史上，可以称是华人西医第一，但在王韬面前，永远定位于跟班的角色。人与人之间的关系就是那么先入为主的。

接下来的日子王韬被在上海的老友困住了,徐润的未园当然是首选去过的,这个今天请,那个明天约,秦楼楚馆,自是雾里看花,使他开心得一塌糊涂,但同时,他发现有些不真实,这种不真实完全来自自己的身体和内心,身体告诉他应该休息,内心也一直在拒绝更多的应酬,感觉厌烦。王韬已经年过半百了,他的精力不允许他像过去年轻时一样孟浪。在花楼、茶园又度过了几天后,王韬发现,自己在香港时对上海十七年来的一切念想,已全部被耗尽。

十七年了,又是一批新人。

王韬是老于欢场的,但是面对如是新的场面、新的丽人,恍如隔世。同时他非常珍惜自己回来的有限时间,努力让自己摆脱眼前的处境。

于是人们听说王韬已经离开上海,于是大家都知道王韬回甫里了。

王韬也确实去故乡走了一遭。祭扫了亲人的墓,会见了老朋友后,他便急急去了苏州,在留园,徐润已经等着他,原来两人在上海就约好了,去留园由徐润介绍他认识盛宣怀大人。

只有在苏州的日子里,王韬好像又有点回到了从前的感觉,一方面醒逋就住在苏州,可以昼夕阔谈,从一开始的恭敬谦让,到面红耳赤,大概也只有几分钟的过渡;另一方面整天都有徐润和唐景星作陪在身边,侑酒征歌,三人在一起,日子过得十分逍遥自在。

二十多天的苏州之行彻底放松后,王韬从上海出发去日本。离开上海的前一天,盛宣怀、徐润还为他饯行,日本驻上海的总领事也出席,王韬的虚荣心满足到极点。那天他有些喝多了,按照他过去的惯例可能会当场吟诵一些什么,但事后他确实想不起来了,也不见于任何记录。

王韬船行日本的第一站为长崎,在那里,已经有一群日本文友敬候为他接风,棋亭酒席,歌诗吟词,如此氛围,是王韬的擅长,而在茶酒的氤氲中作安静笔谈,虽然与高论阔谈迥异,但听众的层次完全不同,王韬也得心应手。异国人士看到王韬龙舞笔墨,发出由衷的赞叹声,王韬也幽默地学着他们的声音,又引起了善意的笑声。王韬善于调动大家的气氛,只要他在,绝不至于冷场。

当然,王韬猎艳采风的旧习丝毫没有因异国原因而收敛。一到日本,便有友人知道他的"寡人"之好,即为他觅得一女阿朵,王韬是一路风流了。在英国时,他是有心无胆,只能选择克己,而日本的风俗与中国相同,金屋藏娇似乎是一种美德。王韬名士也,日本人感到非同一般的高高在上。

王韬第二站是以神户为点,前观京都与大阪,之后又去了横滨,一路拜会当地的领事官员,并和日本上流社会赋诗醉酒,雅集连连;最后落脚东京,拜见了驻日使馆官员,尤以结识参赞黄遵宪为余生的精神朋友。"公度,公度,"从此王韬和这位后来维新变法运动的积极倡导者互相影响,双方对于日本和世界的问题,有高度的交流和共鸣。对于王韬曾经西行的精彩经历,黄遵宪心向往之,他早就想结识这位高人,想看看朝廷的通缉犯到底长得怎样,而把自己为朝廷命官的角色,忘记得一干二净。

在东京,王韬大部分时间住在学者重野成斋家,这里成了王韬与日本文人相识、交流、互动的重要场所。日本人对早期魏源默深先生的《海国图志》深为叹服,也有深刻的研究,但认为王韬更青出于蓝,他们细心地比中国人更清晰地读出王韬和魏源的区别,冈千仞更把王韬推到为中日交往三千年以来第一位访日的中华名士的高度。这种吹捧让王韬十分受用,但王韬知道自己几斤几两。

"师夷之长技以制夷"是魏默深第一个提出的。当时东方人对西洋人了解不深,能提出这句话已经是相当深刻的;可现在有了几十年的一定了解,可惜我们至今所做的事还仅是学样,皮毛而已。

王韬只谈洋务西学在东方现状,只谈前辈,显得寡独清瀏,识论高于一般水平;不夺前人之功,尊前躬己,反而更使人对他的行为逻辑更敬仰了。

东瀛之行大获成功。为王韬赢得了极大的声誉,社会影响巨大,各方都将他看成洋务专家。在人们躬身称诺中,王韬感觉自身价值的飙升。

从日本返回时,船经上海,王韬又千万留恋了两个星期。春甫是他随身之伴,还是和过去一样,鞍前马后,爷叔长、爷叔短地珍惜着每一刻相聚的时光,弄得王韬越发不想离开了。王韬发现他离开的十几年中,上海的变化非常剧烈,晚上街道上已经亮了街灯,交通工具已不是肩舆,而是日本常见的人力拉车,这是当初他在上海时做梦也没有想到的。上海当初哪里有这样发达,雨天双脚都行走在泥泞道上,晚上碰到下雨,一般都回不了家,就睡在朋友家里。王韬想起自己家里也常成朋友们的寄宿处的情景。

日本之行畅心怡情,只是王韬已经五十出头,半百年龄本来就是残烛之势,酒色之后更是药石难离。回香港后,南方气候对他的气喘略有帮助,在慢慢调节下,身体尚得恢复,缓过劲来后,他又故态复萌,常去广州作冶游。他把这一切都看成了日常。外人也见之不怪,以为高士应有的风致,仰慕不已。

日本之行使王韬对于自身有了新的认识,他对于印刷的物品更加重视。著作是自己思想的载体,但它远比自己走得远、走得快,而且比人更留得住。因此,人生的头等大事应当尽快地把自己写下的东西排印成书。想到这里,他马上行动,很快出版了《蘅华馆诗录》,又刻印了《弢园尺牍》。而在日本,栗本锄庵在东京也隆重出版了他的《扶桑游记》,但王韬对此书不太满意,认为删节得精华全无。

鉴于王韬在日本的声誉之隆,驻日的中国官员曾请求清政府对王韬赦免,并派其驻日本使馆工作,因为日本对华关系他们越来越难掌控,王韬或能改变这种状态。但回音全无,朝廷还是老大自居,没有兴趣应对东方小兄弟的挑战,弄得使馆一拨人灰心丧气,而被调高了情绪的王韬,也像晾了几天的茄子,瘪了。但中日关系,确实到了某种转折点,朝廷根本没有察觉到,即便琉球已经被日本所控制。

日本在等待着中国的反应。中国没有反应。中国不作反应,日本倒有些不安。他们希望通过民间这条路,来摸摸虚实。

王韬在为自己流芳百世做着最后的努力,他写下了《弢园老民自传》。

生不作传是中国历来的传统,而王韬置这个传统而不顾,一反常态自己写下了传记。他深感自己年过半百体弱多病,有生之年无多;更认为自己已是公众级人物,谁能担当自己永垂不朽大业的记载者?王韬想到了两个人选,一个是小异,以他的学养和耿直性格可以担此大任,可惜他早就离开人世;另一个是贴心小友春甫,但春甫学识不如小异,忠心有余而笔力不逮。

要论传记写作到位的话,只剩下自己了。王韬知道。

王韬最担心的是他与太平军的那一段过往,那是他的痛处。他希望自己能将讲不清道不明的往事通过某种方式解释清楚,使其公众形象不至于因为此事而坍塌。但是有些事情越描越糟糕,躲躲闪闪、欲盖弥彰的做法,让大家难以信任。王韬也是聪明反被聪明误,愈发不能自拔。

王韬非但自己出书立著,对于同道的论述也非常重视。在上海的郑观应写成了《易言》寄给他,其中有"君民共治"等观点,深得王韬之心,他为此书特地写下了跋,并马上让人组织出版,书中的关税自主、反对治外法权、建造轮船和修建铁路、兴办电报和发展矿业,说出了王韬想说的话,他乐见其成。

东瀛归来,王韬在国内的名气有很大的提升,清廷中无论是中枢大臣还是一班封疆大吏没有不知其名的,王韬底气更足,他感到洋务专家非己莫属。大家也都认可其不但是专家,更是当仁不让的领袖级人物。但其实王韬想的却更加现实,那就是如何通过这种造势,达到自己能回上海的目的。

他耐心等待着。

而其实,王韬东瀛之行一举一动无不在清廷的监视之下。至少在盛宣怀之处有大量的关于王韬日本行踪的详细报告,甚至包括他的冶游。盛宣怀或在为某个特定人物服务,人们不得而知。

二十六、欲归

王韬身在香港,心已无日无夜去向上海。他不断地联络内地官员,以求得他们在李鸿章面前说几句好话,让自己能够早日回到上海,哪怕能回到苏州或者甫里老家也好。在他看来,无论是上海的小小居室,还是老家的一亩三分田,他都能接受。

也许,叶落归根,狐死首丘,王韬的年龄已入晚景,他已顾不得太多。年老多病绝望的思乡之情,使他无法控制自己的行为。

他是幸运的。妻子泠泠当年很快地就来香港陪伴,使得他在人生最暗淡的时刻得到了精神慰藉和生活上的照顾。在前妻梦蘅去世后,匆匆忙忙娶了泠泠原本就是半推半就,他几次下决心要再娶,当初在笙村与红蕤的情愫,上海风流场上的莺莺燕燕热言炙语,都有可能让他将泠泠抛到九霄云外。但是在他流亡到香港,侧身于主流生活之外,青灯只影时,只有泠泠神一样地在他身边,陪他度过寂寞的时光。

女人真的是咬着牙在生活,王韬却视之当然。

东瀛之行在上海短暂留居后,王韬知道朝廷对他的通缉处于可有可无之间,他乐得多回了几次上海,并早早地在四马路附近的石路上购屋置业,一副坚定北归的样子。在上海的时间够短的,但他还是规划了去苏州和老家的节点,那是他不变的戏码,找了老友——梦蘅的哥哥。醒逋是他一生的文字之交,也是他生活上的不可或缺的好友。还是和过去一样,他和醒逋可以无话不说,可以静静地讨论问题,也可以大声地指责对方,甚至可以相对无言。人生有这样的朋友,是一种完美,或是前世的修炼。

王韬对醒逋的要求从来都是直接的。因为上海房子小,他要醒逋在苏州帮他置屋,让自己可以放置将要北归后带来的大量书籍。为什么要在苏州置业,醒逋没有弄明白,王韬心里是一清二楚,只是不愿意与醒逋说明罢了。

在上海时间虽然短暂,他还是专门抽空路远迢迢地去了一次松江,看望春甫。

原来春甫此时正在老家松江。春甫祖籍其实在江西。王韬难忘他的小兄弟,也不嫌路途遥远,为的就是听他叫自己那一声"爷叔",听了之后真的骨头酥忒,仿佛又回到从前。每当此时,王韬都不由得想到管小异。

可惜,小异已不在了。

春甫见到王韬还是旧时的情感,除了亲切,还有不尽的话语。从对话中,王韬了解了春甫在西医上取得的难以想象的成就,让王韬刮目相看。春甫还谈到了最近教会在酝酿将医院交给工部局管理的设想,如此,则有大的发展空间。春甫告诉王韬,从西洋回来的郭嵩焘郭大人,在上海的第一站,就到医院来参观,还忆起当年在隔壁的墨海书馆看印刷术。王韬急急地问郭大人是否问及自己。

春甫知道,爷叔一直是当惯了中心人物这个角色的。这个世界可以冷落任何人,但千万不能冷落了爷叔。所以他乖巧地跟了一句:"郭大人提到了王君,不知是不是你?"

王韬简直要落泪了。苍天在上,郭中丞居然如此念旧!

王韬一直对郭嵩焘心存着十分的好感,因为这也是王韬从家乡到上海后第一次面对面接触到的最高级别的官员,王韬当然知道这种待遇是因为自己身边有两个捧着饼干盒子的洋人牧师。然而他不知道,郭嵩焘当时惊奇的是中国竟然有如此年轻的知洋者,他当年在自己的日记里记下了参观墨海书馆时的那个王君,并且一直留意着他,甚至王韬出事亡命香港,郭嵩焘也详细知道。

春甫为了让王韬高兴,取出了自己画的一张图,让王韬写点什么留念。王韬想起他们之间旧日的好,便立马写下了一首诗①:

泰西医术能者谁,黄君所造当今稀。
率循古法由实测,剖析藏象殊精微。
三十年来活人众,其学愈工心弥慈。
刀圭既与时流异,微名何愧称医师。
我识君时年正少,壹志岐黄矢久要。
飞腾君喜已成名,飘零吾叹寡同调。
一朝祸患忽相乘,蹈海而南走岭峤。
久别廿年返故乡,长行万里看斜阳。
裼来相见岂寻常,君已须髯我苍老。
访君出示垂钓图,持竿戴笠何徜徉。
君何有暇得此乐,聊寓老志他年偿。
九峰三泖好山水,何不早寻退步与我偕隐毋相忘。

岁月磨人。

王韬看到春甫心里既是高兴,又是万分感慨,时光催人老,文绉绉的春甫西式结婚的场面,谈论种牛痘的那一片刻,在王韬脑中迅速闪过,那一阵温暖油然传遍全身。王韬再一次握着春甫的手,久久不愿松开。春甫的哥哥吉甫十年前已去世,王韬也是在港时从春甫和他的通信中知道的,吉甫也是教会中的人,王韬和他艺术上的交流就是石章和篆刻,而王韬现在竟然找不到当初的哪怕一点点旧物,他仅存的是春甫当年给他的那枚石章。他们兄弟都走的原来洋教士的一

---

① 这首诗后又刊登在1882年6月24日《申报》。

条道,不惧远近,努力布道。

王韬心里说不出酸甜,回想着他们过去在墨海书馆、在酒馆、在环马场的风光的时刻,宛如做梦一般。

回不去了,回不去了。

王韬在离开松江、甚至离开上海回香港的一路上,脑子里反复转着这句话。

在当时的一线封疆大吏官员中,王韬与丁日昌的关系最好,只是天不借年,在王韬最需要他的时候,竟寿终诀别于人世。

天欲亡人哉!

王韬对自己的命运叹息不已。他经营此道所费心血已非一两年,眼见得希望在手,因曾大人、丁中丞的离去中途而废。前途莫测。

唉,人生真的讲不定啊。

老友容闳早先念及王韬的处境,曾来信约其赴美,使王韬又感受到一种别样的情怀。人间尚存知己啊!但王韬也有自知之明,以年迈多病而谢绝。他和泠泠反复商量,感觉他们当前最要紧的,还是以回到上海为第一要件,其他都变得次要。

王韬的宝算是押对了。

留美学童的管理问题后来闹及中枢,沸沸扬扬。王韬暗自庆幸没有踏入泥淖。容闳、黄胜、陈兰彬、吴子登都是朋友,哪一边王韬都不想得罪,虽然他内心还是倾向容闳的。

子登真不是省油的灯,搞七搞八,帮着陈兰彬将纯甫的留美学童一事搞黄,原来好好的一件美事,竟然弄成半途而废,变成了烂摊子。

王韬无限失望:朋友和朋友还真不一样!他愤愤不平,心中难免泛起旧账,在上海的时候,和他们几个兄弟如此心投意合,小异、春甫对他们是早茶晚酒。人心难测啊!王韬心有戚戚,从此与他们割袍。

王韬早过了半百之年,已经到近火熟脸的地步。幸好,他平时只眼官场,洞观沉浮,没有在一棵树上吊死,交结着一大群官吏,即便对那些齿岁幼于自己的官员,也恭之如仪,不敢有半分轻慢。

马建忠眉叔是他新交的年轻官员,曾任驻法公使郭嵩焘翻译的他,一定听郭嵩焘谈起过当年参观墨海书馆所遇到的王韬。眉叔知道王韬对中法关系一直有自己的见解,是当时中国少有的法国问题专家,更愿意听王韬的意见,所以眉叔到港与王韬有一面之晤,两人一见投缘。眉叔现在李鸿章幕下,是与法国交涉越南问题的谈判专员。王韬知其是要紧角色,便一直与之保持联系,至信如飞鸿。眉叔是聪明人,就手转呈李鸿章,加强了其对王韬的印象。当时王韬熟稔的另一位朋友伍廷芳也在李鸿章幕下任翻译员,王韬也没少与他伍观察长伍观察短地联系,目的也是显而易见,是要他在中堂面前多多美言;而实际上,伍廷芳确实很帮忙极力推荐王韬的。王韬相信,只有李鸿章松了口,他才能如愿地回到上海,并且也只有攀上这一层关系,他才能将这二十多年来的洋务经验不至于荒废而能够得以推广。

王韬深知要得到中堂大人的青睐光一味求情是不够的,还得施展自己的本事,把自己的事情做大,而能够做到最大的无非是在外交上的献策。对外关系是清政府的弱门,却是王韬的长项,王韬已从日本之行尝到甜头,所以王韬与越南的官员又加紧接触。越南与法国的关系近来日趋紧张,而越法关系最终必将影响中法之间的关系,于是王韬又推出了对法新外交策略。越南方面也竟然将王韬视作大国的风向标,从他那里获得消息以便随时调整对法外交政策。在中、法、越关系中,王韬所熟悉的细节,甚至超过了清廷中枢。李鸿章从王韬那里竟能得到来自越南官方的第一手对法情报,令其对王韬的倚重更加迫切,对流离在外的王韬格外在意,动了召回之心。

王韬的声名越来越显赫,外人也越来越将他看作能够摆平一切国际事务的大好佬[①]。

当年日本侵吞了琉球国的52个岛屿,中日之间在琉球问题上发

---

① 大好佬:方言,大人物,了不起的人。

生纠纷,那时日本对于大国尚存几分忌惮,但是清廷对日的外交压力并不大,倒使日方自我不安,生怕酝酿出十分不利的后果,因此求助于通过半官方的途径,希望打探清政府的真实动静,以期做出适当反应。海军部的曾根俊虎作为日本"兴亚会"骨干,在王韬短暂留沪期间曾有过交谈,他打算回国后说服日本政府将琉球群岛中的两座岛屿交给中国,中国可以随便处置,或归中国,或让琉球国王在此复国,中日之间此事即算了结。曾根俊虎与王韬在沪见面并不是两者间的唯一一次,王韬从东瀛归港后一年,他又随日本兵舰到香港,上岸拜访王韬,两人再见,相谈甚欢,而主题莫过于此。

实际上,这个方案以前有日人提出过。

王韬感谢曾根俊虎对自己的信任,也不无遗憾地告诉他,自己是在野之人,恐难承担此重任。王韬知道此事对于国家来说是件大事,连忙去找人将此信息带给了能向李鸿章进言的伍廷芳和盛宣怀。但他一直没有等到李鸿章那里的任何反应,王韬感觉非常不解,因为自从琉球这个口子一开,等于鼓励了日本对于台湾的觊觎,吕宋这里也需要保护华人侨民,越南这里又需要处理中法关系,而朝鲜又为日本所牵制,中国整个沿海都处于危机中。

王韬深深地长叹一口气。

他自私地明白现在为了能回上海,不能太施展拳脚,一切公事只能拜托中堂大人,听天由命了。他也充分理解李鸿章所处的地位只能是默然:你让他同意,实际上也是鼓励了对方;如果反对,那你需要承担失却琉球的全部政治责任。

李鸿章也确实不愿意如日人所愿解决问题,实际上他也早已从其他渠道得知日本人的态度。他曾把希望寄托在来访的美国前总统格兰特的身上,希望美国人出面调停。1879年5月,环游世界的格兰特从上海踏入中国,一路北上天津、北京与李中堂见了面,李中堂也确实提出请格兰特出面调停琉球问题。

王韬确实比先前更成熟,或者说圆滑了。他对自己的改变也觉得可怕。

王韬在香港要完成的一件大事是将自己在《循环日报》发表的政论收集起来,形成一本书。报纸是一日一日的,日日常新,但没有人会去翻旧报纸读,只有书,它比人长寿,王韬现在相信书的力量,他将自己的百十篇文章编成《弢园文录外编》,在香港顺利出版。

有了新书,他就有了新的资本。

王韬没有失望,马眉叔很得力,在公事之余,还是在李鸿章面前说了王韬许多好话,王韬的那些洋务观点也入了李鸿章的法眼,也正当是国家需要知洋、务洋者,王韬得到了李鸿章的默准,让他回上海居住。

"昆山王君,不世英才,胸罗万有,沦落香港,殊为可惜。执事能为我招致,不惜千金买骏骨。"李鸿章早先的调门,算是落实了。

李鸿章是顶着压力,为国家罗致人才。王韬洋务的才能他早就有耳闻,他也愿意搭一把手,只是朝廷掣肘时现,一招不慎,怕坏了洋务大局。现在时局已定,从军事而来的器物层面全面洋务,已势不可挡。李鸿章本人也稳掌中枢大权,洋务的后续进程,亟须知洋者参与或引领,此时让王韬回来,对各方都有利。

真的可以回上海了!

马眉叔托人带来的消息让王韬还像在云里雾里,他本来希望有一个正式的官文。但官方可能认错吗?或者说官方真的有错吗?想到这里,王韬不敢再往下探究下去,这事根本就不可能会存在答案。

王韬不愿再有任何等待,忙不迭地通知伶伶收拾家当,聪明如伶伶早就联系了当地的典当行,她的持家经验永远赶得上王韬的变化,而实际上,王韬自己的大多数藏书早已通过先期几度回来的时候运到上海。人生丰富的阅历使他们都拥有了强烈的预感能力。

香港,让他容身了前后二十二年的城市,要说王韬对它没有感情那是不真实的,但这座城市,永远代替不了他心中的上海。为什么呢?他无法回答。

他一样在这里佣书谋生,一样在这里聚友雄谈,一样在这里指点江山,甚至一样在这里冶游买醉。当他知道自己可以北归时,人们看到王韬整天一个人默默地在游转,熟悉的人与他打招呼他也仿佛回不了神,他的前方好像有一条很远很远的路等待着他去走完,他完全陷入了自己的世界。

上海有一种家的味道,这种味道连接着苏州,连接着家乡甫里,它掌控着王韬的眼嘴耳鼻,王韬从吮吸第一口奶时,就熟悉并认定了这种味道,他的一生都在追随着这种味道。

那种江南的味道。

二十七、旧缘

1884年4月,王韬离别上海二十二年后,终于又回上海定居,其中苦甘冷暖,只有与他生活在一起的泠泠尝试、感受并深深地懂得,他们可以称得上是真正的患难夫妻。泠泠的勇敢、坚毅、忍耐,王韬已经非常习惯。

习惯成自然。

从做王韬填房到现在,泠泠跟着王韬有三十二年了,在随嫁王韬的日子里,泠泠备尝生活的酸甜苦辣,而作为朝廷的通缉犯的妻子,这个瘦弱的女子,承受了比其他女人更深重的精神压力。最初王韬在上海时,是一个吃了上顿没下顿的外来客,泠泠嫁给他后,除了要照顾他,还要带好他前妻留下的女儿,在当时这也稀松平常,算不上什么美德。让泠泠自卑的是自己不能为王韬传宗接代,生不出儿子;唯一生出的女儿也是先天病障,这真是让人痛心。而最要命的是王韬闯了杀头的大祸,硬是把他自己的母亲活活吓死,王韬人在香港,一切后事都由泠泠担起,同时又要照顾两个女儿;泠泠倒是没有怕,所谓嫁鸡随鸡嫁狗随狗,王韬亡命于香港,泠泠也勇敢地离开江南,带着女儿追随而至,没有半分犹豫。那段经历真是不堪回首。

好不容易在香港生活稳定了,可以过上安稳的日子了,王韬改不了寻花觅草的旧习,特别是几个从兄弟的侄辈早亡,更是让他受到刺激,作天作地,一说起话头就是要弄个小妾好传宗接代。从心底来说,泠泠也希望王家能延续香火,所以也默许了王韬,但是人算不如天算,王韬为此纠结折腾了多年的光景,就是没有任何动静,泠泠亦无歌无泪。反正王韬也不再顿脚捶胸,这一下全世界都不欠他的了。

一切都过去了。

时光荏苒,苍狗白云,人世沧桑,泠泠认为经过这些年还能够和王韬一起回到上海,就是最好的结果。

王韬也将自己的姿态放得非常低,他为自己设计了"归来生计浑闲事,莳竹栽花寄物情"的弱生活状态,希望无争于天地,晚年只求有个好归宿。

上海的变化也实在让他吃惊,今非昔比,城市已经有脱颖而出的冲动,从市容到各种现代化的城市功能紧盯着世界标准,日新月异。

记得当年和应雨耕去虹口,就有在苏州河口造桥之说,而王韬还在上海时,那座名叫威尔斯的木桥已经造好。1871年5月13日此处架了铁桥,不幸的是桥柱下塌,桥身的一部分沉入水中。1873年7月,在此桥旧基旁又由英商耶松公司建了一座名叫"公园桥"的新木桥,因为在原外摆渡线上,被称为"外摆渡桥",因为过桥不再收费,又被称为"外白渡桥"。每当站在那里,王韬眼前就会浮现胡枚的身影。三十多年过去了!

人力车早就被引入。王韬尚记得剑人当初将别人的舆轿玻璃打碎、闹出的天大的事;为了合信的那顶轿子,自己和春甫兄弟也抬了杠子。现在想来十分可笑。轿子需要两个人服务,现在人力车一个人就可以将交通问题搞定,这是何等便利。

煤气灯和电灯同辉。

王韬离开上海后的1865年12月18日,南京路点亮了第一盏煤气灯;1882年4月,上海光电公司借用老煤气灯的路灯木杆,安设了上海第一批电灯,从虹口招商局经礼查饭店过桥,至黄浦江滩入南京路四川路的福利公司门口,到南京路江西路的上海电光公司,都亮起了电灯,甚至四川路翻过二洋泾桥的天主教堂街,也亮起了明亮的电灯。只是当时正是中法战争时期,法租界被代管,尽扬着俄国的三色旗。

上海要说与伦敦、巴黎比当然还有距离,但比起以前,真是天翻地覆的变化。王韬暗暗感叹:夜生活一定也比过去丰富有趣得多吧。

更让王韬惊喜的是,租界的大小街道上都有突起的金属制物,他在香港见识过,那是消防水龙头;两个租界里通了自来水,连老城厢也有水管接入,这让他想起西游时对旅舍卫生间的感动,他当时是如同坠入梦里,仿佛天上人间。

在黄浦江滩边,更设立了电话交换所开放通话。

上海越来越先进,先进到王韬这样一个开了眼界的人,都不得不在心中暗暗赞叹:居然跟上世界发展的脚步。

王韬内心轻轻地敲响着热烈的鼓点。

他用十分欣赏的眼光来面对这样变化的城市。确实,他也只能放下姿态,脱离这座城市已经太久了,他已经从街头巷尾的议论领袖、茶馆慷慨激昂的杂论者、秦楼楚馆的擅手,变成了上海的客卿,上海的世界尚停留在他所念想的那一片刻的某个瞬间,他哪里还能跟随其变,抓得住风一样的城市奔跑的踪影!

但是,一个游历了东西方、放眼世界、胸怀广阔的知洋者,他已具有别样的思想和目光,虽然他还没有意识到自己对于上海,或更而扩大至中国的需要,但他回到上海,本身就极富戏剧性,立刻成为大家追逐的炙手可热的对象。

王韬慢慢在寻找当年上海的感觉。他一方面联系旧友,趁着春甫休息时,前去叙旧;郭嵩焘、魏源的侄子魏盘仲那里他都主动去函问候,其实也是告诉人家,王某人又回来了。另一方面,他也积极交结新朋。

《申报》的当家人美查,出生于悠久知华历史的家庭,他自然知道王韬学富五车、贯通中西,前期为了办好报纸,他就派遣钱徵专程赴香港向王韬请教,还和王韬有过出版合作,帮助王韬出版《普法战纪》,王韬也在《申报》发表过专论,况且,王韬的女婿钱徵还是他手下的大将,钱昕伯当然在第一时间就知道王韬回沪。所以王韬一回沪,美查立刻与他联系,商谈合作项目。

申报馆就在王韬过去工作过的麦家圈附近,王韬对那些地方真是太熟悉了。申报的同仁钱昕伯、何桂笙、蔡尔康都是王韬所谓的后辈英雄,文章雄健,识论高超,王韬早在香港时就和他们相知,几次回沪便志趣相投。王韬此时正式回沪定居,大家来往毫无陌生违和感。

吴仓石,也就是吴昌硕,也和王韬在上海的泰和馆、复新园、聚丰园等茶酒行流中相识,王韬对于他在诗书画三个方面的成就赞叹不已,从其四十二岁的壮年,就判断出"将来所造未可量也"。诗坛耆老徐维城举人在沪去世,王韬和吴仓石协同到其会香里居所吊唁。王韬乐意与吴仓石结谊,就如同当年与胡公寿等海上画坛巨擘交谊一样,心情不累,和悦兼冲。只可惜公寿此时已天人永隔,王韬想起来心头就作痛。

不过,公寿比自己还是好了很多,公寿当年也投了太平军,竟然躲过了朝廷的眼目。王韬想不出朝廷为啥对自己要穷追猛打。那个在五马路一带搞京戏闹得欢的刘维忠,当初也不是卖军火给太平军,案发后藏身北京程长庚三庆班内,1864 年虽然永不得入仕但通缉解除,老丹桂新丹桂热闹得没事似的。莫非是因为自己和洋人走得实在太近? 王韬时不时地比较着是是非非。

画家胡铁梅从日本回上海①,他与胡公寿为俦朋,画坛领袖类人物,王韬自然要结识之。王韬在昕伯的陪同下上门寻至二摆渡腾凤里六十二号,只见他所携回家的书籍堆积如山,让王韬羡慕不已。他

---

① 王韬见胡璋铁梅于 1887 年元旦。1896 年 6 月 26 日胡铁梅于上海创刊《苏报》,由其妻日本人生驹悦出面向日本驻沪总领事馆注册。

还带回了一个日本长崎女子生驹悦为如君。王韬顿然若失：自己当初去日本浪费了什么？这阵子常有人从日本找小星回来，几成流行。

朱葆三也出现在王韬的酒席上，这个五金行业的领袖人物与王韬邂逅于朋友们的介绍，后来变得经常往来。

在夜深人静时，王韬会伤感地回忆起故友，当年最亲密的蒋剑人、壬叔天人永隔了。剑人离开是二十多年前的事，而壬叔则刚刚丧于北京。海上三剑客，独存其一，永远也找不回当年潇洒于酒楼、嬉怩于花间，甚至攘臂于茶馆的情景，王韬悲从心来，几乎不能自已。

熟悉的街景，往事从心里涌起，却再无法重来。他前期回来时已收集了剑人的遗作，希望能集中起来出版这些作品，也不枉大家朋友一场。

王韬也很想知道他过去交结的洋朋友的情况。

麦高温在虹口一家美国教会医院主持医务工作。

艾约瑟出版了《外国语类》，将英文口头语用汉字注释。

伟烈亚力双目失明，于1877年7月8日离沪回国。

慕维廉于1878年6月10日接办了《万国公报》。

驻日参赞马相伯则是王韬新友，王韬在日本声誉令相伯神驰，他从朝鲜回国时给王韬带来了上好的纸张，由此结识了王韬。马相伯原先担任过上海徐汇公学校长，王韬的恩人马眉叔也曾在这所天主教学校念过书，眉叔是相伯的亲弟弟，这一下子拉近了相伯与王韬的关系。王韬对于私塾情况相对熟悉，对于洋学堂也不陌生，在香港时他曾参与香山南屏乡义学的工作，但上海的情况怎样他迫切希望了解，刚好请教了马相伯。相伯没有料到在日本被捧上天的王韬竟如此虚怀若谷，便一五一十地向王韬讲了有关情况。

上海同文馆是李鸿章创意办校的，首任监督是小异的老师冯桂芬，设在老城厢王韬初来上海时求学过的敬业书院西；其后是英人开办的英华书馆，主持人为傅兰雅，除了西学，还设中国书塾；王韬的朋友麦华陀1877年退休离开了上海，但在离开前也提议设立格致书院,校址在原来环马场的北海路,郭嵩焘也到此来参观过。

王韬对什么都有兴趣,岂料他和相伯谈话一年时间都没到,自己就被唐景星、傅兰雅等新办不久的格致书院中西校董公举为山长。王韬回沪后没有几个月,老友徐寿就去世了,山长位置便空缺。王韬没有想到自己会去接这个班。

王韬感到自己与麦氏家总有一点千丝万缕的因缘。

相伯的那些有关办学的谈话对他显得特别有帮助,但他还是想要玩出自己的新花样。王韬给上海的地方官邵友濂及李鸿章、盛宣怀等中枢大员去信,让他们根据新形势的需要出考题,让学生针对性地解答,这样既使格致书院的名声让高层熟悉,借机又能向他们开口申请经费,如有进项也不乏对学校经济上有所支持,同时对于学生将来被各机构选用不无帮助,再者也拉近了自己与高层的关系。王韬总有办法让自己在领导层眼前晃动,以便求得更多的关注。

王韬对教育方面的新生事也留着意。在港时,就十分关注朋友容闳,他十分羡慕容闳这样的人生,一边能出入于曾国藩的帷幕、伴随于丁日昌的左右,另一边也光天化日地晃动在太平军时期的天京,同样的左右逢源,却毫发无损。幼童官费留美学习全赖于他的天才设计,虽然此刻这件大事在同样是王韬的朋友陈兰彬的阻扰下直接崩溃,但容闳创造了近代幼童留洋史的先例,令王韬十分敬佩。

男子汉大丈夫,应当顶天立地,做出一番事业来。每当路过江南机器制造局,王韬都有与容闳畅谈的冲动。只可惜,老友先于两年前移居美国,令王韬心有戚戚。

王韬回上海前,就对自己将来的住处有所期待,他最希望住回老城厢中,但现实情况是租界的各方面条件远胜于老城厢,而最重要的是要在地窄人密的老城厢里觅一处理想的地方相当困难,从交际和工作的方便出发,最后还是待在先前选择的石路南怀仁里。石路的正式路名为福建路,此路向南都是福建人的地盘,令王韬常念起已经去世多年的益扶丈。泠泠当然很高兴住在这里,她才不愿住到老城厢去,她原本就是个很实际的人,现在住的地方四马路石路,离原来住的麦家圈十分近,虽然离开了二十多年,但泠泠对周遭有一种挥之不去的暖暖的感觉。

王韬不曾放弃他冶游的爱好。所谓旧人去新人来,王韬身边现在又有了王莲舫、陆月舫、姚蓉初,也是王韬回上海后出现在公众场合出镜的陪伴者,每月王韬在自己的收入中要安排一笔不菲的风流账。

泠泠开始与他坚决言战,隔三岔五,令王韬难以招架。泠泠深知王韬进项的来目,招商局、电报局有挂名,格致公学当然有薪酬,盛杏荪、马眉叔时有所赐,七七八八,加起来还真不少,他对外宣称钱是用来读书养志,真是天晓得!

王韬欢场费用真还不少,仅新近结好的姚蓉初,1887年11月17日和11月25日,两次交洋各五十元;11月22日老相好陆月舫处也交了十五元。

泠泠知道他去欢场,能不跟他急吗?不是说好的积一笔钱造房吗?泠泠唠唠叨叨起来,没有一丝半点愿意收场的意思。但王韬安之若素,照样行事。泠泠有时甚至有点懊悔回到上海,再闹下去倒怕他气病了,她只能动了女人才有的小心思,派一个老仆人每天跟随他,以关心他为名,每晚一到点就提醒王韬回家,实则不让王韬有非分之想的空间和时间,令王韬彻底崩溃。

女人哪!王韬对泠泠真是重不得轻不得。

王韬也有自己的办法。

他每次出门应酬用餐都会带回一点东西,包括桌上余下的食物,这实在让众人私下痴笑,王韬却若无其事清风淡月谈笑风生,说是带回去喂金鱼或喂狗。其实他的本意是让泠泠知道,他在外纯粹只是应酬,从而避免每次回家泠泠无谓的猜忌。

泠泠对他的了解可以说是敲髓入骨、精细入微的。她深知王韬冶游的爱好是绝难改变的,她担心的是王韬上年纪了,他的身体状况绝难支撑他的这种男人通病。对于王韬的那种欲盖弥彰的行为,她也不再当面说穿,而是任其表演。

都这把年纪了,还能变出啥花样。泠泠也是一时一时的,有时想得很通彻。

二十八、苏杭

江南才子的苏州情结是刻在骨子里的,是磨不去的,王韬也不例外,当他身体和思想同时要求放松时,去苏州无疑就是最好的选择。

那一路水是他最熟知的,那一路风景也完全镶嵌于心,但是,这一次,他发现自己的兴奋度乏了许多,就如同一个酒徒,当琼浆佳酿扑面而来时,突然失去了味蕾,一切变得寡淡、无趣,了无心情。

那些岁月静静地流过去了,父亲、母亲、兄弟、阿姐、梦蘅、从兄弟,还有舅家的亲亲眷眷,天人永别。

一个人最留恋的岂是那个熟识的地方,其实最留恋的是那些在生命中过往、交结的一个个人,与那些人的共同交织的往事、情感,才是生命的过程。

欸乃一声山水绿。王韬发福的身体躺在船舱,任其随船摇晃;他枕在流水之上,无心也无意再睁眼目睹烂熟于心的山山水水,那些似水流年的往事就这样让它们从心头流过。

沪上吴门人士,一般回乡总要祭扫亲人,在骨子里,他们把吴地当作退步的天地,当作人生后花园,当作人生最后的精神家园。王韬也不免俗,这边甫里祖坟,以一个鹰元感恩坟丁;那边吴港母亲之茔,请人挑泥新葺,安排篱笆,以防牛羊践踏,以二元酬谢;龙潭梦蘅与弟媳夏氏之冢,他也是专程前去祭奠,请人立了墓石,付了一元费用。

王韬曾有在苏州物色一处产业,打算让自己晚年在吴门有个安身之处的设想,但此事真的运作了,王韬竟然有一千种"摆不平"的感觉,全身骨头都不舒服,直到言罢,他才每天又茶酒友朋,花丛脂粉,安乐、舒坦起来。王韬不愿意承认,苏州只是自己情感角落的那个旧物,能够回忆,能够目睹,却再也很难去长住了。

归根在苏州似是另一种奢望。但苏州还是要去的,何况那里还住着舅爷兼书友醒逋呢。

见了醒逋后,如同镜子里看到自己,感叹万千:白发三千,何苍老矣!

醒逋年轻时由其父亲和杭州叶府叶云塍做主两家结亲。后云塍公任职成都,醒逋与其次女结婚在彼,退回江南后也往来于苏杭。醒逋乃读书人,天目高格,对于官场早已洞察。早先,云塍公某次着官服赴官府,新来的小婢女没有见过世面,问老爷是否去唱戏,醒逋口占一句"垂髫婢子心偏慧,识得官场是戏场",表明了自己对官场的嘲讽态度。但看归看透,还不得不照样走在这条路上。

醒甫和王韬形成书谊,王韬乞食沪上后,两人还是书信来往一发而不可收。在甫里见面,是王韬回乡必须的选项。王韬在沪时,也几番约定醒甫来沪携游,可是说归说做归做,人生自由天安排。直到太平军下江南到苏州一带包括甫里家乡,醒逋竟然陷入险境,两个儿子被捕,妻子跳河,他才如梦初醒,避居上海洋泾浜一带。可惜此时王韬正好避祸英领馆,竟没得一见。《野烟录》就是醒逋记录这次凶险过程的一文,王韬后来读之几番泪垂。

他们两个也是欢喜冤家。每次王韬和醒逋起争议时,王韬都要占上风,这也是王韬愿意和醒逋交往并喜欢他的地方。醒逋也少不了这门亲戚,只是王韬有时过于强势他也会用自己的方式回击,比如王韬在香港时他故意长时间不回信,让王韬碰软钉子。而论到读书,两个人都会为这个让步。

醒逋密切的书友不仅只是王韬,在杭州的内兄叶桐君当年也读过《浮生六记》,潘麐生、顾云樵、陶芑孙等一班诗友都读之心醉。醒遄将《浮生六记》残本推介给申报馆以活字排版,自己重新写了序,并让当时还羁留于港的王韬重写跋语,以独悟庵丛书之名付梓。

醒遄拿出前几年印成的书,让王韬重睹了《浮生六记》。

醒遄的印书行动又触动到了王韬的某一根神经:也应当正正经经地继续将自己的全部写下的东西印成书籍,以传后世。他在上海自行出资创办了弢园印书局,以他浸淫墨海书馆那么多年头,在香港也有创办书局的经验,所以他能掌控自如。

对于传承,王韬无不挂在心头。从中国人的血脉传承意义上来说,王韬无疑是失败者,后嗣不振的严酷事实每天都像鞭子一样在抽打着他,使他根本抬不起头来。自己的文字如果变成纸质的物品,当可以流传百世,无疑是另一种传承。王韬天真地这样认为。而实际上,他那时候已经这样在做了。每次和醒遄互动,他都有所得,有醒遄这样的挚友,真是人生天大的福报,这一切都是和梦蘅结缘的结果。

王韬又一次在心中真挚地感谢已经逝去三十多年的妻子。王韬和醒甫扳着手指点着甫里的亲友,不免感慨万千。不说远年梦蘅之逝,光谈起太平军攻克吴门醒遄妻离子散之惨状,也够让他们唏嘘。

王韬有点羡慕醒遄,最后安家在苏州。醒遄当初待在甫里,以读书自负,沾沾科举,手持三寸管,称雄词坛,是王韬几番要求他出来看世界的。

王韬也曾希望把家安在苏州。年轻时曾和醒遄约定过,现在看起来完全幼稚想法。就这几天他人在苏州,心却回了上海,仿佛那里才是自己的家。他不知道醒遄也曾试着到上海,但最后还是退回苏州,安安心心在那里教学谋生。

和醒遄分手后,王韬又习惯地到苏州的园林留园、虎丘等地去转了一圈,仿佛是和老友告别。他也不知道自己是否还有重来的体力。从心态来讲,他似乎认同自己已入老境。

但人生就是这样与人开玩笑,在苏州的园林里,他竟然遇上了来此游玩的老相好金姬和瑞卿两位校书,于是,不知老之将至,画舫征歌,美人侑酒,又努力青春了一场。

王韬并没有将自己喜欢女人的爱好当作一种羞耻,而正相反,他因为这一天性可以忘却自己的年龄。王韬的社会地位有时会给他这一爱好带来许多障碍,但他毫不理会,甚至当这种压力来自洋人的时候,他也没有流露出半分怯意。他认为此为风流游戏之事,毋庸避人耳目堵人口舌。

王韬的社会地位确实给他带来了多多好处,他也特别善于利用之。如为格致书院学生出考题是绝妙的一招,由此与达官们都挂上了号,从李鸿章到一班省级高官,甚至更下等的官员,天下无人不识王韬。所以他与他们间的互动也越来越频繁。

江宁布政使许振祎来约王韬泛舟西湖。

因为醒逋原因,令王韬对杭州埋存了特殊的感情。这一情感既体现在三十来年前,王韬应允传教士杨雅涵之邀,坐着极小的仅能容身的舢板从松江、平湖、嘉兴而达杭州,那次与其说是旅行,不如说是帮着洋人布道,根本不能尽心游览;也体现在当下,王韬居然不顾体力一口答应。他是全身心地在和醒逋作比较。1887年4月24日,王韬悠哉游哉,在茶酒奉随的氛围下踏上行程。

王韬此行开始兴致还蛮高的,饱游西湖,重入净慈;苏堤白堤,虎跑龙井,呼朋唤友,不亦乐乎。然而及至孤山,突感力乏,顿于山边歇脚。想当年杨雅涵牧师不通人情,未能让他上孤山而匆匆返回,王韬一直耿耿于怀;而今重到山下,自己却无脚力登临,何其无缘!而后王韬越来越感觉无趣,精神颓唐,雷峰塔、苏白堤风景依然,可人心难古,王韬感到千好万好,还是家里好。

家在哪里?

王韬此刻所认定的就是上海,金窝银窝不如草窝。

但是一旦在家,他又实在难挡寂寞。外面的世界对这个年过花甲却心境无限的人来说,确实引力无穷。

山东巡抚又来邀约,北地也是他心心念念的,在去和不去的犹豫中,他还是做出了人生最后一次远行的决定。

和杭州之行一样,主人热情招待,尽心陪同,王韬的体力已根本支撑不了长途远行,他周身乏力,但勉力支撑,台面上根本没有让人看出他的倦态,艰难地完成了这次远游。王韬知道,他很难再有体力去完成今后的任何远行了。

山东回来,他卧床蓄力了许久,终日药罐相随形容枯槁,好在泠泠夜不更衣食水相奉,使他从患难中平安度过。

最让王韬感到伤心的是,山东之行回来后没有多久,就传来了醒逋遽然归道山的消息①。王韬卧床不起,任由思想飘离。从二十岁与醒逋始交,迄今四十年有余,他和醒逋就是隔得再远,哪怕自己流寓香港,也未曾断联。他们之间初为姻亲,后互为生活和精神支柱,王韬任性,醒逋理智;王韬见到醒逋,心中会泛起久远的亲切和温暖,梦蘅的那一路,怎么也是至亲至爱啊!还有谁可以依靠,还能无虑地向谁倾述啊!

王韬环顾四周亲人,现在也只有眼前这位十六岁就跟随他的填房了,他曾经多么不把她当一回事,他曾经多么希望再续一个能够为王家承续血脉的,他努力过,而到头来,在他身边的还是泠泠。她对他真是做到了"软柴绑硬柴",别看王韬外面风风光光,回到家里,王韬还是被弄得服服帖帖。

这个女人真有一套。

数次远行之后,王韬再次感觉人生中紧要的事就是那些自己辛苦写下的文字,怎样快速付于手民,形成于书,存于万年。

人生存世百年,已是万里挑一,但是书比人长寿,可以千年万年流传。王韬明白并绝望于肉身的延续,他把精力转向了他的思想、他

---

① 见《王韬致谢绥之函》九(光绪十六年十二月初八):"敝戚醒逋没已逾一载。"即知杨引传殁于1889年(陈正青整理:《王韬致谢绥之函》,《近代中国》第30辑,上海社会科学院出版社2019年版,第291页)。

的精神的承继,他深知,自己在与时间竞赛奔跑。

泠泠对于王韬还是有相当程度了解的,这一阵子她每天在搬弄着他的旧作,让他过目,她发现自己的丈夫体力直线衰退,只有对那些自己心目中早就有底的论著尚有体力再校读一遍,其他则摇摇手,根本没有精力了。

泠泠根本不知道,过去的纸堆只是王韬于未来世界的设计,但王韬根本就是一个入世的人,他不可能脱离现实社会;出书养书局是他新的设想,这样才能长久循环。他先将近几年在《申报》副刊上发表的广为人们津津乐道的小说收集起来,这些作品早先已有人将它们改名换姓地集书出版,获得大利。对于此类盗版,王韬深恶痛绝,所以他以第一时间的速度出版了《淞隐漫录》,一方面是对盗版的冲击,另一方面,盗版的泛滥反过来说明了此书所得到的欢迎程度,所以定能畅销。王韬对自己在香港的经验充满信心。

果然,王韬获得了巨大成功。《淞隐漫录》一时洛阳纸贵,被人们视为今世《聊斋》。这也让王韬十分得意,泠泠也感到王韬确实与众不同,心里暗存从不表露的敬佩。

王韬当然不愿歇手,他随即又编成了《淞滨琐话》的一本类似续编,也得到了读书界的强烈反响。王韬的书大部分内容为志怪,但明眼人都看出其中部分为实录,无一不是他亲身经历。而实际上,像《淞隐漫录》中的"媚丽小传",就是将他在苏格兰的见闻杂糅在他的小说中。英伦的日子记刻在王韬心里,他与理雅各通信时也一直不忘当初带着他四处游玩的媚黎,让他代致问候。他把她记录在自己的小说里。王韬自我得意,他真真假假地让她出现在自己的书中,混淆了现实和幻觉,在人们热衷于一贯的他述之中,夹杂着我述,和人们开了一个天大的玩笑。

王韬喜欢这样的玩笑。

二十九、洋务

伍廷芳是王韬在香港时期的朋友，他毕业于英华书院，而该书院的管理者正是理雅各，王韬赴港时伍廷芳早已从该校结业，两人本应该擦身而过，但伍廷芳恰与英华书院的教师、后来的校长黄胜一起做过一件惊动众人的大事，他们利用洋人出版《汉英字典》留下的字模，创办了中国第一份新闻报纸《中外新报》。由于有了这些朋友间的关系，他们之间有过许多交集。

伍廷芳也与王韬同气相投，王韬创办《循环日报》那一年，伍廷芳虽然将赴伦敦留学，但也直接参与了前期工作，伍廷芳以自己的办报经验，使王韬少走了许多弯路。

在王韬回沪前，伍廷芳因熟悉洋务，经王韬等人推荐已转入李鸿章幕下，实际参与掌管着国家对外事务。王韬回沪后，也经常与伍廷芳保持书信来往，特别在琉球事件日方派兴亚会会长曾根俊虎来做民间沟通及中法争锋时，王韬更是心急如焚，与其信函不断，希望通过伍廷芳而影响李鸿章做出恰当的外交反应。但基本上如同石头入海，了无音信，高层不会轻易应诺。王韬只能从后来的外交走势上来印证。

如果王韬年轻三十岁，又该是激情万丈，作漫声雄辩；而王韬现在纵有万般诉情，却老成了许多。他以沉默应对，以哀情传达无奈，或经过人生长期历练，吃尽生活的酸甜苦辣，特别是长期颠沛流离，对于自己所能影响的世界,只能回以低沉或无奈:唯是韬年已老矣,野鹤闲云,超然物外,决不敢再撄世网。王韬在回伍廷芳的信中,决然地表达了自己的遁世心态。但是也提醒其要防止外交上的连锁反应,引起中国周边的一系列事态发生。王韬收放心态看似洒脱,其实是无奈之极。

王韬与伍廷芳的交结是全方位的,私交方面也关系极端密切。王韬在给伍廷芳信中不但告诉其自己的游历计划,而且还关心伍廷芳的私人生活,不难看出王韬是十分羡慕着这个小老弟的。两个人年龄相差十几岁,在交往了近三十年后,时间早已拉近了年龄上差距,他们已经到了无话不谈的境地。当然,还是不能与当年小异、春甫的密切关系比拟的。

伍廷芳是王韬声言直达中枢的中转站,况且熟稔,所言随性真实;而身在高层的盛宣怀则是王韬能够直言到达的顶尖,王韬当然也不会错过与之有关时政洋务的全方位讨论,但尊卑地位王韬心里拎得煞了清。

在琉球事件上,相比于李中堂的默言,王韬其实心如沸水。他为中国之不幸早已寝食不安,但是自己的戴罪之身,甫定初安,即便有再入世的冲动,但已无再入世的未来。

王韬以极谦卑的语气向盛宣怀重复了自己对中法、中日关系的观点,指出战与和、取与舍对中国今后发展的利弊,对外交上的轻重缓急作了十分具体的分析。对于中枢战和的争执,王韬亮明自己的态度:国家连年内外交困,对法国以一纸贤于十万甲兵最妙;对日本,要许其割让出所占之岛,许通商,两国交欢。王韬甚至表示,一旦李中堂首肯,自己虽然老朽,也愿意拖着病躯冒着酷暑为国家再赴东瀛。

王韬虽老矣,但志尚存高。

王韬一番忠心表态后,当然还要顺便向盛宣怀汇报自己的状况。
回到上海后,王韬便开了一家弢园书局,刊印了一些朋友和自己的书籍,但因资金短缺,没有多少时间便告息业。而所印的书有些销路甚好,有些则积压如山,令王韬难以应付。王韬另有三十余种著作还未印行,他担心自己一旦撒手而去,这些手稿不是被糊窗就是被当作厕纸。所以王韬恳请盛宣怀出资购书百部以帮其分解负担,并希望能分发给朝中高官,使其能播名于当朝,而所获资金能再行刻印,如此能得以良性循环。

王韬当然也向盛宣怀汇报了自己在上海的生活情况,基本上是浅斟低唱,酒绿灯红,左拥莲花,右招明月,诗咏双声,乐靡之极。顺便还询问其是否有雅趣,欲荐妙人。王韬仍然善于用某一手段来拉近彼此关系,而介入私人生活正是要点。

王韬回沪后,发现租界当局在倾力向西,而整个城市的关注点,也在向西。沿着静安寺路过斜桥,老朋友张叔和从洋人手上盘下了一块地方,芳草如茵,花木扶疏,洋楼精致,号称张家花园,可以游玩,可以倾谈,为沪上又一佳处胜地。

张园又称味莼园,园前有一块大大的草地,空旷无比,为上海城市中增添了山林之胜地,在小桥斜池、曲径幽处的西式别墅中,王韬和朋友们有了一个舒适的交流观点、互通信息、评论时局的好地方。园主张叔和为轮船招商局帮办,1879年王韬经上海赴日本时,就与叔和在白荷花逸卿校书处一见如故,叔和为人四海,人脉既广,游历亦远,到过台湾等地,与刘铭传也相识,曾将他儿子兰谷带来与王韬相见,也是大场面人物,早就有心将张园开辟成公共活动场所。1885年春季张园正式向公众开放,叔和在园中搞了许多花展,吸引市民前来参观。开园之际,王韬就约请了眉叔、谢绥之等一众人到张园欢饮。叔和也是一个性情中人,对于王韬带文人雅士来,当然求之不得,迎迓承奉。王韬深谙江湖场做派,是一个给面子人,他知道叔和和眉叔在官私关系上都熟过自己,也知道他们共事中最近有许多纠葛,但他还是自说自话地邀请眉叔来,眉叔也领情,见了叔和也有礼有义,叔和从心里感谢王韬,但大家都不点穿。

张园赴游

张鸿禄（书和）从外人手中购入静安寺路斜桥外的这片房产和土地后，于1885年改成娱乐之园——味莼园，并对公众开放。开园之际邀请王韬等友人为首批游客。王韬约请一批官员和闻人前来捧场，以后此地成为上海最重要的各种城市公共活动场所。

季平、杨建勇绘，《上海爷叔》系列作品7

王韬一行风流雅士的光临,引起了各界的关注。特别是花界,王韬是三六九等的品鉴魁手,校书们若要想在花国中跻身于高品位,非得要在评品官的眼前多晃动,求得熟眼,求得青睐,求得花局连连,所谓一熟胜千芳。张园由是热闹非凡,马车喧阗,莺红柳绿,它与王韬回上海前三年重修的静安寺连在租界外的重要马路——静安寺路一线上,把原来租界五马路、四马路的风头尽数抢去。

王韬非常享受这种名士做派,回到年轻时候的风光,朋友们一啸集聚、一哄而散。叔和对王韬也是万分迁就,不但对此热烈迎合,而且怂恿其索性将花国的评品与每年菊展放在一起进行,王韬拍手称赞。王韬的女婿《申报》主笔钱伯昕也经常传播王韬的各种消息,王韬在香港时就领教了新闻传媒的力量,也乐意为之。于是,不但申城无人不识君,王韬的名声更是全国知晓,海外播名。

张园相较于原来的城市中心还是较远的,王韬来去不得不借助马车。数多年前租界越界筑路,在静安寺路每隔三米就种一棵树,用三角绿漆木架作支撑,现在已茂密成荫。王韬非常享受坐在马车上穿越其间。孰知乐极生悲,某次过泥城河后,马突然在林荫中受惊,王韬与友人尽被抛出,朋友头碰树干起了肿块,王韬则手臂受伤。王韬本来对于一切活动来者不拒,这一惊,也使得他对通常应酬有所取舍。但阴历六月二十五日泠泠的生日,王韬还是招了一帮朋友来热闹。泠泠对王韬没有功劳也有苦劳啊,王韬丝毫不敢怠慢。

王韬在格致书院的山长地位,为他赢得了许多社会声誉,同时也让他结识了许多同道朋友,郑观应就是其中一位。

郑观应早期是太古洋行买办,神交王韬避祸香港时期。郑观应慕王韬大名而将自己所作《易言》求王韬作序,王韬读后认为其中的许多观点多与自己契合,便欣然同意。王韬不但写了序,还意犹不尽写了跋,在自己创办的《循环日报》大作宣传,并在香港中华印务总局自说自话地将其出版,郑观应虽然也对王韬的这一做法存有自己的看法,但还是喜出望外、感激万分。在王韬赴日路经上海时,两人就

格致寻访

六马路上的格致书院,为王韬的老朋友英国代理领事麦华陀建议开办的新型洋学堂。王韬从香港返沪后,1885年被选任为校长(山长)。孙中山和康有为曾先后专程来沪访谈,希望能够得到王韬的帮助,为振兴国家作贡献。

季平、杨建勇绘,《上海爷叔》系列作品8

自然而然就走得很近，不但谈时局、谈洋务，甚至一同去喝花酒。花酒一喝，朋友便成兄弟，两肋插刀之外更要加兰谱之盟什么乱七八糟的东西，王韬很善于这一套。郑观应的立世之作《盛世危言》也有王韬的心血，漫长的审订工作耗费了拖着病体的王韬的大量精力他也在所不惜。而此时，郑观应也深受李鸿章重用，先后在织布局任要职，后在唐景星赴欧考察时又任招商局的总办。因贡献甚巨，曾调赴广东任要职。

王韬回上海，郑观应是最欢迎他的朋友也不令人意外，只是当时他外派在南方，只能隔空而欢。几年后李鸿章派他在上海主持洋务，才和王韬有了真正密切接触。王韬在格致书院让高层出考题拉关系时，也没有忘掉郑观应。郑观应所出的题目不但涉及洋务，更涉及变革，从西洋馆、制造局一直到在中国设立议会，通通是时髦内容，把时代的潮流一下子推到书桌上，让学生们大开眼界。郑观应的观点与王韬有着极大的重合点，只是王韬因为前车之鉴，在公共场合亮观点时显得更加小心，他更乐意并倾向推荐与自己观点相近的他人的观点，有点老谋深算的味道，或存井绳之心。

郑观应向王韬介绍了国内洋务的近况，特别是清廷批准的招商局与旗昌洋行在中法冲突时资产转移的高明手法，以及马眉叔从中的担当，令王韬兴奋不已。这种手段，不正与法租界现在的俄法易帜如出一辙吗？可以看出外交上，从中堂及以下的官员都在想办法。

王韬和郑观应名声在外，在中国希望做点事的、又苦无上层门路的人纷纷来联络他们，企望通过他们来实现自己的理想。

1894年春夏之间，孙中山通过在港与王韬、郑观应相识的友人介绍，来沪希望经王韬之手上书给李鸿章，以实现自己改造中国的理想。当时陪同中山先生的是原上海电报局译电生陆皓东，而郑观应担任过电报局总办，两人当然相知而熟。孙中山一行下榻在上海三洋泾桥法租界的利名客栈。

大约于上海开埠之际，利名这个名字就在这个地方出现，那就是法国在沪第一个商人雷米的利名钟表行,有关法租界的早期商业活动都与他相关,他和他的侄子施米特共同娶了法国驻沪领事敏体尼的一双女儿,因此他与法国的官方关系紧密,包括法国在沪总领事馆的地址设定和建筑建造,都与雷米或施米特有千丝万缕的关联。而据说从血统上来溯源,雷米也不是真正的法国人,而是苏格兰人。

孙中山一行先去拜访了郑观应,他和郑观应过去曾有交集,这次相见,孙中山将自己的上书内容和此行目的全盘托出,希望得到郑观应的支持。孙中山提出想打通王韬这条路线也正合郑观应的心思,于是郑观应便约王韬来与中山先生见面。格致书院与郑观应家非常近,王韬应约而至。

王韬仔细阅读了孙中山的上书稿,非常赞赏,对郑观应不住地点头,为中国有这样留心时政的青年才俊而兴奋。他也随手修改了几处,向中山先生保证,联系李鸿章的幕僚,一定将信传递到中堂大人手中。郑观应为之所动,也表示要为国家向盛宣怀举荐人才。

中山先生离开后,王韬和郑观应仍然处于兴奋之中,他们对中国的未来变革更有信心。人才、人才,原来以为只能靠几所学校慢慢培养,现在感觉到整个社会都存在酝酿人才的环境,只要努力发掘,有一大批年轻人就能脱颖而出,这是何等令人高兴啊!

中山先生一行在上海还找了盛宣怀的堂兄弟盛宙怀,希望多方面努力。

在王韬和郑观应共同努力下,孙中山的《上李傅相书》发表在同年的《万国公报》。但遗憾的是,无论是王韬拜托的中堂幕僚罗丰禄,还是郑观应联系的盛宣怀处,都没有得到具体的反馈。王韬和郑观应老于与中枢打交道,对此习以为常。中枢的思路不是你去指引,妙在你恰好与其合拍,如此方能扶摇而上。

甲午战败后,中国的有识之士都在思考着如何通过变革使国家恢复元气。

一心希望变法的康有为在京城折阻后,跑到广州去讲学,培养同道,养精蓄锐,而他的眼睛却在国内上下扫描,希望能够找到同志者,王韬进入了他的视线。康有为识得郑观应,他知道通过郑观应可以联系到王韬,便到上海来拜见王韬。

郑观应和王韬也是表面你兄我弟乱客气,实际上完全心心相印,你能作我主我能作你主。郑观应知道康有为想见王韬,便写了一张便条给王韬,大意是:康有为奉张之洞之命在沪创办强学会,欲意拜见您,我下午两点钟把他带到格致来见您。

从郑观应便条的语气来看,他对格致已经如同自家。郑观应熟门熟路地陪着康有为来到格致书院,王韬作为东道主顺理成章地向康有为介绍了书院的基本情况。康有为听看得非常认真,特别对教育、新闻、出版等方面问得尽详尽细;对王韬而言,这几个方面都是他强项。康有为对格致的教学十分赞赏并羡慕,王韬也不无遗憾地将学校的命门——学生人数过少坦率地告诉对方。康有为深有感触,他也将张之洞的牌子扛出,说是在张的支持下欲在上海也创办强学会。双方就甲午战败后中国洋务的发展方向有了初步的沟通。王韬和郑观应对康有为的维新改良观点听得十分仔细,虽然不能完全赞同,但对其所作的努力还是十分敬佩的。

王韬对于新生事物一向是来者不拒,他的勇敢是他所有人生经历的迸发,或许他有时会撞墙,会碰得眼青鼻肿,却还是愿意欣然一试,没有人能改变他,但有人欣赏他。其实,先后担任两江总督和湖广总督要职的香帅张之洞与王韬早就有合作关系,他让王韬在上海组织一批人翻译西方书籍,也坚持要王韬主持。王韬耗费了晚年的大部分精力参与其间,但他没有这方面操作的经验,结果不尽如人意。

王韬咽不下甲午之战这口气。他还是认为朝廷对十余年前琉球问题没有重视,助长对方气焰,而诱发了对方轻我之心。当然,王韬私下里还是承认当初自己也没有料到事情会发展到不可收拾的地步。

对于战后议和问题,王韬深感李鸿章是为了赢得时间。

是的,必须有一个相对宽松的外部条件,才能励精图治,卧薪尝胆,上下一心,一切加以整顿,而变法自强应为当今第一要务。

对于议和,王韬有另一层说不清道不明的情愫,因为先前赴日担任议和的主要代表之一的邵友濂,正是王韬从香港回沪时的上海道台,而担任翻译的则是伍廷芳。邵友濂的代表资格竟然被日本人伊藤博文否定,认为他现在的湖南巡抚的职责难以全权代表清廷。伊藤博文私下暗示伍廷芳,他选择李鸿章为谈判对手。

伍廷芳最终是否把这个暗示的信息带回去,只有天知道,但日本人最后成功选择谈判对手的事实世人都知道。而对于李鸿章任翻译、伍廷芳全程参与的被国人引为耻辱的议和全过程,王韬真不知道应引以为耻还是引以为荣。

对于一众上海任过职的官员踏上外交仕途,王韬总是以一种羡慕的眼光追踪他们的行踪,最终总以失望的目光收场。龚照暖在1884年中法战争中有功,后任上海道台,1893年任出使英、法、意、比大臣。1895年在中日议和割让辽东问题上,他拼了老命对自己出使的四国政府开展"以夷制夷"的行动,鼓励欧洲各大国帮助中国"争退辽东"以及商议阻止割台事宜。当时英法鉴于在远东的自身利益反应相异,英国态度冷淡,而法国前期乐于中日之战,当日本势力扩张到影响其在远东利益时,则积极回应清廷的请求。最后在法国的牵线下,法、俄、德三国联合向日本施加压力,并不惜以武力相威胁,迫使日本放弃辽东半岛。并且法国因其自身利益,甚至对龚照暖提出的阻止向日本割让台湾和澎湖列岛的请求亦有态度,但欧洲诸强尤其是日本潜在的强敌俄国态度暧昧,终于功败垂成。

王韬已近古稀,但目光还是追随着龚照暖,内心振奋。

但凡事希望值最高时,也就到了失望的时候。1896年,当传来龚照暖在伦敦诱捕孙中山的消息时,王韬目瞪口呆。对于孙中山最后在英国外交大臣干预下被释放的消息,王韬感同身受。他心痛于外人的发号施令,而他也是这一特权的曾经享用者。悲乎!

今日之中国,只能寄希望于后来者。

王韬给友人谢绥之的书信中,强调自己的观点。他似乎更为孙中山脱险而庆幸。

王韬和郑观应私下在讨论各路新的观点时,感觉重要的还是各路力量的合力问题,分散的力量是成不了大事的,而通过百家争鸣后,需要有一个向心合力,这样才可能成功。

王韬与郑观应由于年龄差异,在具体做法上还是有所不同。王韬已近古稀,暮秋之人,他所关心的自我更多一些;郑观应则壮年,血气未消,对万事的敏锐感尚存,对康有为的维新思想他有更多的认同。

洋务是王韬和郑观应的同一方向,他们一致地将目光停留在上海。

但西方重兵于上海,实是希望着利益均沾,不可抱任何幻想。王韬对于外人还是有一贯的观点,这是深入骨髓的思想,无论在上海,还是到香港,或是西游的数年,他都不曾改变过。他再三叮嘱郑观应。

王韬在上海,虽然心系国家,但一半心思陷入娱乐圈而难以自拔,再留一点心思在思考自己人生最后的归宿。人近古稀,已无力哉。

三十、冶游

王韬自港而返,虽然也归回过故里,但最终还是留足于沪上,个中原因自然非常多,其中最主要的,是放不下他心里一直向往的那个灯火星繁、酒肴笙歌、粉黛似云的欢场。年轻时穿梭于花街柳巷、顾盼于玉骨冰肌、结队于绮罗纱裙、旖旎于色艺态度,王韬心心念念,牵牵挂挂一生。

美人同于名士,代代必有领袖人物。王韬知道,过去的早已过去,广陵散矣。他深怨顾曲无人、红牙绝响的南方流亡日子,消磨了他的朝华时光;游历了二十余年后,回头再望,早年自己曾在沪上的花录已风卷黄花,连自己身边的随行兄弟也来了一茬换了一批。

王韬不是那种沉溺过往不能自拔的人,他也信奉旧的不去新的不来的法则。芳踪再觅,老夫聊发少年狂。王韬根据自己最新的冶游,结合过去在上海游历的经验,逸出了一文独领花界的《谈艳》。他如数家珍、如临其境地与大家闲话杨柳之家、枇杷深院,不得不让人折服其老辣本色,牢牢地掌控着娱乐界的话语权,巩固了沪城品花耆老的尊位。

令王韬叹惊的是,往昔他所居住了许多年、冷落寂静的墨海书馆麦家圈一带,自他离沪避港后,从黄浦滩到新跑马厅辟就了四马路、五马路乃至格致书院所在的短短的六马路,各种茶园酒楼鳞次排列,这一带畸形繁荣,嬗变为租界时期一处最热闹的地方。而远在城内三牌楼、四牌楼的沪渎烟花,岂敢落于人后,纷纷北迁张帜,一时桃红柳绿,酒旗歌板,形成吴越来风、江淮共赴之胜景。这里错落的茶园成了沪上争奇斗艳的擅场,台上角色斗艺,台下柳莺争妍,惹得一众看客弹眼落睛,那一阵阵叫好声其实是对两边的鼓励,形成上海娱乐潮的第一高峰。

王韬看什么都感觉新鲜。他对于茶园的兴趣倒并不大,但对于那些坐着马车巡游在道上的绝代美人却大有感觉,他甚至在这群人中间还看见穿着旗袍的法国妹子。

上海已经发生了如此大的变化了,这群人几乎引领了这座疯狂城市的潮流了。

王韬踌躇于花街柳巷。

新人在目,王韬眼光流盼,而内心免不了起凡人之心,将自己宠爱过的宝儿与之一一作比较;而精室中的人物岂是等闲之辈,就在他迟疑一刻,被那些能瞬间读心走经的莺莺燕燕发现,纷纷调笑他是目中有妓、心中无妓。王韬也不生气,坦然一笑,他非常享受她们的伶俐,而这个过程对于他来说,无疑也是褒奖。他感到了另一种满足。

她们关注的目光时刻停留在自己身上,在观察着自己的言行。

王韬照旧惯于花榜立册。张书玉、朱素贞、胡宝玉、陆月舫等上海晚清名妓,王韬当然是艳名高挂,花册列序于首。陆月舫是王韬的心头人,王韬返沪后没有几年两人就搭上了。月舫十八岁生日时,王韬还领着众人前去为她庆生。他特别欣赏月舫的洋派,常带她出入洋菜馆,吃上海人称谓的大餐,也就是西餐。四马路上昼锦里口的海天春餐馆,王韬也常独自带着她去享用,这也是中国人自己在上海开办的第一家西餐厅。三洋泾桥新开了万同福,王韬也带着月舫去尝新。这一时期,王韬他们早期玩弄的摄影术开始在有钱人中大流行,照相馆也纷纷应时设立,王韬也曾带着她去拍人物照片。当时最时尚的是获得名妓的私人照,嫖客们私下都在彼此交流炫耀着,看看谁拥有最多。陆月舫的小照王韬当然会有,只是某次在家被泠泠发现后突发了狮威,把王韬所藏的照片一一撕毁,英国女孩周西所赠的小照也毁于该次事故。王韬默默心痛。

王韬亦以苏帮之香艳、扬帮之光色、金陵之玉态、宁帮之新芬、本帮之效颦、湖州之装束、湖北之神采、巴蜀之秀灵、江西之才艺,尽显其妙,纷呈载册。以王韬对上海的了解,所谓老马识途指点迷津,于是会香里、宝树胡同、桂馨里、荟芳里、清和坊、尚仁里、西公兴里、西公和里、百福里、同庆里、西和兴里、公阳里、鼎丰里、定安里、肇富里等,尽出现于王韬笔下,与王韬共赴绮游者有雾里看花客、晚霞生、茶磨山人、梦萱室主、蕺庵退叟、二爱仙人、云谷主人、梁溪潇湘侍者、瑶华阁主、粤中小饕居士、八咏楼主、颍川公子、菊华生等,王韬也以天南遁叟之名混迹其中。

昔日两处租界都没有禁妓的法令,为上海畸形娱乐提供了充分的可能,唯租界地域狭小,五马路一带已经满谷满炕,于是大有北漫之态。王韬回沪之后,五马路一带已是顶峰之巅,所谓强弩之末。又及十年,这一带虽然声色不减,但明眼人都知道大势所去。特别是租界当局从19世纪60年代始,越界筑路愈演愈烈,向西之焰热烈着每个人的心,张园造势吸引着男男女女,城市的希望落在了彼端。王韬也喜新厌旧地去过那里,大的开局,大的场面,确实令人耳目一新。王韬不是戏迷,对五马路的衰退并不十分在心,但对于更遥远、更有回忆的老城厢的黯淡却充满沮丧,心痛无比。

这是一个变化的时代。

王韬有些累了。

他老了。他的朋友们也老了。

他的女婿钱昕伯,因为眼睛高度近视被称为雾里看花客。王韬返回十来年,昕伯时时相随,有唱有和,令王韬十分欣慰。苕仙的两个孩子都到了婚龄,王韬期盼着。然而在王韬将入城筑新家时,昕伯不能伴之左右,他从王韬在城内建房时就中风,眼不能看,耳又重听,几成废人。

载酒看花,飞觞雅集,在众人面前,王韬努力保持自己的状态,而实际上此时他早就力不从心;徵笺众美,迭主觥录,只是让人感觉他的号召力还在,还有呼唤的能力。王韬从心里感觉自己脱离不了这个繁花的渊薮,仿佛是从娘胎里带出,仿佛天生赋予;而只有在家里,在泠泠面前,他才呈现他的真实老垂的状态,药火炉边,残喘人生。

上海的娱乐界当然不会顾及王韬身体的变化,还一往情深地将其视作健将。在娱乐西倾张园之季,在车如龙马如水的静安寺路,人们看到王韬挪着臃肿的体躯,在麝兰香霏、莺燕争妍、笙歌雷沸的大场面中,揭了当季的花榜。

真的和中举一样啊!

王韬看到了那些老相识因为上榜后激动不已、与往常靡雅之态完全不一样时,怅触旧怀,想起了年轻时科考揭榜时的人生百态,他叹羡不已。

年老真不如恶少呀!

王韬心里知道,其实女人是很难这样评品的,女人的多样性可谓千变万化,现在所做的只是男人的眼光男人的品味,对于深而不可测的女人,连浮光掠影都谈不上;就单论色貌,也是每个人心中一杆秤,所谓百货中百客,有啥格可以绝对画一条线的呢?

无论王韬有什么想法,台面上的事情他是应付自如的。张家花园的主人张叔和过来和他招呼,王韬忙于起身作揖。叔和近来刚出大手笔,出资与洋人创办了《新闻报》,他也正想仰仗王韬等人捧场。王韬当然十分清楚报业在现代社会中举足轻重的地位。两人惺惺相惜,互为敬仰,也是一段佳话。

王韬渐渐衰弱的身体使他不得不推却了更多的社会活动,泠泠挡驾是一部分原因,另一部分则是他感觉自己对事物的反应越来越迟钝,连酒席上侑酒的美人,也张冠李戴七搭八搭,实在是犯了交际上的大忌。好在他自己能自嘲插科打诨,场面上还不太难堪,但自尊心大受挫折,所谓不上台面。

但是,有些场合他必须出场,并且他和泠泠都要出场。钱昕伯与蔡尔康要结成儿女亲家了,婚宴上作为祖辈的王韬和泠泠自是不能缺席的。王韬看着二十余年前就见到过的第三代,流淌着自己、梦蘅血脉的苕仙的后代,感慨万千。

王氏的宗族如果也能如此嗣传那有多好!

他从骨子里还留存着永远抹不去的念想,那是他心中最深远的痛。

王韬开始躲避一些可以推掉的应酬,而把时间交给不需要与人打交道的独自行游。

上海开埠有五十多年了,黄浦滩依江一带建筑形成规模,人们习惯于前往观赏。王韬岂能甘于人后,他心心热热地坐着钢丝包车也混在人流与车流中,前往看热闹、望野眼①。

海关的新楼才显英姿,和原来中式的飞檐门楼相比,新楼是哥特式模样。王韬的内心有些挣扎:为啥海关造得像教堂?王韬在欧罗巴一圈尽看见这类教堂建筑,他的记忆中唯独没有哪个国家海关有这副模样。

黄浦滩的这条路也是王韬过去经常游玩的地方。原来江滩的地方,现在都成了一个个码头,滩路另一面外商的洋楼也越造越高,越来越气派。王韬感觉有些迷离,在英署和外白渡桥前,王韬让车夫停了下来。

英署的这栋楼王韬很陌生,记得谁从上海到香港后说起过,旧楼在一场火灾中焚毁,保存在署里的许多档案也灰飞烟灭。不知为什么,当初听得此消息,王韬内心有点怪怪的。

眼前的可能是以后的新楼吧。

---

① 望野眼:沪俚,意为四处张望,也指注意力不集中。

浦滨回首

黄浦滩路是王韬来沪后最熟悉的一条路,是王韬和朋友生活、工作甚至闲聊的活动区域,年老体衰的王韬,还是想办法乘坐黄包车作最后一次游览,或可视作人生的告别。而外滩的称呼,可能开始于此时。

季平、杨建勇绘,《上海爷叔》系列作品9

王韬平时很少来这里。人生的滑铁卢啊,在这里待了一百三十五天。这是王韬几十年来的心病,他从不愿意回顾。而今天,他却来到这里,从容面对。他已放下了心中所有的担心?

身边的公家花园建了一个绮丽的音乐亭。这里也闹出了华洋纠纷,中国人到底能不能进入成了一个尖锐的冲突。作为一个如此知洋者,他陷入沉思。

外白渡桥让王韬又想起了四十年前和应雨耕乘摆渡去虹口的情景。造化弄人。

雨耕。

王韬心底悠悠地泛起了一个故人的名字。他有些伤感,有些落寞。

他还是鼓足勇气叫车夫越过桥去在近处兜一兜。虹口这一带的路名,在英美租界合并前就被定为采用上海附近小城镇之名,吴淞、青浦、黄浦、闵行,等等。王韬让车夫绕来绕去,眼前更替晃动着少文和雨耕的影子。

久久地,他发现自己所处的原美租界和对岸庆贺的气氛迥然相违。犹如他自己心情也一样。他突然发现自己和这座城市有所隔阂。是什么隔阂呢,为什么隔阂呢?他不清楚,他说不出个所以然。

他吩咐车夫打道回府。

车夫转了向,朝南沿江滩而行。不料在经过了四马路的当口,王韬改变了主意,他让车夫越过外洋泾桥,一路穿进法租界,奔南而去。

朝南,朝南。

车夫一路跑一路听他说朝南,也没有一个明确的地点。

前面道路有些颠簸,王韬知道已经进入了中国人的地盘。

终于开始修路了。

王韬轻轻叹了一口气。原来上海县知为了振兴华界市面抵制租界觊觎,提出在华界沿江一带筑路,这一建议通过上海道台黄祖络转呈两江总督张之洞得到支持,张奏请清廷拨借筑路经费。但不久中日开战,筑路计划未能实施。而现在真的开工了。王韬感受到了颠簸的同时,满心都是喜悦。十六铺至南码头马路筑成的就是外马路,它是华界市政学习的产物,看齐目标就是租界的沿江一带。

在跑近江南机器制造局时,王韬轻敲车帮,示意其慢下来。

车彻底停下了。王韬竟走下车来。

在江南机器制造局的总局大门口,王韬透过铁栏杆张望着大门口的警楼,他徘徊了许久,用鞋尖磨着一块小碎石,又不时抬头张望着,不像是在等人,又像在思考着什么,一时不见其有离开的打算。

当初海关废员唐国华等人集资收购的虹口美商旗记铁厂,被李中堂、丁日昌等人转制为江南机器制造局,轰轰烈烈至如此盛焰,从容闳开始,走出了一班怎样的人物!王韬心里默念着一个个熟悉名字。

当初如果答应随容闳赴美,而今自己又是怎样的人生。

王韬流连了许久,才依依不舍地上了车,吩咐车夫打道回府。

黄包车在路上行进,颠簸,颠簸着,而在这样的情况下,王韬竟然睡着了,睡得十分酣畅,以至于到家了,车夫笑着敲着车帮,才把他震醒。

噢,到家了。

泠泠也听到声音出门迎接,王韬方知自己真的到家了。

对于王韬,泠泠已经不再关心他那些花花草草的事了。她现在只关心他是否平安回家,身体是否还舒坦,各种活动是否都顺利。如果王韬高兴,或许也能与她分享那些见闻,告诉她一些社会新闻。在那个当口,泠泠会把煮好的药汤端出,让他边喝边聊。这是最好的一幅画景。如若王韬在外生了闷气,他会倒头睡在床上,任你千呼万唤也不起床,你也拿他没有办法。

今天,突然想起雨耕了。

王韬对泠泠说起了一个四十年多年前就相识的老友。一切似乎还不错。泠泠端着一碗刚煎好的药,放在王韬身边,退到身后的座椅

制造总局

江南制造总局是近代上海最重要的工业基地,由李鸿章借手转换,一批晚清官员合力而成。王韬的好友,第一批留美生容闳参与了这个宏大工程,从美国订购了大批机器为其奠定了基础,让王韬羡慕不已。晚年的王韬来到这里,心情复杂。他既为老友高兴,又为自己几十年避祸香港而没有能够投身其中感叹不已。

季平、杨建勇绘,《上海爷叔》系列作品 10

上,准备倾听王韬讲述过去的故事。这些故事泠泠有些听过,有些没有听过。但不管内容如何,泠泠总是耐心倾听,决不插嘴,决不打断。

　　从嫁给王韬至今,她已经修炼成精。她倒是希望王韬还能和她谈论谈论那些出众的校书,谈论她们的时尚,八卦她们的旧事,至少,说明王韬精神和身体还来赛①。

　　王韬已经很少谈这些了。

---

① 来赛:沪俚,可以或很棒。

三十一、归宿

王韬一生,一直希望有一个自己的安乐窝。早期从甫里到上海时,要负担全家的生活,养家糊口,加之各种应酬,交结朋友,手头实不宽裕,所以听任命运安排,东宿西眠,能省则省。而最终为了彻底解除经济负担,还是落户在了麦家圈墨海书馆牧师安排的建筑群中。王韬一家连带着老母弱弟好几口人安身在这,因独门独户有两个楼面,倒也不见拥挤,能过上正常生活。只是身在教会圈内,生活有所不便,受着约束,还得尊重那里的规矩,王韬纵有牢骚,但不会也不想去冒犯济其粥饭的机构,即便是与他与生俱来的礼教、学识、人文全然不同的宗教,他的原则是敬而不合。

王韬自幼受教于孔孟之道,行的是中国的礼教,不能朝夕功课自觉对不起祖宗,所以他一直存念着脱离麦家圈的心思。时运对他并不友好,等稍微有了一点转机,便遭遇厄运而只能远遁南屿,无从恋恋。及至老天降大恩,倦鸟得以归巢。

王韬回沪后长期住在石路靠四马路附近,那里离格致不远,出脚还是比较方便的。只是几年后附近的一场大火,让他和泠泠受惊不小,决心移居城内。他们离开那里是在1896年春季,旧的宅子转租给了强学会汪康年主持的《时务报》馆[①],几个月后的8月9日,报社

[①] 见《王韬致谢绥之函》二十七(陈正青整理:《王韬致谢绥之函》,《近代中国》第30辑,上海社会科学院出版社2019年版,第312页)。

在这里开张,以至整个社会都误认王韬是《时务报》的后台策划。其实那也反映他对洋务变法的一种不变的态度和对新闻媒体的支持。王韬无论在和高层对话、还是和友朋交谈中,都流露出他对筑室三椽、拥书万卷的向往。而进入人生暮年,他终于将自己最后的地点,回归到他一生最令人难忘的老城厢,在城西红栏杆桥一带寻找到了自己的归宿。

他把自己生命中最后的落脚点,称作"畏人小筑",以示与故乡的关系承接,杜绝社会而自我沉寂,这也是中国知识分子自标清高的最后荣誉。"畏人小筑"宅第构造宏深,是一项复杂的建筑工程。以王韬的眼识和要求,一般工匠的工艺自然有多处不完美,王韬不顾人老体弱,亲力亲为,与工匠斤斤计较,几度不欢而起纷争,几欲涉讼。幸得伶伶左右劝和,才磕磕碰碰完成大业。

当这一切都定下来时,一种前所未有的愉悦使王韬周身释然,令他久困哮喘的病躯也瞬时有了精神。他里里外外进进出出了无数次,摸摸这看看那,有些茫然,有些过度喜悦。

安定了就好。

记得初来上海时,方浜、虹桥、西仓桥一带都是他留恋、徘徊的地方。正是在这一带生活使他结识了许多朋友,王韬的填房伶伶,也是在这里认识了忘年交益扶丈后,由其一手搭的鹊桥,虽然王韬当时并不满意,而今山山水水一路走来。王韬也曾折柳品花,但直到现在一直伴着他照顾他的,还是他心存不甘、一心希望有朝一日更换的伶伶;不过,年纪愈老他愈离开不了伶伶,即便伶伶同样也老了,身体也同样变得虚弱,好比他服务了大半生的那个教会,他离不了但不喜欢。

有时人心和人行是异常分离的。

王韬对老城厢的依恋也随着年纪老迈而也愈加迷深。他仿佛知道自己年将不永,在生命的最后时光,他以最熟悉的周遭,作为一种精神同盟,努力抵抗他个人永无对策正在行进的衰老和死亡。

王韬在新居自撰门联来形容自己老去的心态:"聊借一缘容市

隐,别开三泾寄闲身。"在内堂上,王韬自撰着另一联总结自身:"读数千卷奇书,把臂入室;熟三十年洋务,抵掌快谈。"

读书人无论是功名已就或一事无成,退而自隐是最后的去处,但是,心岂自甘,到老了,只希望自我证明罢了。

中日甲午一战后,王韬先是病倒了四个月,一方面为自己的无能为力而叹息,另一方面为国运不济而伤心。按王韬的设想,在列强中最应该防的是北方大国,那是一个最直接的威胁;日本乃蕞尔岛国,斗而不破即可拖垮它,以自己在日本的人脉,不难做到这一点。当初黄遵宪等力荐王韬出任驻日官员而不成,使王韬最后一次直接为国服务的机会落空,王韬就意识到清廷在这个问题上的偏差。在琉球的问题上,清廷又进退维谷留出破绽,眼见小国逐渐做大做强。日本人三吓头,试出你根本没有办法后,甲午一战就强压你一头,来个两头吃,一个台湾,一个东北,在西方列强的干预下东北保住了,不然真不知如何收拾,至少现在还能隔海而拒。王韬真痛心,特别是看到泠泠,益扶丈的灵柩还在彼处,而江山易姓成了外邦,王韬也不知怎样来安慰她。

时政这一路,近来没有令王韬有所高兴的事,唯一能让他兴奋一下的康有为的公车上书和强学会,也夭折在即,自强、富强皆成空谈,而最让王韬心焦的,是一向为周邻老大的中国,现在四周都有轻我之心。

抵掌快谈也是和壬叔、剑人那拨朋友酒茶间的快乐事,其乐融融,而再返沪申,则味道缺缺,没有了兄弟间没大没小放松至筋至骨的神仙境。

当天空晴朗的日子,泠泠趁着王韬精神尚好的时候,还会陪着其周围走走,但是以王韬脚力,最多也只能走到肇浜附近。肇浜水系贯穿着老城厢,东向出城汇入黄浦江;西向从城墙下入城,通城外的肇家浜,是赴龙华、徐家汇的水上路线,通过这些水系,甚至可以通到王韬的家乡。

王韬目视着流水,缓缓地随兹远去,去到了他目不能及的地方。没有人知道他在思考什么,或许他根本没有思考,或许他已丧失了思考的能力。

王韬对泠泠说,他看到了春甫了。

只有泠泠懂得王韬的意思。没有过几天,春甫踏进了王韬的城西草堂,也就是王韬所称的"畏人小筑"。

春甫也见老了,花白的发须非常显眼,俨然一老者,但他还是一个劲地叫着王韬"爷叔";王韬见到春甫也稍作出精神状。春甫还像往常每次见到的那样,汇报着一连串自己的情况,当然包括医院的现状。

王韬似乎在听,又似乎不在听。春甫感觉到了,但他不动声色,还是继续自己的话,有时还故作亲热,用手轻轻拍拍王韬。

王韬很少言语。

两位老友像这样单向不互动真是少见。

过了很久,可能不能忍受不了这种气氛,春甫起身了。

春甫告别。

泠泠在一旁相送着,王韬站起,他第一次没有迈步随送。

春甫在门口又转回身来,向王韬作了一个揖,王韬也恭恭敬敬回了他一个。

门口空荡,门外的阳光和室内的黢黑形成了强烈的对比。王韬耳中嗡嗡地作响,他仔细地辨别,仿佛听出春甫离开时最后还叫了一声"爷叔"。

王韬勉强一笑。

泠泠随送回来时,王韬开始数落了她。

什么叫"畏人小筑"?就是怕人来,不要人来。什么人都不要来,什么事都不要揽来。春甫当然是例外,他忙着呢,这座城市需要他,以后也不要再叫他来。

泠泠顺从地点了点头。王韬从心里是想叫春甫来的,畏人实际上并不畏老朋友,轻轻重重她还是知道的。

在家里,原先哪里有王韬这样说话的份,数落人都由泠泠来承担,数落的对象永远是王韬。而乾坤颠倒也就是到了王韬年迈了,特别是到了这里,王韬卸下了所有社会职务,停止了一切社会活动后才发生的。泠泠甘心让渡。

生活的磨合使泠泠能够包容王韬,对王韬也越来越迁就。王韬吃花酒,常存钱于万家春番菜馆,招最有名的校书侑酒,开书局为朋友出书费了多少银子,泠泠都知道。这个城西草堂花费了多少钱,泠泠也知道。

他也就这点爱好。在人生最后的阶段,泠泠记得王韬的好。王韬一生希望自己能为王家续后,此事也成为泠泠一生的负担,使她抬不起头来。而最终他道了一句宽慰泠泠的话。

人岂必以儿孙传哉。

王韬放下了。泠泠也放下了。

银丝芥菜来了。

王韬最嗜好这一佐饭食物,不知道是否与家乡的习俗有关,江南的这种食物仿佛到处都存在,跟着王韬,泠泠能做出多种味道。

王韬还是喜欢焐在床上被子中吃饭,他的身体已难挡春寒。他让泠泠报一下回上海以后所刻印的书目。

蒋复敦《啸古堂诗集》。

冯桂芬《校邠庐抗议》。

许起《珊瑚舌雕谈初集》。

还有就是他自己的《弢园尺牍续抄》《春秋日食考》《春秋朔闰日至考》《春秋左氏传集释》《法兰西志》《台事窃愤录》,重刻《弢园尺牍》《扶桑游记》,并刊印了《西学辑存六种》《重订法国志略》……

王韬计算着。他一生都在计算。

他生平的著作只有小一半被刻印成书,他估计自己没有时间、金钱将剩余全部刻印成书,他关照泠泠将余下的设法请人誊抄,然后有钱了就刻印成书,而不使其一生的心血随草木而同腐。

王韬的身体因喘咳不止,日见衰弱,有时连说一句完整的话都困难。泠泠伺候在一旁,也百无计出。

他有时会说几件事,有时会扯到几个人。

顾慧英。

泠泠分明从王韬嘴里听清这个名字。

她是谁?

在泠泠与王韬生活了几十年的日子里,她从未听到王韬讲起过这个名字。这个隐藏在王韬心里的名字此时冒出,是什么意思?

泠泠冷静地看着王韬,他的身子蜷缩着。天已经变暖了,他还是棉被裹身,大口大口喘着气,有时一口气噎下,半天才能回转过来。

到上海。

泠泠这下又听明白了。但她不懂,王韬在这床上已经几个星期没有下地了,他怎么知道那个人来上海了?

王韬在人生的最后一刻,神思漫散,只有一个人影仿佛吹拂不去,那就是他的初恋①。

1897年5月25日,《新闻报》刊出"天南星逝"的报道:

天南遁叟王紫诠广文韬,著作等身,才名藉甚,前时曾为申报馆主持笔政,颇能一秉大公,近因年迈,退居西门红阑干桥,建屋一楹,颜其名曰畏人小筑,闭关谢客,颐养余年。不料近抱沉疴,一病不起,竟于昨日骑箕仙去,从此诗坛酒国中顿少一风流老辈,言之能无沮然!

按照中国人为逝者做七的习俗,6月27日为五七出殡之日,旗锣、伞扇、衔牌、容亭、亭香、饭亭、腰牌、功布,阵形庄严,僧道之清音

---

① 王韬的初恋,王韬早期用"某女士"称之,并指其年不永。但1857年日记中又重现"某女士"之称。并在《眉珠庵忆语》"某女士传略"中称于庚申(1860)秋季最后一次在故乡见过,本书采纳田晓春根据王韬一贯草蛇灰线的文笔,指认其初恋为顾慧英。见《王韬日记新编》(田晓春辑校,上海古籍出版社2020年版前言,第13页)。

随和,执绋者几十人,都为沪上名流,王韬灵柩从西门出城,经法租界而来到英租界六马路仁济善堂,在此由上海地方官员主持公祭。六马路也是王韬主持的格致书院所在地,大家也一起来送他最后一程。送葬队伍向北经五马路、四马路,到达大马路后再向北,最后到新闸路平江公所,灵柩暂厝于此。等待舟船,回归故乡安葬。

王韬与上海五十年的情感于此落幕。

余音

　　王韬去世的同年，栗本鲍庵差不多同时离世，而与他共同工作了几十年的理雅各也在同年作古。

　　1899年，曾经创办《苏报》的画家胡铁梅去世于日本。

　　是年，许振祎也去世。

　　1900年8月14日，出版了《文通》的马建忠去世。

　　是年10月4日，传教士慕维廉于上海去世。

　　1901年11月7日，签订完《辛丑条约》，直隶总督兼北洋大臣李鸿章去世。

　　1902年8月5日，黄胜于香港岛中西区卑利街55号家中去世。

　　是年，华蘅芳去世。

　　1903年，罗丰禄去世。1898年8月22日，时任驻英、意、比三国钦差大臣深谙洋务的罗丰禄就英国对高升号的索赔答复，向英国外交大臣沙利斯伯利提交了照会。1901年8月29日，转任驻俄公使。

　　1905年3月28日，黄遵宪去世。1898年"百日维新"正式开始，8月，黄遵宪被任命为出使日本大臣。百日维新失败，10月9日，上海道蔡钧奉命将黄遵宪扣留于洋务局候命押解北上，在英国驻上海总领事、日本驻华公使交涉下，10月15日，黄遵宪乘舟南归。

　　是年，传教士艾约瑟在上海逝世，享年82岁。

大约1907年之后,钱徵去世①。

1908年3月,美查在英国去世。

1910年,重野成斋在东京去世。1903年2月,他和三岛毅、服部宇之吉共同监修的《汉和大辞典》由三省堂出版。1906年80岁,被授予东京帝大名誉教授称号。

是年,曾根俊虎去世。

1911年3月9日,徐润在沪去世,终年73岁,其灵柩从上海运回广东省珠海市北岭村安葬。1902年,他创办上海景纶纺织厂,1903—1906年,重返招商局任代理总办。

是年,黄春甫去世。1897年他正式离开了工作长达43年的仁济医院。

1912年4月21日,容闳去世。1898年9月21日,维新失败后,避居上海租界。1900年,唐才常的自立会在上海改称"中国国会",被推为会长。后居美国。

是年,传教士杨雅涵去世于英国。杨雅涵后改名杨笃信、杨格非,在中国武汉地区传教超过50年。1905年,偏瘫卧床。辛亥革命爆发后,由其女婿施伯珩等护送乘英轮离开汉口,1912年1月返回英国。

1914年,冈千仞去世。

1916年4月27日,盛宣怀去世。1897年5月27日,盛宣怀在上海外滩开办了中国通商银行。1901年11月,被赏加太子少保衔。1905年,在上海创设了中国红十字会。1907年,奉召进京,次年任命为邮传部右侍郎。1908年,成立"汉冶萍煤铁厂矿有限公司",为公司总经理。1911年,升任邮传部大臣。1913年5月,出任汉冶萍公司董事长。

---

① 魏绍昌《李伯元研究资料》第十辑有《欧阳钜源》,引钱昕伯《林黛玉》云:"欧阳钜源于光绪三十三年(1907)冬暮,客死于沪上小客栈。"推知钱徵至少1907年冬尚健于世。

1919年,张叔和去世。1915年,张叔和任振新纱厂经理,并投资6万元,帮助荣氏兄弟在上海创设申新一厂。

1921年,蔡尔康去世。1899年,由上海广学会主办、蔡尔康担任华文主笔的《万国公报》连载了由李提摩太节译、蔡尔康撰文的《大同学》。文中首次提到了"马克思":"以百工领袖著名者,英人马克思也。"并在文中援引了《共产党宣言》里的一段话。

1922年5月,郑观应病逝于上海提篮桥招商公学宿舍。1897年,任轮船招商局会同办理。1906年,被推举为广东商办粤汉铁路有限公司总办。1909年,郑观应任招商局董事。

是年6月23日,伍廷芳去世。1896年,为美国、西班牙、秘鲁公使。1899年,奉命同墨西哥签订《中墨通商条约》。1902年,应召回国,授四品候补京堂衔,先后任修订法律大臣、会办商务大臣、外务部右侍郎、刑部右侍郎等职。南京临时政府成立以后,被任命为司法总长。1907年,再次出任驻美国、墨西哥、秘鲁、古巴公使。1916年,出任段祺瑞内阁外交总长,次年任代总理。1917年,张勋复辟的消息传出后,追随孙中山赴广州参加护法运动,任护法军政府外交总长。1921年,任广州军政府外长兼财政总长。1922年6月16日,受陈炯明叛变刺激,病卧不起。

1925年3月12日,孙中山在北京去世。1905年,在日本东京创建成立中国同盟会。辛亥革命后被推举为中华民国临时大总统(任期1912年1月1日—4月1日)。同年8月,同盟会改组成国民党,被推举为理事长。1913年7月,发动二次革命,失败后再度流亡日本。1914年6月,在东京组织中华革命党,希望恢复和发扬同盟会的精神。1915年5月初,回到国内。1917年7月,在广州建立军政府,被推举为大元帅。1919年10月,将中华革命党改组为中国国民党。1921年5月,在广州就任非常国会推举的非常大总统。1923年1月,与苏联代表越飞发表《孙文越飞宣言》,奠定了联俄政策的基础。2月,从上海回到广州重建陆海军大本营。委任廖仲恺、谭平山等组成新的中国国民党临时中央执行委员会,负责筹备国民党的改组工作。1924年1月,在广州召开中国国民党第一次全国代表大会,通过党纲、党章,重新解释了三民主义,同时创办黄埔军官学校,接受共产国际和中国共产党的帮助,欢迎李大钊等共产党员以个人身份加入中国国民党。1924年10月,奉系军阀的张作霖和直系将领冯玉祥联合推翻曹锟为总统的直系军阀政权,邀北上共商国是,12月底,扶病到达北京。

1926年9月2日,朱葆三去世。上海光复不久,先后出任上海都督府财政总长、上海总商会会长。创办中国红十字会、仁济善堂、上海公立医院、上海孤儿院上海时疫医院等,在其生后,上海法租界公董局将租界内的一条马路命名为"朱葆三路",即今溪口路。

1927年3月31日,康有为在青岛去世。1898年,康有为等维新派人士通过光绪帝实施改良运动,历时103天的变法失败。康有为流亡海外。辛亥革命后的1913年以母丧归国。1917年,和效忠前清的北洋军阀张勋发动复辟,遭通缉后潜逃上海,此后又长期隐居茅山。1923年,迁居青岛。

是年11月29日,吴昌硕去世。1899年,任安东县令。1909年,加入上海豫园书画善会。1913年,西泠印社成立,任社长。1914年,王一亭为吴昌硕在六三园举办生平第一次个展。上海书画协会成立,任会长。1915年,上海"题襟馆书画会"推为名誉会长。1920年,日本长崎首展书画。

1928年,传教士傅兰雅去世。

1939年11月4日,马相伯去世。1905年9月13日,筹建复旦公学(今复旦大学)正式开学,自任校长兼法文教授。

主要参考文献

1. 王韬著:《淞隐漫录》,人民文学出版社1983年版。
2. 上海通社编:《上海研究资料》,上海书店1984年版。
3. 汤志钧主编:《近代上海大事记》,上海辞书出版社1989年版。
4. 忻平著:《王韬评传》,华东师范大学出版社1990年版。
5. 张海林著:《王韬评传》,南京大学出版社1993年版。
6. 张志春编著:《王韬年谱》,河北教育出版社1994年版。
7. 王尔敏:《王韬生活的另一面——风流至性》,《中央研究院近代史研究所集刊》,1995年第24期。
8. 徐新吾、黄汉民主编:《上海近代工业史》,上海社会科学院出版社1998年版。
9. 薛理勇主编:《上海掌故辞典》,上海辞书出版社1999年版。
10. 陈伯熙编著:《上海轶事大观》,上海书店出版社2000年版。
11. 石霓:《容闳自传》,百家出版社2003年版。
12. 梁元生著,陈同译:《上海道台研究——转变社会中文联系人物(1843—1890)》,上海古籍出版社2003年版。
13. 王尔敏:《近代在华英人对于蛮夷称谓之争辩》,《香港中国近代史学报》2004年第2期。
14. 王韬著,寇德江标点:《淞滨琐话》,重庆出版社2005年版。
15. 王韬著,李雪涛主编:《漫游随录》,社会科学文献出版社2007

年版。

16. 梅朋、傅立德著,倪静兰译:《上海法租界史》,上海社会科学院出版社 2007 年版。

17. 张敏:《晚年王韬述论》,《上海市历史博物馆馆刊(第一辑)》,上海社会科学院出版社 2007 年版。

18. 葛元煦撰,郑祖安标点:《沪游杂记》,上海书店出版社 2009 年版。

19. 绛芸馆主:《绛芸馆日记》,《京剧历史文献汇编(第七卷)》,凤凰出版社 2011 年版。

20. 日比野辉宽、高杉晋作等著,陶振孝等译:《1862 年上海日记》,中华书局 2012 年版。

21. 王韬著,李天纲编校:《弢园文新编》,中西书局 2012 年版。

22. 黄仲鸣:《冶游无悔:王韬早年的社会生活》,中国传记文学学会编:《传记传统与传记现代化——中国古代传记文学国际学术研讨会论文集》,中国青年出版社 2012 年版。

23. 中华书局编辑部编,汤志钧、陈正青校订:《王韬日记(增订本)》,中华书局 2015 年版。

24. 陈玉兰:《近代通儒王韬研究中值得关注的一些问题——兼及〈王韬全集〉编纂的设想》,《浙江师范大学学报(社会科学版)》2015 年第 4 期。

25. 王韬著,陈正青整理:《王韬致谢绥之函》,《近代中国(第 30 辑)》,上海社会科学院出版社 2019 年版。

26. 王韬著,田晓春辑校:《王韬日记新编》,上海古籍出版社 2020 年版。